Elisabeth Niederer & Norbert Jäger (Hrsg.)

Bildungsbenachteiligung

Positionen, Kontexte und Perspektiven

StudienVerlag

Innsbruck
Wien
Bozen

© 2019 by Studienverlag Ges.m.b.H., Erlerstraße 10, A-6020 Innsbruck
E-Mail: order@studienverlag.at
Internet: www.studienverlag.at

Buchgestaltung nach Entwürfen von himmel. Studio für Design und Kommunikation, Innsbruck/
Scheffau – www.himmel.co.at
Satz: Roland Kubanda
Umschlagillustration: © Creative Mood / Fotolia (Bearbeitung: Erweiterung der Grafik und Änderung
der Farbgebung)
Umschlag: Maria Strobl

Gedruckt auf umweltfreundlichem, chlor- und säurefrei gebleichtem Papier.

Bibliografische Information der Deutschen Nationalbibliothek
Die Deutsche Nationalbibliothek verzeichnet diese Publikation in der Deutschen Nationalbibliografie;
detaillierte bibliografische Daten sind im Internet über <http://dnb.dnb.de> abrufbar.

ISBN 978-3-7065-5955-3

Elisabeth Niederer & Norbert Jäger (Hrsg.)

Bildungsbenachteiligung

Pädagogische
Hochschule
Kärnten
Viktor Frankl Hochschule

Institut für
Berufspädagogik

Klagenfurter Beiträge zur Bildungsforschung und Entwicklung
Band 2

Die Reihe stellt Forschungsergebnisse der Pädagogischen Hochschule Kärnten – Viktor Frankl Hochschule zu aktuellen pädagogischen Themen und Entwicklungen vor. Dem liegt ein Bildungsverständnis zugrunde, das Bildung nicht nur auf die lernenden Individuen (SchülerInnen, Eltern, Studierende, LehrerInnen, Leitungspersonen) und die gesellschaftlichen Bedingungen und Hindernisse bezieht, sondern auch auf lernende Organisationen und Systeme. Es werden sowohl theoretische Grundlagen, empirische Studien wie auch handlungsleitende Konzeptionen und Entwicklungsvorhaben präsentiert, um unterschiedliche Zugänge und Sichtweisen aufzuzeigen und zur Diskussion zu stellen. Die Reihe versteht sich als Brücke zwischen Theorie und Praxis.

Herausgegeben von der Pädagogischen Hochschule Kärnten – Viktor Frankl Hochschule

Inhaltsverzeichnis

Vorwort

Die Pädagogischen Hochschulen Österreichs wurden 2007 mit dem Auftrag gegründet, LehrerInnen für alle Schultypen aus-, fort- und weiterzubilden und dazu berufsfeldbezogene Forschung zu betreiben. Die Qualität dieser Forschung wird nicht nur durch die wissenschaftliche Anbindung bestimmt, sondern auch durch die Bedeutung für die pädagogische Praxis in all ihren Facetten.

Mit den „Klagenfurter Beiträgen zu Bildungsforschung und Entwicklung" hat die Pädagogische Hochschule Kärnten – Viktor Frankl Hochschule, gemeinsam mit dem Studienverlag eine Reihe gestartet, die Forschungsergebnisse aus dem pädagogischen Feld auch unter eine Entwicklungsperspektive stellt. Die Reihe richtet sich somit an WissenschaftlerInnen wie PraktikerInnen und versucht diese in einen gewinnbringenden Dialog zu bringen.

Der vorliegende zweite Band der neuen Reihe greift dazu ein bildungspolitisch hoch relevantes Thema auf. Wenn Bildung die wesentliche Währung ist, an einem gesellschaftlichen, kulturellen und beruflichen Leben teilnehmen zu können, welche Chancen haben dann Jugendliche, die aus dem Bildungssystem herauszufallen drohen, deren Bildungswege nicht geradlinig verlaufen oder die durch innere oder äußere Gründe gehindert sind, Bildungsangebote wahrzunehmen? Wie äußert sich Bildungsbenachteiligung im Laufe einer Schul- und Berufskarriere? Welche innerschulischen und außerschulischen Maßnahmen können unterstützen, um Bildungsbenachteiligung abzumildern?

Und vor allem: Wie nehmen die Jugendlichen ihre Situation wahr? Welche Erfahrungen machen sie in ihrem Alltag und wie schätzen sie ihre eigene Situation ein? Was hoffen sie, was erwarten sie sich von Schule und Gesellschaft?

Damit folgen einige Beiträge dieses Bandes einer Forschungsrichtung, die heute als partizipative Jugendforschung den Betroffenen selbst eine Stimme gibt, sich in offenen Interviews zu ihrer Situation zu äußern. Das zur Anwendung gebrachte „Sensitive Research-Modell" begreift bildungsbenachteiligte Jugendliche als gesellschaftlich verletzliche, verwundbare junge Menschen, die im Forschungsprozess mit größtem Einfühlungsvermögen und Respekt behandelt werden sollen. Die Ergebnisse dieser Interviews laden ein, aus Sicht der Jugendlichen nach Wegen aus der Bildungsbenachteiligung zu suchen.

Dr. Marlies Krainz-Dürr
Rektorin der Pädagogischen Hochschule Kärnten

Autorinnen und Autoren

ALBANER Birgit, MMag. Prof., Pädagogische Hochschule Kärnten – Viktor Frankl Hochschule. Institut für Berufspädagogik, Institut für Medienpädagogik und Informationstechnologien. Lehrtätigkeit in der Aus-, Fort- und Weiterbildung in den Bereichen Mediendidaktik, Digitale Kompetenzen, Informations- und Kommunikationstechnologien. E-Learning-Koordination im Rahmen der Ausbildung Berufsbildung. Forschungsschwerpunkte in den Bereichen Bildungsbiografien und Digitalisierung.

ARRICH Roland, Mag. Prof., Pädagogische Hochschule Kärnten – Viktor Frankl Hochschule, ist Leiter des Instituts für Berufspädagogik, Forschungstätigkeit in der Berufsbildungsforschung, z. B. „Lehre mit Matura in Kärnten", Koordinator für die Qualitätsinitiative in der Berufsbildung (QIBB), Qualitätssicherung in der Berufsbildung, Koordination der Pädagogisch Praktischen Studien (PPS) im Bereich der Berufsbildung, Arrich ist auch Schulentwicklungsberater.

EMBACHER Andrea, Mag. Prof., Pädagogische Hochschule Kärnten – Viktor Frankl Hochschule, Institut für Berufspädagogik. Lehrtätigkeit in den Bereichen Methodik, Didaktik und Evaluation in der Aus-, Fort- und Weiterbildung. Beraterin für Schul- und Unterrichtsentwicklung. Forschungsschwerpunkte im Bereich Bildungsbiografien.

FELDMANN Klaus, Universitätsprofessor für Soziologie i.R., bis 2004 an der Universität Hannover. Autor und Co-Autor von Lehrbüchern, wissenschaftlichen Publikationen und Forschungsberichten zu Fragen von Bildung, Gesellschaft und Ungleichheit. Autor und Experte auf dem Gebiet der Thanatosoziologie. Zahlreiche Vorträge auf nationalen und internationalen Tagungen/Konferenzen. Langjähriger Forschungspartner der Abteilung für Bildungswissenschaft der Wirtschaftsuniversität Wien. Forschungsschwerpunkte: Schul- und Hochschulbildung, Schulentwicklung, Professionalisierung, Dropout.

JÄGER Norbert, Ing. BEd MA Prof., Pädagogische Hochschule Kärnten – Viktor Frankl Hochschule, Institut für Berufspädagogik. Lehrtätigkeit in den Bereichen Methodik, Didaktik und Evaluation in der Aus-, Fort- und Weiterbildung. Mitglied der Lenkungsgruppe Berufspädagogik im Entwicklungsverbund Süd-Ost. Forschungsschwerpunkte im Bereich Bildungsbiografien.

KHAN-SVIK Gabriele, Univ.-Doz. Mag. Dr., (Gründungs-)Vizerektorin für Forschung und Entwicklung an der Pädagogischen Hochschule Kärnten – Viktor Frankl Hochschule. Forschungsschwerpunkte in den Bereichen Interkulturelle Pädagogik/Migrationspädagogik, Schulpädagogik (Schulversuchs- bzw. Modellevaluationen) und teacher educators.

KLEMENJAK Martin, FH-Prof. Mag. (FH) Mag. Dr., Professur für Soziale Arbeit mit dem Schwerpunkt Erwachsenenalter und Erwerbsleben an der Fachhochschule Kärnten, wissenschaftliche Leitung des Zertifikatslehrganges „Soziale Handlungskompetenzen für die Betriebsratstätigkeit" an der Fachhochschule Kärnten; Lektor an der Fachhochschule Salzburg und an der Alpen-Adria-Universität (AAU) Klagenfurt am Standort Wien; Arbeits- und Forschungsschwerpunkte: Berufs- und politische Erwachsenenbildung sowie Sozialpolitik und -management.

KLINGLMAIR, Robert, Mag. Dr., Bildungsdirektor der Bildungsdirektion Kärnten, daneben Lehrbeauftragter am Institut für Volkswirtschaftslehre der Alpen-Adria-Universität (AAU) Klagenfurt. Zwischen Oktober 2012 und Juli 2018 Postdoc-Assistent am Institut für Volkswirtschaftslehre der AAU sowie Lehrbeauftragter für die Donau-Universität Krems bzw. School of Management, Organizational Development and Technology (M/O/T) an der AAU Klagenfurt. Die Forschungs- und Arbeitsschwerpunkte liegen in den Bereichen Arbeitsmarktökonomik, Demographie und Evaluierung sowie vor allem in der Bildungsökonomik zu Themen wie frühzeitiger Schulabbruch, Jugendarbeitslosigkeit, Finanzwissen oder soziale Durchlässigkeit im österreichischen Bildungssystem.

LACHMAYR Norbert, Mag. Dr., Projektleiter am Österreichischen Institut für Berufsbildungsforschung, zuständig für Konzeption, Durchführung und Leitung quantitativer Studien, Sekundäranalysen und Evaluierungen; Leitung der Zertifizierungsstelle für „wien-cert", dem Qualitäts-Zeichen für Wiener Bildungsträger. Inhaltliche Schwerpunkte: berufliche Weiterbildung und Höherqualifizierung, berufliche Erstausbildung; benachteiligte Gruppen am Arbeitsmarkt und im Schulsystem; NQR/ECVET/ECTS; Wiener Bildungsträger. Mitglied der Akkreditierungsgruppe der Initiative Erwachsenenbildung, beratendes Mitglied des BIBB-Redaktionsgremiums „Berufsbildung in Wissenschaft und Praxis/BWP".

LANDAUER Doris, Mag., Psychologin, seit über 40 Jahren in der Arbeitsmarktpolitik beschäftigt, seit November 2010 mit dem Sonderprojekt „Perspektiven für unentdeckte Talente – Prävention und Interventionen bei frühzeitigem Bildungsabbruch" betraut, ausschließlich mit Jugendlichen in Wien befasst, die keine über die Pflichtschule hinausgehende AusBildung abgeschlossen haben. Das Projekt ist auch auf der Website für Jugendliche www.unentdeckte-talente.at/das-projekt/ beschrieben.

MÜLLER-RIEDLHUBER Heidemarie, Mag., Gründerin und Senior Consultant am Wiener Institut für Arbeitsmarkt- und Bildungsforschung (WIAB). Arbeitsschwerpunkte: Consulting und Forschung zu Arbeitsmarkt und Berufsbildung; insbesondere: Grundkompetenzen, Kompetenzanerkennung, Zertifizierung informell erworbener Kompetenzen von Geringqualifizierten und UmweltexpertInnen.

NAIRZ-WIRTH Erna, Mag. Dr. ao. Universitätsprofessorin; seit 2008 Leiterin der Abteilung für Bildungswissenschaft der Wirtschaftsuniversität Wien. Gastwissenschaftlerin an der University of Cambridge, Faculty of Education. Nationale und internationale Expertin für Schul- und Hochschulentwicklung und Dropout-Prävention. Grundlagen- und Anwendungsforschung zu den Themen Bildung und Ungleichheit, Schul- und Hochschulentwicklung, Bildungslaufbahn, Professionalisierung von Lehrpersonen und Leadership, Dropout im Bildungswesen, Best-Practices im Bildungswesen, Bildungs- und Berufsorientierung. Aktive Tätigkeit in der universitären Lehre und Fortbildung. Zahlreiche Vorträge auf nationalen und internationalen Tagungen/Konferenzen, Diskussionen, Projekte und Publikationen; internationale Gutachterin/Expertin/Beraterin zur Verbesserung von Bildungssystemen. Training und Beratung im Bereich Professionalisierung, Übergangsmanagment und Leadership.

NIEDERER Elisabeth, Mag. Dr. Prof., Pädagogische Hochschule Kärnten – Viktor Frankl Hochschule, Institut für Berufspädagogik, lebt und arbeitet als Geschäftsführerin von „Jugend am Werk Kärnten" in Klagenfurt. Neben ihrer hauptberuflichen Tätigkeit, welche vor allem in der sozialen und beruflichen Integration von Jugendlichen ohne Ausbildungsplatz besteht und Jugend am Werk Kärnten als innovative und kompetente Anlaufstelle für Jugendliche etabliert hat, ist Elisabeth Niederer seit 2018 auch Geschäftsführerin der SBK Soziale Betriebe Kärnten GmbH. Als promovierte Sozialwissenschaftlerin forscht und lehrt Elisabeth Niederer im Bereich der qualitativen Armuts- und Ungleichheitsforschung an der Pädagogischen Hochschule Kärnten – Viktor Frankl Hochschule. Seit 2013 ist sie Mitarbeiterin der Pädagogischen Hochschule Kärnten – Viktor Frankl Hochschule.

OGRIS-STUMPF Gerda, Mag. BEd., Lehrerin an der HLW Klagenfurt, Mitverwendung an der Pädagogischen Hochschule Kärnten – Viktor Frankl Hochschule, Institut für Berufspädagogik, Lehrtätigkeit in der Fort- und Weiterbildung, Schwerpunkte Individuelle Lernbegleitung, Diversität und Inklusion.

STEINER Mario, Studium der Soziologie und Politikwissenschaft (Universität Wien, Abschluss 1995); Postgradualer Lehrgang für Soziologie am IHS (Abschluss 1998), Doktoratsstudium der Soziologie (Universität Wien, Abschluss 2017); Senior Researcher am IHS-Institut für Höhere Studien (seit 1998), Head of

Research Group in_Equality and Education (seit 2016); FH-Lektor zu den Themen empirische Sozialforschung und Arbeitsmarktforschung (seit 2002); Forschungsschwerpunkte: „Social Progress" im Zusammenhang mit Bildung, Bildungsarmut, benachteiligte Jugendliche, Second Chance Education, soziale Ungleichheit im Bildungssystem sowie Integration und Ausgrenzung vom Arbeitsmarkt und der Gesellschaft in Abhängigkeit von Bildung, Evaluation von Maßnahmen und Programmen.

STRIEßNIG Ingrid, MMag. Dr. BEd, Projektmitarbeiterin für den kompetenzorientierten Unterricht in der Lebenden Fremdsprache in der Primarstufe und „Zwei- und mehrsprachige Bildung und Transition" im Landesschulrat für Kärnten, externe Lehrbeauftragte an der Alpen-Adria-Universität (AAU) Klagenfurt im Bereich Schulpädagogik mit den Schwerpunkten Heterogenität, soziale Ungleichheiten sowie Evaluationsforschung und Bildungsökonomie, Volksschullehrerin, ECHA-Pädagogin, Sozial- und Integrationspädagogin, Reformpädagogin, Schul- und Unterrichtsentwicklungsberaterin mit den Schwerpunkten Evaluationen, Methodentraining, Existenzielle Pädagogik, Lesson Studies und Begabungsförderung.

STURM René ist Projektleiter in der Abteilung Arbeitsmarktforschung und Berufsinformation (ABI) des AMS Österreich. Seine Arbeitsschwerpunkte liegen in der Entwicklung von berufskundlichen Unterlagen bzw. Service-Materialien für verschiedene Zielgruppen, in der Projektentwicklung und -leitung von Erhebungen zu Themen der Arbeitsmarkt-, Berufs- und Qualifikationsforschung. Zudem ist er Betreuer und Mitherausgeber der AMS-Publikationsreihen „AMS info" und „AMS report". Er organisiert AMS-Fachtagungen, entwickelt, betreut und vertreibt die Info- und Serviceplattform www.ams-forschungsnetzwerk.at.

WINTERSTEIGER Johann, BEd MA Prof., Pädagogische Hochschule Kärnten – Viktor Frankl Hochschule, Institut für Berufspädagogik. Lehrtätigkeit in den Bereichen Methodik, Didaktik und Evaluation in der Aus-, Fort- und Weiterbildung. Schwerpunkte im Bereich ibobb (Information, Beratung und Orientierung für Bildung und Beruf), Polytechnische Schulen und im Bereich Forschung Bildungsbiografien.

ZANDER Margherita, Dr. MA, Politikwissenschaftlerin, Professorin für Sozialpolitik an der Fachhochschule Jena (1994 – 1997), danach an der Fachhochschule Münster im Fachbereich Sozialarbeit, seit 2012 emeritiert. Zuvor war sie u. a. wissenschaftliche Mitarbeiterin einer Bundestagsfraktion und Grundsatzreferentin im Hessischen Ministerium für Familie, Jugend und Gesundheit. Ihre Forschungsschwerpunkte sind neben Migration und Genderfragen vor allem Kinderarmut in Deutschland (zwei dreijährige Forschungsprojekte) und Resilienzförderung (dreijähriges Forschungsprojekt: „Resilienzförderung mit Roma-Flüchtlingskindern"), wozu sie zahlreiche Werke verfasst hat, u. a.: „Meine Familie ist arm – Wie Kinder im Grundschulalter Armut erleben und bewältigen" (zusammen mit K.A. Chassé und Konstanze Rasch) (2003), „Kinderarmut. Einführung für Forschung und soziale Praxis" (2005), „Armes Kind – starkes Kind? Die Chance der Resilienz" (2008), Handbuch Resilienzförderung (2011) und „Laut gegen Armut – leise für Resilienz. Was gegen Kinderarmut hilft" (2015), zusammen mit Rolf Göppel (Hrsg.): Resilienz aus der Sicht der betroffenen Subjekte – Die autobiografische Perspektive (2017).

ZIEGLER Petra, Mag. Dr., Gründerin und Senior Researcher am Wiener Institut für Arbeitsmarkt- und Bildungsforschung (WIAB), arbeitet seit 2003 als Forscherin und Projektmanagerin in den Bereichen Arbeitsmarkt-, Bildungs- und Genderforschung und ist in Forschungs- und Beratungsprojekten auf nationaler und europäischer Ebene tätig. Arbeitsschwerpunkte: Arbeitsmarkt- und Berufsbildungsforschung; insbesondere: Grundkompetenzen, Geringqualifizierte und Anerkennung von non-formalem und informellen Lernen.

Einleitung

Bildung in ihren unterschiedlichsten Formen, von Schulbildung über Berufsausbildung und berufliche Weiterbildung bis hin zum Konzept des lebensbegleitenden Lernens, trägt zur Verbesserung der Lebensqualität aller Menschen bei. Somit ist Bildung im 21. Jahrhundert als Menschenrecht betrachtet auch das zentrale Moment hinsichtlich Chancengleichheit und Bildungsgerechtigkeit zur Bekämpfung und Überwindung von Armut. Einerseits steigt der Bildungsstandard unserer westlichen Zivilgesellschaft, andererseits gibt es jedoch Personengruppen, welche, vom Bildungssystem ausgeschlossen, über nicht ausreichend Bildungskapital verfügen, um auf individueller Ebene Ressourcen zur Teilhabe an unserer Gesellschaft zu erwerben. Daher sind seit Jahrzehnten Bildungsdebatten in aller Munde. Vor allem die Existenz steigender Bildungsangebote parallel zu wachsenden Ungleichheiten bei Bildungschancen lösen immer wieder brisante Diskussionen aus. Auch die neueste OECD-Studie „Bildung auf einen Blick" (OECD 2018) bestätigt die ungleiche Verteilung für Bildungschancen in Österreich in Bezug auf die Herkunft und den sozioökonomischen Status. BildungsaufsteigerInnen sind die Ausnahme.

Vor diesem Hintergrund liegt der thematische Schwerpunkt dieses Bandes auf dem Begriff der Bildungsbenachteiligung. Die verschiedenen Beiträge knüpfen an Positionen, Kontexte und Perspektiven an, welche aktuelle Einblicke in unterschiedliche Forschungszugänge vermitteln. Der Sammelband beleuchtet ebenso relevante Fragestellungen, beschreibt Formen und Folgen von Bildungsarmut und analysiert Lebenswelten.

So beschäftigt sich Margherita Zander in ihrem Beitrag „Ein Ausweg aus der Armut? Kindern das Tor zu Bildung öffnen" mit dem Zusammenhang von Kinderarmut und den aus ihr resultierenden eingeschränkten Bildungsmöglichkeiten. Die Autorin beleuchtet, wie betroffene Kinder Armut aus eigener Sicht wahrnehmen und beschreiben. Darüber hinaus untersucht sie, mit welchen Folgen in Bezug auf ihre Bildungschancen diese konfrontiert sind. Abschließend zeigt Zander auf, wie das pädagogische Konzept der Resilienzförderung den Betroffenen helfen kann, Schwierigkeiten zu überwinden. Insbesondere in der Sozialen Arbeit mit Kindern und Jugendlichen wäre die Umsetzung dieser Ideen von großem Nutzen für die Betroffenen.

Ingrid Strießnig führt nach diesem Einstieg die Debatte fort, indem sie sich im Artikel „Nachhaltige Bildung in der Volksschule und Erhöhung der Lebenschancen. Eine empirische Untersuchung im Spannungsfeld Schulalltag unter Einflussnahme der Bildungsökonomie" mit der Frage des Nutzens nachhaltiger Bildung und mit den möglichen Beiträgen, die in der Volksschule zur Verbesserung der Lebenschancen geleistet werden können, auseinandersetzt. In problemzentrierten Interviews erhebt die Autorin das Problemverständnis von UnternehmerInnen, ExpertInnen sowie AbsolventInnen der Pädagogischen Hochschule. Abschließend resümiert sie Möglichkeiten von Volksschulen, zur Verbesserung der Lebenschancen ihrer SchülerInnen beizutragen.

Norbert Lachmayr behandelt in seinem Beitrag „Soziale Disparitäten im Schulsystem: Erklärungsansätze und Gegensteuerungsmaßnahmen im Blickwinkel der Rational-Choice-Modelle" die Frage, warum Rational-Choice-Modelle bei der Erklärung bzw. Reduktion der nach soziodemographischen Kriterien ungleichen Zusammensetzung von Schulpopulationen Orientierung bieten können.

Das AutorInnenteam Petra Ziegler, Heidemarie Müller-Riedlhuber und René Sturm beschreibt in seinem Buchbeitrag „Zur Vermittlung und Relevanz von Grundkompetenzen in ausgewählten Lehrberufen, BMS und BHS: Handel, Tourismus, Technik" die wichtigsten Ergebnisse der drei Studien des Wiener Instituts für Arbeitsmarkt- und Bildungsforschung, die ihren Fokus auf die Vermittlung von Grundkompetenzen legen. Neben Rechen-, Lese-, Schreib-, EDV- sowie Kommunikationskompetenzen rücken hier auch soziale und personale Kompetenzen in den Mittelpunkt. Im Anschluss an die Ergebnisdarstellung der durchgeführten qualitativen Interviews werden in einer Conclusio Empfehlungen zum weiteren Vorgehen hinsichtlich der Vermittlung von Grundkompetenzen abgeleitet.

Wesentliche Aspekte der Bildungsarmut beleuchtet Mario Steiner in seinem Beitrag „Bildungsarmut Jugendlicher. Ein in Österreich unterschätzter Problembereich". Er legt den Fokus eingehend auf das Ausmaß der Bildungsarmut in Österreich. Der Autor zielt darauf ab, zwei den politischen Diskurs dominierende Grundannahmen – Bildungsarmut sei ein quantitativ wenig bedeutsames und zudem ein rückläufiges Problem – in Frage zu stellen und damit die Bildungsarmut als ernstzunehmendes Problem unserer Gegenwartsgesellschaft zu positionieren. Den letzten Abschnitt widmet Steiner einer bislang wenig diskutierten Konsequenz von Bildungsarmut: die dadurch unterminierte gesellschaftliche Teilnahme.

Eine Forschungslücke schließt Martin Klemenjak mit seinen Ergebnissen in seinem Beitrag „Benachteiligte und marginalisierte Jugendliche – Perspektiven im Kontext der Lehrlingsausbildung" anhand eines empirischen Beispiels. Er beschäftigt sich mit der Lehrlingsausbildung Jugendlicher in Österreich. Der Autor legt den Fokus auf die Arbeitsmarktintegration von benachteiligten und marginalisierten Jugendlichen und stellt das Netzwerk „Berufliche Assistenz", kurz NEBA, vor. Im Detail beschreibt Klemenjak das Jugendcoaching und die Berufsausbildungsassistenz.

Erna Nairz-Wirth und Klaus Feldmann stellen im Artikel „Übergang und Bildung" die Bildungsübergänge, wie sie in unterschiedlichen Lebensabschnitten in Kindheit, Jugend und Erwachsenenalter stattfinden, ins Zentrum. Die Autorin und der Autor begreifen Bildungsübergänge einerseits als Wechsel zwischen Institutionen und Organisationen, andererseits aber auch als Entwicklungsphasen eines Individuums. Ebenso thematisieren sie die Bildungsexpansion sowie die Folgen für gering qualifizierte Personen.

Ausgehend von der Frage, ob der MigrantInnenstatus identisch mit Bildungsbenachteiligung sei, beschäftigt sich Gabriele Khan-Svik in ihrem Artikel „MigrantInnenstatus = Bildungsbenachteiligung? Eine Einladung dahinter zu blicken" mit den Einflussfaktoren auf die Bildungskarrieren von Kindern und Jugendlichen mit Migrationshintergrund. Die Autorin beleuchtet eingangs internationale Leistungsstudien im Vergleich zwischen SchülerInnen mit und ohne Migrationshintergrund und führt in weiterer Folge in eine differenzierte Betrachtung des Themas über. Abschließend geht Gabriele Khan-Svik auf die Ursachen für Benachteiligungen und Erfolge näher ein.

Konkrete Vorschläge an arbeitsmarktpolitischen Lösungen präsentiert Doris Landauer in Bezug auf zwei Themenbereiche. In ihrem ersten Buchbeitrag „Perspektiven für unentdeckte Talente – Prävention und Interventionen bei frühzeitigem Bildungsabbruch" gibt Landauer Einblick in ein vom Bundesminister für Arbeit, Soziales und Konsumentenschutz beauftragtes, für insgesamt 10 Jahre (2010 bis 2020) anberaumtes Projekt mit Fokus auf Wien. Näher beleuchtet wird das Thema frühzeitiger Bildungsabbruch und seine Folgen für die Betroffenen, für die Wirtschaft, für das Sozialsystem sowie auch für die Gesellschaft. Die Autorin beschreibt in diesem Artikel den zu Beginn gewählten pragmatischen Zugang zu diesem Thema, um auf dem Hintergrund fundierter arbeitsmarktpolitscher Kenntnisse Anregungen für praktische Lösungsansätze zu bieten.

In einem weiteren Beitrag, „Job Navi – Ausbildungswege für junge Mütter", beschreibt Landauer ein Ausbildungsprojekt, das ein bisher fehlendes Angebot in der Bildungslandschaft für eine schwer erreichbare Zielgruppe unter den bildungsbenachteiligten Jugendlichen darstellt. Eingehend analysiert die Autorin die Datenlage zu früher Elternschaft und Bildungsabbruch, um im Anschluss das Projektdesign näher auszuformulieren. Die betroffenen Mütter werden in den drei Projektphasen bis hin zur Erlangung eines Ausbildungsabschlusses in Teilzeitform unterstützt.

Norbert Jäger präsentiert Ausschnitte aus einer qualitativ-empirischen Studie. In seinem Artikel – „,Ich kann das, ich mache das jetzt!' Die Integration von bildungsbenachteiligten jungen Menschen ins Berufsleben" – geht er der Frage nach, welche Unterstützung notwendig ist, um frühe BildungsabbrecherInnen gewinnbringend auf dem Weg ins Berufsleben zu begleiten. In narrativen Interviews mit Jugendlichen, die ihre Bildungsbenachteiligung überwunden haben, untersucht der Autor jene Faktoren, die zu einer erfolgreichen Integration ins Berufsleben beitragen und präsentiert Ergebnisse, die insbesondere die Bedeutung von Bezugspersonen und unterstützenden Institutionen hervorheben.

Das Forschungsteam der Pädagogischen Hochschule Kärnten mit Roland Arrich, Birgit Albaner, Andrea Embacher, Norbert Jäger, Elisabeth Niederer, Gerda Ogris-Stumpf und Johann Wintersteiger setzt sich in der ebenfalls qualitativ-empirischen Studie „‚Schule ist nicht so meins' – Lebenswelten bildungsbenachteiligter Jugendlicher" mit den Lebenslagen und individuellen Bildungswegen Jugendlicher, die von Bildungsbenachteiligung betroffen sind, auseinander. Der Auszug aus dem Forschungsbericht der mehrjährigen Untersuchung bildet die Forschungsergebnisse in einem Überblick ab und stellt abschließend eine Aussicht auf Förderungsmöglichkeiten von Bildungschancengerechtigkeit.

Robert Klinglmair untersucht in seinem Beitrag „Mangelnde intergenerationelle soziale Bildungsmobilität? – Empirische Befunde und mögliche Lösungsansätze für Kärnten" die Einflüsse auf Bildungswegentscheidungen von Kärntner SchülerInnen im Detail. Im Zuge der Präsentation der Forschungsergebnisse einer umfassenden quantitativ-empirischen Untersuchung zeigt er auf, inwiefern sich die bisherigen und geplanten Bildungskarrieren von Jugendlichen aus Kärnten in Abhängigkeit von der sozialen Herkunft unterscheiden und überprüft, ob sich damit auch für Kärnten eine eingeschränkte intergenerationelle soziale Bildungsmobilität identifizieren lässt. Ausgehend von den Ergebnissen präsentiert Robert Klinglmair mögliche Lösungsansätze für die derzeit bestehende Situation in Kärnten.

Ausgehend von den beiden unterschiedlichen Studien in Kärnten diskutieren Robert Klinglmair und Elisabeth Niederer abschließend den andauernden Diskurs um die unterschiedlichen Forschungsparadigmen der Sozial- und Bildungswissenschaften, um zu dem Fazit zu gelangen, dass eine Kombination der qualitativen und quantitativen Forschungsmethoden zu einem noch umfassenderen Erkenntnisgewinn beitragen kann.

In Hinblick auf den vorliegenden Sammelband können wir als Herausgeberin und Herausgeber festhalten, dass der gewählte inhaltliche Schwerpunkt der Bildungsbenachteiligung und die intensive Auseinandersetzung mit unterschiedlichen Theorien, Kontexten und Perspektiven einmal mehr die These von Bildungsbenachteiligung als zentraler Ursache von Arbeitslosigkeit, Armut und sozialer Ausgrenzung bestätigt. Im Rahmen der fundierten Betrachtungen der Mikro-, Meso- und Makroebenen, welche in den Beiträgen diskutiert werden, können die unterschiedlichen Zusammenhänge und die weitreichenden Folgen der multiplen Problemkonstellationen von Risikogruppen, vorrangig Kinder und Jugendliche, sichtbar gemacht werden. Zusammenfassend scheint die weitere intensive Beschäftigung mit Bildungsbenachteiligung absolut relevant für die Analyse der ungleichheitsverstärkenden Faktoren zu sein, welche im österreichischen Bildungssystem zur Manifestierung von sozialer Ungleichheit führen.

Bekannt ist seit Langem vieles, erfolgreiche und nachhaltige Veränderungen von strukturellen Rahmenbedingungen gibt es trotz etlicher anwendungsorientierter, umsetzbarer Vorschläge und Best-Practice-Beispiele kaum. Vielmehr wird das Hauptaugenmerk auf das Versagen einzelner Menschen und deren mangelnden Bildungserfolg gerichtet. In einer Gesellschaft, in der Bildung immer größere

Bedeutung gewinnt, nicht auf individuelle fehlende Ressourcen zur Erlangung von Wissen Bedacht zu nehmen, führt zu Schieflagen, welche nicht mehr einfach auszugleichen sein werden. Die umfassende wissenschaftliche Betrachtung des Themas muss in sozialpolitischen Fragestellungen Gehör finden, und die Analyse sämtlicher Kontexte ist systematisch zu berücksichtigen. Erst dann wird der Handlungsbedarf zur Bekämpfung von Bildungsbenachteiligung das notwendige Maß zur Veränderung gesellschaftlicher Missstände erreicht haben.

An dieser Stelle sei den Autorinnen und Autoren, die ihre Beiträge zur Verfügung gestellt haben, herzlich für ihr Engagement gedankt.

Unser besonderer Dank gilt Sabrina Tschitschko für das unermüdliche Lesen der Texte und Birgit Albaner für die Formatierung und Layoutierung.

Literatur

OECD (2018): Bildung auf einen Blick 2018: OECD-Indikatoren. Bielefeld: wbv Media.

Quenzel, Gudrun/Hurrelmann, Klaus (Hrsg.) (2019): Handbuch Bildungsarmut. Wiesbaden: Springer VS Verlag.

Die Herausgeber
Elisabeth Niederer & Norbert Jäger

Klagenfurt, 2018

Margherita Zander

Ein Ausweg aus der Armut?
Kindern das Tor zu Bildung öffnen

Einleitung

Lassen Sie mich mit einem „Märchen" beginnen, wie es im Vorwort zu seiner Autobiografie heißt. Das Märchen handelt vom Aufstieg eines kleinen Jungen aus einem Londoner Armenhaus zu einem berühmten Weltstar seiner Zeit.

Charlie Chaplin wurde 1889 in Walworth, einem südlichen Distrikt von London, geboren. Die Eltern trennten sich kurz nach seiner Geburt. Seine Mutter zerbrach daraufhin an psychischen Problemen, während sich sein Vater zu Tode gesoffen hat. Der kleine Chaplin landete mehr oder weniger auf der Straße – kam vorübergehend als Halbwaise ins Heim, während seine Mutter in eine Irrenanstalt gebracht wurde. Zeitweise lebten Charlie und sein vier Jahre älterer Halbbruder, getrennt von der Mutter, in einem Londoner Armenhaus. Noch als halbe Kinder übernahmen die beiden Brüder schon die Verantwortung, für den Unterhalt der Familie zu sorgen. Mit etwa 12 Jahren ergatterte Charlie seine ersten Rollen auf der Bühne und brachte mit dem zunächst eher kargen Salär seine Familie durch (Chaplin 2014). „Seine Kindheit war geprägt durch Armut und Leid", hieß es in einem Nachruf zu seinem 125. Geburtstag (Geldermann 2014).

Im Duktus der Resilienzförderung würde es wohl heißen, dass wir es mit einem Hochrisiko-Kind zu tun haben: frühe Trennung der Eltern, Mutter psychisch krank, Vater Alkoholiker, früher Verlust des Vaters, instabile familiäre Bindungsverhältnisse, chronische Armut, Leben auf der Straße und Unterbringung im Heim… Die Tatsache, dass der Junge es dann doch geschafft hat, trotz aller Widrigkeiten und gravierender Entwicklungsrisiken sein Leben in die Hand zu nehmen und zum größten Komiker aller Zeiten zu werden, würde ihm zweifellos das Attribut „resilient" einbringen, auch wenn wir für eine solche Einstufung noch weitergehende Informationen bräuchten.

Was hat ihn so stark gemacht? Liest man seine Autobiografie, wird deutlich, dass der Junge über ausgeprägte persönliche Schutzfaktoren verfügte: Er war hartnäckig, erfindungsreich, fantasievoll und zielstrebig. Schon sehr früh stand für ihn fest, dass er Schauspieler werden wollte, und er ließ sich auch durch Misserfolge nicht entmutigen, legte dabei eine erstaunliche Ausdauer und Optimismus an den Tag. Aber auch familiäre Schutzfaktoren spielten eine Rolle: Dazu zählte sicherlich, dass seine Mutter ihn sehr geliebt und an ihn geglaubt hat. Sein Großvater war ihm Vorbild und hat ihm Humor als Bewältigungsmuster vorgelebt. Chaplins Devise schon als kleiner Junge war: in schwierigen Situationen immer wieder einen Ausweg finden, um ans Ziel zu kommen. Und so traf er dann auch in seinem weiteren Umfeld immer wieder auf Personen, die ihn gestützt und gefördert haben.

Ich sprach von einem Märchen, und doch weist das Beispiel uns einen Weg, der aber nicht für alle gilt. Den Weg der Förderung der Resilienz, der seelischen Widerstandsfähigkeit von Kindern, die es besonders schwer haben. Im Folgenden geht es um Kinder, die in Armut und sozialer Benachteiligung aufwachsen, wie diese Kinder Armut sehen und mit welchen Folgen sie konfrontiert sind. Ein besonderer Schwerpunkt soll auf der durch familiäre Armut bedingten Bildungsbenachteiligung dieser Kinder liegen. Ich möchte dabei der Frage nachgehen, inwiefern wir mit Resilienzförderung auch hierfür den richtigen Schlüssel in der Hand hätten.

Wie sehen Kinder Armut?
Die eigene und die von anderen…

Über eigene Erfahrung mit Armut zu reden, ist in unserer konsumorientierten Wohlstandsgesellschaft immer noch mit einem Tabu belegt. Daher haben wir die Kinder in unseren Forschungsprojekten zunächst darüber sprechen lassen, was sie generell unter Armut verstehen. Erst im zweiten Schritt haben wir dann Fragen gestellt, von denen wir uns Auskünfte über ihre eigene Betroffenheit erhofft haben.[1] Diese Antworten stammen von Kindern im Alter von 7 bis 10 Jahren, die zum Zeitpunkt der Befragung selbst in Armut oder in sehr prekären materiellen Verhältnissen gelebt haben. Da die eigene Wahrnehmung eines Problems auch ausschlaggebend für seine Bewältigung ist, gehe ich zunächst etwas ausführlicher darauf ein.

Zuallererst sind es äußere Merkmale und materielle Entbehrungen, welche die Kinder benennen: Armut wird mit *Mangel an Geld* assoziiert und der Gefahr, dass grundlegende Bedürfnisse nicht befriedigt werden können, wie Essen, Kleidung und Wohnen. Solche Erfahrungen dürften die Kinder wohl nur ansatzweise selbst gemacht haben, aber es kam schon vor, dass der Kühlschrank zu Hause öfters leer

---

[1]   Den Ausgangspunkt der folgenden Analyse bilden die beiden Projekte „Benachteiligung in den Lebenslagen von Kindern" in Jena und Umland, zusammen mit Prof. K.A. Chassé und Dr. Konstanze Rasch sowie „Soziale Bewältigungsstrategien von Kindern in benachteiligten Lebenslagen" in Münster und Umland, zusammen mit Barbara Imholz und Gisela Wuttke (vgl. Butterwegge/ Holm/Zander 2003; Chassé/Zander/Rasch 2003).

war, dass im Winter die Wohnung nicht richtig beheizt werden konnte, und nicht selten fehlte das Geld für das Schulessen, so dass hier Ausreden erfunden werden mussten.

Gleichgültig, ob es um Lernmittel für die Schule, Kleidung, Spielsachen, Handys oder Spielkonsolen, sonstige Anschaffungen oder Vereinsmitgliedschaften, um musische, kulturelle oder sportliche Aktivitäten geht, die heutzutage zur gängigen Kinderkultur gehören: Die befragten Mädchen und Jungen machten in allen Lebensbereichen die Erfahrung von Knappheit und Verzicht und artikulierten das auch mehr oder weniger offen im Gespräch mit den Interviewerinnen. Die Wahrnehmung der meisten Kinder beschränkte sich freilich nicht auf das häufig angesprochene äußere Erscheinungsbild oder auf den Mangel an Geld. ›Arm sein‹ wurde von ihnen vielmehr mit psychosozialen Folgen und belastenden *Seelenzuständen* assoziiert. Hier einige ausgewählte Antworten der Kinder (Zander 2007):[2]

»Arm ist, wenn…
    jemand nicht so viel Geld hat und traurig ist, weil man andere sieht, die Sachen haben, die man nicht hat... (Shakira),
    jemand ganz viele Wünsche hat, die er sich nicht erfüllen kann... (Vincent),
    jemand oft krank ist... (Donald),
    jemand etwas Wichtiges verliert... (Arni).

Kinder assoziieren mit Armut also *bestimmte Gemütszustände und Befindlichkeiten*, die Mitgefühl oder gar eigene Erfahrung erkennen lassen. Dabei ist es Mädchen wie Jungen offensichtlich wesentlich schwerer gefallen, über die mit Armut verbundenen Gefühle zu sprechen, während materielle Einschränkungen nach anfänglichem Zögern durchaus offen benannt wurden. Wie die Antwortbeispiele zeigen, verknüpfen Kinder insbesondere auch *immaterielle Dimensionen des Erlebens* mit Armut:
*   *Verzicht*, das heißt sich keine ›teuren Dinge‹ leisten zu können oder viele (unerfüllte) Wünsche zu haben;
*   *Verlust,* das heißt etwas Wichtiges zu verlieren, zum Beispiel in Trennungs- und Scheidungssituationen den Vater oder die Mutter, wobei diese Assoziation sicher davon mitbestimmt wird, dass arme Kinder häufiger bei Alleinerziehenden leben;
*   *Krankheit*, als psychosomatischer Ausdruck von Armut – arme Kinder sind nämlich häufiger krank;
*   *Traurigkeit*, als emotionale Befindlichkeit, auch als Folge von gesellschaftlichem Ausschluss.

Thematisiert wird zudem, dass man sich im Vergleich zu anderen Kindern in vielerlei Hinsicht in seinen *(Handlungs-)Möglichkeiten eingeschränkt* fühlt, in den Worten der Kinder:

---

2   Der folgende Abschnitt ist im Wesentlichen einem eigenen Beitrag für den Kinderreport 2007 entnommen.

»Arm ist, wenn…

    man irgendwo hin will und das nicht kann… (Prinzessin),
    man nicht so viele Freunde hat und man nicht mit anderen spielen darf…
    (Arni),
    man seinen Geburtstag nicht feiern kann… (Shakira),
    man keinen Fotoapparat hat, um Erinnerungen festzuhalten… (Melanie),
    jemand keine Idee und kein Geld hat… (Bulma),
    man nichts machen kann... (Picasso).

Hier werden eindeutig Einschränkungen benannt, die für die kindliche Entwicklung hemmend sind, so zum Beispiel:

- *räumlich nicht mobil* zu sein, die meisten „armen" Kinder kommen kaum über ihr Stadtviertel hinaus,
- *nur eingeschränkte Kontakte* zu Gleichaltrigen zu haben, es fällt ihnen schwerer Freunde zu gewinnen,
- materiell und immateriell *nicht mithalten zu können*, dadurch ins soziale Abseits zu geraten,
- immer wieder die *Erfahrung von sozialem Ausschluss* zu machen, so etwa seinen Geburtstag nicht feiern zu können und in der Folge auch von anderen nicht eingeladen zu werden,
- und das Schlimmste ist wohl die *Erfahrung von Ohnmacht, „wenn man keine Idee hat und nichts machen kann".*

Kinder können in der Regel ja nichts dazu beitragen, um die materielle Situation der Familie zu verbessern, wenn wir einmal Kinderarbeit – bei uns ja gottlob eine Seltenheit – außen vor lassen. Daher das bedrückende Gefühl von Ohnmacht und mangelndem Selbstvertrauen!

Danach gefragt, ob sie ihre Familie als „arm" einschätzen würden, *distanzierten* sich jedoch die meisten Kinder ganz entschieden. Sie tun dies, indem sie *„absolute"* Armut zum Vergleichsmaßstab nehmen oder – wie sie es nennen – „wirkliche" Armut. Dabei denken sie beispielsweise an *Obdachlosigkeit* – Zitat: *„arm ist, wenn man kein Haus oder keine Wohnung hat"* (Melanie) – und an ein äußeres Erscheinungsbild, das Armut auf den ersten Blick erkennen lässt. „Wirkliche Armut" wird als abstoßend und existenziell bedrohlich geschildert. Folglich grenzten sich die befragten Kinder von einem solchen Zustand ab nach dem Motto *„arm sind die anderen".* Jedenfalls gibt es in ihren Augen noch ärmere Kinder, beispielsweise Straßenkinder oder Kinder in Afrika, Bosnien oder in Ländern, die durch Krisen, Kriege und Naturkatastrophen gebeutelt sind. Weil es noch schlimmere Armut gibt, relativieren sie ihre eigene Lage, denn so fällt es ihnen leichter, sich damit abzufinden.

Sich distanzieren heißt gleichzeitig, *die eigene Armut nach Möglichkeit zu verstecken.* Dazu werden Kinder oft von Zuhause aus angehalten, folgen jedoch oft genug auch einem eigenen Impuls, nämlich aus *Angst vor Stigmatisierung und Ausgrenzung.* Armut wird in unseren Gesellschaften ja als individueller Makel angesehen und die Schuld dafür direkt oder indirekt den Betroffenen zugewiesen.

Kinder im Grundschulalter nehmen die Auswirkungen von familiärer Armut also sehr differenziert wahr. Dies ist auch dann der Fall, wenn die Eltern glauben, die negativen Folgen für ihre Kinder abfedern zu können. Den Kindern fällt es leichter, über erfahrene materielle Einschränkungen zu sprechen, obwohl auch das schon mit „Scham" behaftet ist, als über die psychosozialen Folgen, nämlich ihre seelischen Verletzungen, durch die sie, wie die Antworten verraten, noch stärker belastet sind.

Wie sehr Kinder bestrebt sind, sich selbst von „wirklicher Armut" abzugrenzen, zeigt übrigens auch eine österreichische Studie von Ingrid Kromer und Gudrun Horvat (2012). Die beiden Wiener Sozialwissenschaftlerinnen haben mehrere Gruppendiskussionen mit „armen" und „nicht-armen" Mädchen und Jungen im Alter von 10 bis 12 Jahren durchgeführt. Im Ergebnis bringen sie kindliches Armutserleben auf die prägnante Formel: „arm dran" und „arm drauf sein". In der Tat: Armut tangiert in ihrer materiellen wie immateriellen Ausprägung nicht nur sämtliche Lebensbereiche, sondern wirkt sich gleichzeitig auf beides aus: auf die *Lebenslage und das Lebensgefühl* eines Kindes. An dieser zentralen Erkenntnis sollten pädagogische und sozialpädagogische Konzepte anknüpfen.

Was bedeutet es für ein Kind in einer Wohlfahrtsgesellschaft wie der unseren arm zu sein?

Welche negativen Folgen kann ein mit Armut verbundener sozialer Status für Kinder in unterschiedlichen Entwicklungsstadien haben?

Um diese elementaren Fragen zu beantworten, brauchen wir zunächst ein spezifisches Konzept, mit dem wir Armut – und in unserem Fall Kinderarmut – als gesellschaftliches und zugleich individuelles Problem zu erfassen vermögen. Dabei sollte bedacht werden, dass wir es hierzulande *nicht mit absoluter Armut* zu tun haben, die alltäglichen Grundbedürfnisse also in der Regel mehr oder weniger abgedeckt sind, auch wenn es ständig Engpässe zu bewältigen gilt. Wir haben es im Vergleich zu absoluter Armut – wie wir sie aus den Hungerländern des Südens kennen – mit *relativer Armut* zu tun, also mit mehr oder weniger abgestuften Formen von materieller Knappheit, sozialer Benachteiligung und sozialer Ausgrenzung. Die damit einhergehenden Notlagen führen ebenso zu objektivem Ausschluss wie zu subjektivem Erleben verweigerter Teilhabe. Die Menschen sind abgehängt und spüren das.

Was verstehen wir nun unter Armut? In der Diskussion über Kinderarmut war lange Zeit das *Konzept der Lebenslage* gebräuchlich. Dieses Konzept hat in der deutschen Armutsforschung eine lange Tradition und wurde daher auch in mehreren empirischen Studien zu Kinderarmut zugrunde gelegt.[3] Armut wurde demzufolge als *Unterversorgung oder Beeinträchtigung in verschiedenen Lebensbereichen* betrachtet:

---

3   Vgl. Richter 2000; Chassé/Zander/Rasch 2003; Butterwegge/Holm/Zander 2003; AWO-ISS-Studien 1997–2012.

- als *Unterversorgung bei der materiellen Grundausstattung*: z. B. bei der Ernährung zu Hause oder weil das Essensgeld für die Schule oder Kita nicht aufgebracht werden kann; bei der Kleidung: wenn beispielsweise witterungsgemäße Kleidung fehlt; hinsichtlich des Wohnens: bei zu engen Wohnverhältnissen und Substandards in der baulichen Substanz; beim Fehlen eines kindergerechten Wohnumfeldes usw.
- als *Beeinträchtigung von Gesundheit*: Arme Kinder sind häufiger krank, haben häufiger Bauch- und Kopfschmerzen, leiden häufiger unter asthmatischen und allergischen Erkrankungen, an falscher Ernährung, werden seltener zu Vorsorgeuntersuchungen gebracht, haben schlechtere Zähne usw.
- als *Beeinträchtigung von sozialen Kontakten und Gleichaltrigenbeziehungen*: Arme Kinder haben weniger Freunde, weniger Gelegenheiten Freundschaften zu schließen, weil sie an außerschulischen Freizeitangeboten seltener teilnehmen, zumal wenn diese kostenpflichtig sind; weil sie wegen der beengten Wohnverhältnisse andere Kinder nicht zu sich nach Hause einladen können; den Geburtstag nicht mit Freunden feiern können usw.
- als *Einschränkungen bei den kindlichen Bildungs- und Erfahrungsmöglichkeiten*: Arme Kinder kommen häufig über ihren Stadtteil nicht hinaus; in vielen Fällen können die Eltern sie nicht bei den Hausaufgaben unterstützen, Nachhilfe ist nicht drin; sie nehmen außerschulische Bildungsangebote weniger bis gar nicht wahr, z. B. erlernen sie seltener ein Musikinstrument zu spielen; sie kommen weniger in der Welt herum, da familiäre Urlaube entfallen; Kino-, Museums- und Theaterbesuche fallen flach usw.
- als *Einschränkung bei der Entwicklung von individuellen Fähigkeiten und Neigungen*: Wie schon erwähnt, ist beispielsweise das Erlernen eines Musikinstruments nicht drin oder es fehlt das Geld für die Mitgliedschaft in einem Sportverein; auch für andere Hobbys mangelt es zumeist am Geld usw.
- als *Einschränkung bei den Teilhabemöglichkeiten* des Kindes: Arme Kinder fühlen sich oft ausgeschlossen, weil sie mit Gleichaltrigen nicht mithalten können; eine Folge davon: Sie ziehen sich zurück und trauen sich weniger zu; sie verfügen über ein geringeres Selbstbewusstsein.
- Studien, die sich an diesem Armutskonzept orientiert haben, kamen übereinstimmend zu der Erkenntnis, dass Kinder, die in familiärer Armut aufwachsen, *materielle und immaterielle Benachteiligungen* in allen diesen Lebensbereichen erfahren.

Vom Grad der familiären Armut hängt natürlich ab, wie sehr das Kind von ihren Folgewirkungen betroffen ist. Nachweislich gibt es *unterschiedlich abgestufte Schweregrade*, so dass in der Armutsforschung bisweilen differenziert wird zwischen Menschen, die in „strenger Armut" leben, also über weniger als 40 % des durchschnittlichen Einkommens verfügen (dies trifft im Wesentlichen auf Haushalte mit Sozialhilfebezug zu) und solchen, die als „relativ arm" gelten, weil ihr Einkommen unterhalb der 50 %-Schwelle liegt (Spannagel/Seils 2014). Daneben gibt es die Gruppe der „Armutsgefährdeten", die neuerdings ebenfalls in die Armutsstatistiken aufgenommen werden, weil ihre finanzielle Ausstattung als stark unterdurchschnittlich gilt, d. h. weniger als 60 % des gewichteten Durchschnittseinkommens beträgt. Das sind dann diejenigen Familien, die sich am Rande von Armut entlang hangeln.

Neben Alleinerziehenden, die besonders häufig von Armut betroffen sind, sind es vor allem Familien von Erwerbslosen, Mehrkind- und Migrantenfamilien, von denen wir hier reden; auch Haushalte von NiedriglohnbezieherInnen, sogenannten „Working Poor", zählen in zunehmendem Maße dazu.

Abgestufte Ausprägungsgrade von Armut können zudem auch *Folge der unterschiedlichen Dauer* von Armutsbetroffenheit sein: Selbstredend verschärft Langzeitarmut den Beeinträchtigungsgrad in allen Lebensbereichen, während kurzzeitige Armutsphasen leichter überbrückt werden können. Besonders benachteiligend wirken sich Formen sogenannter „chronischer Armut" auf die Entwicklungschancen von Kindern aus, also Fälle, in denen Armut von einer Generation auf die nächste gewissermaßen „sozial vererbt" wird und wo es darum geht, den sogenannten „Teufelskreis der Armut" zu durchbrechen.

Zu berücksichtigen wäre auch das *Alter der Kinder*: Ein Baby wird durch familiäre Armut anders betroffen sein als etwa ein Vorschul- oder Grundschulkind, Jugendliche erfahren Armut anders als jüngere Kinder. Die meisten mir bekannten Studien – und auch meine eigenen – beziehen sich allerdings auf Grundschulkinder.[4] Eine Ausnahme bildet die bisher einzige deutsche Längsschnittstudie zu Kinderarmut – die AWO-ISS-Studie –, die 1997 mit einer Gruppe von Kindern im Vorschulalter gestartet ist und diese bis ins frühe Jugendalter begleitet hat.

Aber auch die Haushaltsführung der Eltern – insbesondere der Mütter – kann erhebliche Auswirkungen auf die Entwicklung des Kindes haben. Woran wird gespart: beim Essen, bei der Kleidung, bei den Bedürfnissen der Kinder oder denen der Eltern? Werden alternative Konsummöglichkeiten genutzt wie etwa Kleiderkammern, Flohmärkte oder Second-Hand-Läden? Sind Eltern und Kinder erfinderisch, unterstützen die Eltern die Kinder bei der Suche nach Kompensationsmöglichkeiten? Wie erleben die Eltern die familiäre Notsituation: als vorübergehenden Engpass, als Dauerstress oder gar als Perspektivlosigkeit ohne Chance auf einen Ausstieg? Und was davon geben sie – gewollt oder ungewollt – an ihre Kinder weiter?

Seit Neuerem wird nun in der Armutsdiskussion häufiger auf das international gebräuchliche *„Konzept des kindlichen Wohlbefindens"* (Well-Being-Konzept) zurückgegriffen, wie es von UNICEF in seiner Berichterstattung über Kinderarmut in entwickelten Wohlfahrtsstaaten (OECD-Staaten) eingeführt wurde (UNICEF 2007). Bei diesem Konzept wird Kinderarmut als beeinträchtigtes kindliches Wohlbefinden definiert, kommt also – über die objektiv erfassbaren Daten zur Armutslage hinaus – noch stärker die Gefühlslage der Betroffenen zum Tragen, so beispielsweise mit Scham, Verzicht oder gar Ausweglosigkeit verbundene Gefühle.

Beide Konzepte, das Lebenslagen- wie das Wohlbefinden-Konzept, weisen große gemeinsame Schnittmengen auf. Interessant ist, dass das letztere explizit auch *das subjektive Wohlbefinden des Kindes* im Blick hat und damit die Frage aufwirft, wie sich die armutsbedingten Beeinträchtigungen auf die physische und psychi-

---

4   Richter 2000; Chassé/Zander/Rasch 2003; AWO-ISS 2003 und 2005.

sche Befindlichkeit des Kindes, auf sein „Lebensgefühl", auswirken. In der Berücksichtigung des subjektiven Wohlbefindens des Kindes sehe ich eine entscheidende Errungenschaft der letzten Jahre, weil wir darüber nur Auskunft bekommen können, indem wir die Kinder selbst zu Wort kommen lassen. Wir müssen also ihre Sichtweise in unsere Überlegungen einbeziehen. Damit ist es nicht mehr nur eine Forschung über, sondern mit den betroffenen Kindern.

Kinder erleben Armut anders als Erwachsene, vor allem auch deshalb, weil sie an der familiären Lebenslage wenig zu ändern vermögen, aber auch sonst:

- Legen Eltern beispielsweise größeren Wert auf die Funktionalität der Kleidung, sehen Kinder häufiger den mit Kleidung verbundenen sozialen Status und leiden darunter, nicht auch so coole Klamotten zu tragen wie andere Kinder usw.
- Achten Eltern stärker auf den Nährwert des Essens, so fehlt Kindern beispielsweise das leckere Eis und würden sie lieber auf die Suppe verzichten usw.
- Versuchen Eltern die familiäre Notlage zu verdecken und möchten z. B. nicht, dass Klassenkameraden ihrer Kinder mitbekommen, wie es zu Hause in Wirklichkeit zugeht, und erlauben sie daher nicht, dass ihre Kinder Freunde mit nach Hause bringen, wollen sie ihre Kleinen womöglich vor Häme und Spott schützen; ihre Kinder jedoch leiden vor allem unter dem dadurch bedingten sozialen Ausschluss usw.

Festzuhalten bleibt, dass beide Konzepte Armut zunächst in einer *defizitorientierten Perspektive* betrachten, weil es ja darum geht, negative Folgewirkungen aufzuweisen, also was materiell und immateriell fehlt. Die bisherigen Befunde weisen detailliert *armutsbedingte Defizite im Hier und Jetzt* nach. Letztlich birgt ja aber eine gravierende Beeinträchtigung der aktuellen Lebenslage und des aktuellen Wohlbefindens bereits den Kern zukünftiger Entwicklungsrisiken in sich.

Dass *Armut ein zentrales Entwicklungsrisiko* für Kinder darstellt, liegt auch daran, dass es oft genug nicht bei der Armut bleibt. Armut geht nämlich, wie empirisch vielfach belegt, häufig mit zusätzlichen familiären Problematiken einher; manchmal wird sie umgekehrt durch derartige Problemlagen sogar erst ausgelöst, also wenn ein psychisch labiler Mensch z. B. keine Stelle findet. Die mittelbaren Folgen von Armut sind oft schlimmer als die Armut selbst. Armut belastet, und das zeitigt eben Folgen. Drei Fallbeispiele im Telegrammstil sollen das kurz veranschaulichen (Chassé/Zander/Rasch 2003):

- *Theo*, 7 Jahre: Seine Mutter ist langzeitarbeitslos und hat so gut wie keine Chance auf Reintegration in den Arbeitsmarkt. Aufgrund dieser aussichtslosen Situation ist sie psychisch erkrankt. Der Junge hat eine problematische Beziehung zum Stiefvater; zu seinem leiblichen Vater besteht kein Kontakt. Es gibt gravierende Konflikte zwischen Mutter und Stiefvater und deutliche Anzeichen, dass das Kind vernachlässigt wird.
- *Rebecca*, 7 Jahre: Beide Eltern sind arbeitslos. Rebeccas Vater ist zum Zeitpunkt des Interviews untergetaucht, weil er von der Polizei gesucht wird. Es ist offenkundig familiäre Gewalt im Spiel. Die Mutter hat mit den Kindern schon des Öfteren in einem Frauenhaus Unterschlupf gesucht, sie zieht eine Scheidung in Erwägung. Rebecca befürchtet das, weil sie dennoch an ihrem Vater hängt.

- *Torsten*, 7 Jahre: Der Junge hat keinen Kontakt zum leiblichen Vater, die Mutter ist alleinerziehend. Die Familie lebt sozial isoliert, nicht zuletzt deshalb, weil sie in den letzten Jahren häufiger umziehen musste. Es fällt Torsten schwer, Freundschaften zu schließen. Durch die wiederholten Umzüge hat er immer wieder Freunde verloren. Der Junge ist zu dick und wird deshalb gehänselt. Er leidet stark unter der Ablehnung durch Gleichaltrige.

Diese Aufzählung (von Fällen aus einem eigenen Forschungsprojekt) ließe sich problemlos fortsetzen: *Armut ist also häufig mit zusätzlichen Entwicklungsrisiken* wie Trennung und Scheidung der Eltern, Erwerbslosigkeit eines Elternteils oder gar beider Eltern, chronische oder psychische Erkrankung eines Elternteils, unfreiwillige Migration, Flucht und Verfolgung, Gewalt- oder Suchtproblematiken in der Familie verbunden, um nur einige zu nennen. Mädchen und Jungen, die in derart mehrfach belasteten familiären Konstellationen aufwachsen, zählen zu den sogenannten *Hoch-Risiko-Kindern*. Solchen Kindern muss die größte Aufmerksamkeit geschenkt werden.

Eingeschränkte Bildungsmöglichkeiten als Folge familiärer Armut

Von eingeschränkten Bildungsmöglichkeiten war auch Charlie Chaplin betroffen. Als der 12-jährige Chaplin an seinem Sehnsuchtsziel angekommen zu sein schien, wurde er mit der ihm arg peinlichen Tatsache konfrontiert, dass er nicht genügend gut lesen konnte. In seiner Autobiografie schildert er anschaulich die ihm sehr wohl in Erinnerung gebliebene Szene: „Er [Mr. Saintsbury, MZ.] übertrug mir auf der Stelle die Rolle des Sammy und sagte dazu, sie sei eine der bedeutenden Rollen in diesem Stück. Ich war beunruhigt, denn ich fürchtete, er könne mich auffordern, die Rolle auf der Stelle zu lesen, was mir peinlich gewesen wäre, weil ich so gut wie überhaupt nicht lesen konnte" (Chaplin 2014, S. 75). Es war nicht etwa so gewesen, dass er gar keine Schule besucht hätte, aber seine schulische Ausbildung erfolgte mit ständigen Unterbrechungen, weil es ihn einmal da und einmal dorthin verschlagen hat: vom Leben mit der Mutter ins Armenhaus und wieder zurück, ins Waisenhaus und in den Haushalt des von der Mutter getrennt lebenden Vaters, wieder zur Mutter und zurück ins Armenhaus. Zudem zwangen ihn die häuslichen Verhältnisse, früh schon dem Broterwerb nachzugehen, da seine alleinstehende und zeitweise psychisch kranke Mutter zeitweise nicht in der Lage war, für ihre zwei Jungen zu sorgen. Charlie Chaplin hat die als Junge erlebte soziale Benachteiligung im späteren Leben nicht geschadet, im Gegenteil, er hat allen Widrigkeiten zum Trotz seinen Weg auf die Bühne gefunden und seinen Ausstieg aus der Armut geschafft. Doch nicht jede/r ist ein Charlie Chaplin. Die soziale Realität der meisten in Armut aufwachsenden Kinder sieht in der Tat anders aus.

So übel wie Charlie Chaplin mit 12 Jahren dürfte es heutzutage wohl selten einem Kind gehen, wobei auch heute die Lesefähigkeit in den verschiedenen

Altersstufen unterschiedlich stark ausgeprägt sein dürfte. Laut PISA-Ergebnissen gibt es zwischen den schulischen Leistungen und der sozialen Herkunft eine deutliche Entsprechung: Gerade in Deutschland – und auch in Österreich – wird dies immer wieder moniert. So vermerkte beispielsweise die Wiener Zeitung (vom 6.12.2016) im Hinblick auf die Ergebnisse der PISA-Studie von 2016: „Der sozioökonomische Status hat in Österreich vergleichsweise viel Einfluss auf die Leistungen der Schüler, seit PISA 2000 ist die Kluft hier unverändert groß. In Naturwissenschaften erreichen Kinder von Akademiker-Eltern in allen drei Domänen rund 100 Punkte mehr als Schüler, deren Eltern maximal einen Pflichtschulabschluss haben. Das entspricht einem Leistungsunterschied von mehr als zwei Lernjahren."

Dabei sind es *einerseits* die materiellen und immateriellen Begrenzungen der in Armut lebenden Familien, die die Bildungschancen der Kinder beeinträchtigen. Wie wir gesehen haben, beschneidet die materielle Knappheit dieser Familien die Aufwendungen für Bildung: Zusätzliche Ausgaben für nicht kostenlos zur Verfügung gestelltes Lernmaterial oder gar für Nachhilfe können nicht aufgebracht werden. Die Teilnahme an außerschulischen Bildungsangeboten ist nicht erschwinglich, so dass eventuell besondere Fähigkeiten und Neigungen der Kinder brachliegen und damit eine Quelle für gestärktes Selbstbewusstsein entfällt. Oft sind dies Familien, in denen die Eltern über einen niedrigen Bildungsgrad verfügen und die nicht in der Lage sind, ihre Kinder in schulischer Hinsicht zu fördern, ihnen beispielsweise bei den Hausaufgaben behilflich zu sein. Sie verfügen auch meist nicht über die nötigen Informationen, um ihren Kindern die Teilnahme an kostenlosen öffentlichen Angeboten zu ermöglichen (Becher 2008). Solche Eltern können also ihren Kindern weder materiell noch immateriell jene Unterstützung bieten, die diese bräuchten, um schulisch erfolgreich zu sein; vor allem können sie ihren Kindern nicht ein solch lernförderliches Umfeld bieten, wie dies in den Familien gebildeter Mittelschichten der Fall ist.

Und dies ist m. E. das Entscheidende. Um mit Bourdieu (1993) zu sprechen: In solchen Familien finden wir einen ausgeprägten Habitus vor, der es den Kindern beträchtlich erschwert, mit anderen Kindern leistungsmäßig mitzuhalten, den Habitus des Nichtdazugehörens, des Abseitsstehens, des Ausgegrenztseins. Solche Kinder müssen schon eine gehörige Portion innerer Stärke entwickeln, um sich aus ihrem Herkunftsmilieu herauszuarbeiten und ihr Recht auf eine Zukunftschance zu erstreiten.

Andererseits ist es das deutsche und sicherlich auch das österreichische Bildungssystem, das für solche Kinder erhebliche Barrieren aufbaut, durch die Mittelschichtorientierung des Bildungskanons und durch eine sehr frühe Selektion. So kommt Landauer mit Blick auf das österreichische Bildungssystem in ihrer empirisch akribisch mit zahlenmäßigen Fakten unterlegten Arbeit zu der Schlussfolgerung: „Der Zugang zur Bildung ist nicht für alle Personengruppen gleichermaßen gegeben. Der zentrale Selektionsfaktor ist die Bildung der Eltern und deren sozialökonomischer Status und nicht etwa die Begabungen, Interessen und Potenziale der Kinder!!! […] Die Bildungseinrichtungen selber vermögen diese ungleichen Zugangschancen nicht auszugleichen. Das gegenwärtige Bildungssystem schreibt die Ungleichheit fort und verschärft in Einzelbereichen die Chancenungleichheit noch" (Landauer 2016, S. 6).

Bezogen auf das deutsche Bildungssystem kommt das Deutsche Kinderhilfswerk der UNESCO in seinem 2016 veröffentlichten Kinderreport zu dem mehr als alarmierenden Ergebnis: „Von Bildungsgerechtigkeit keine Spur!" In der Kinderarmutsforschung der letzten Jahrzehnte wurde immer wieder der Nachweis erbracht, dass Kinder aus armen Familien – und insbesondere aus Familien, die in chronischer Armut leben – bei gleicher Leistungsfähigkeit wesentlich seltener eine Schullaufbahn-Empfehlung für das Gymnasium oder die Realschule erhalten (Becher 2008; Solga/Dombrowski 2009). Begründung: Man traut es diesen Kindern nicht zu, mit den Leistungsanforderungen der weiterführenden Schulen zu Recht zu kommen. In Wirklichkeit sagt dieser Selektionsmodus viel mehr über das selektierende Bildungssystem aus und über seine Unfähigkeit, allen Kindern gleiche Chancen zu bieten. Das deutsche Bildungssystem ist – trotz mancher Reformanstrengungen – immer noch nicht in der Lage, auf die Bedürfnisse und die Möglichkeiten aller Kinder einzugehen.

Hinzu kommt, dass es durch die Bildungsexpansion der letzten Jahrzehnte zu einem Fahrstuhleffekt gekommen ist (Becher 2008; Landauer 2016), durch den sozial benachteiligte Kinder, die besonders häufig auf Hauptschulen oder Förderschulen landen oder sogar vorzeitig die Schule abbrechen, völlig abgehängt werden. War es früher noch möglich, mit einem Hauptschulabschluss in eine Lehre übernommen zu werden, müssen sich heutzutage SchülerInnen mit Hauptschulabschluss hinten anstellen, weil sie mit AbiturientInnen und RealschulabgängerInnen konkurrieren müssen und dabei selbstredend meist den Kürzeren ziehen. Damit setzt sich die Bildungsbenachteiligung von Kindern aus armen Familien dann endgültig ins Erwachsenenleben fort. Auch hierzu möchte ich wieder auf Landauer verweisen, die anhand einer sorgfältigen Auswertung der Statistik Austria zu folgender Schlussfolgerung kommt: „Fehlt es an Bildung, dann nimmt die Armutsgefährdung aufgrund vielfältiger Wirkungszusammenhänge zu. Wem es an weiterführender Bildung mangelt, muss mit einem geringeren Lohn und häufiger Arbeitslosigkeit rechnen und kann in Folge nur niedrigere Transfereinkommen aus jenen Leistungen beziehen, die an das Erwerbseinkommen gekoppelt sind (wie etwa das Arbeitslosengeld oder die Alterspension)" (Landauer 2016, S. 22).

Christian Palentien (2005) weist darauf hin, dass sich die Benachteiligung bei den Bildungschancen armer Kinder teilweise bereits vor dem Eintritt in die Schule abzeichnet und sich danach verfestigt, wobei gerade die Schule das Potenzial dazu hätte, die Weitergabe der Benachteiligung von den Eltern auf die Kinder zu mindern! Auch Palentien unterstreicht: „Bildung wird – im Wandel der Industrie- und Wissensgesellschaft – zunehmend zu einer zentralen Ressource für Beschäftigung und Einkommen und soziale Integration […] Bildungschancen führen zu einer Verstetigung der Lebensbedingungen und ungleicher Chancenverteilungen in der Gesellschaft" (Palentien 2005, S. 163).

Resilienzförderung auch ein Thema für die Schule?

Will man den Teufelskreis der Armut durchbrechen, muss man Kindern aus Familien, in denen sich Armut „sozial zu vererben" droht, angemessene Bildungschancen bieten. Nun wäre hierfür sicherlich eine Reform der schulischen Strukturen, der Curricula und der Lehrerausbildung zu diskutieren. Zweifellos würden die Beseitigung der zu frühen Selektion und eine Ganztagsbeschulung die Chancen sozial benachteiligter Kinder verbessern. Mir geht es im Folgenden aber zusätzlich um eine Haltungsänderung des Lehrpersonals, die auf einem breiteren Bildungsverständnis basieren sollte, als es durch die pure Leistungsorientierung vorgegeben wird. Frei nach Humboldt versteht man unter Bildung nicht nur Wissensaneignung, sondern die Befähigung von Menschen, sich zu einer selbstverantwortlichen und sich selbst bildenden Persönlichkeit zu entfalten. Bildung wird hierbei nicht nur in ihrer Verwertbarkeit für eine spätere berufliche Tätigkeit gesehen, sondern als eine allumfassende Kompetenz, sein Leben selbst in die Hand zu nehmen. Resilienzförderung basiert auf einem solchen Bildungsverständnis und würde unter den obwaltenden Bedingungen vor jeder strukturellen Reform des Bildungssystems armen Kindern bereits helfen. In diesem Sinne möchte ich auch die Schule als Bildungseinrichtung verstanden wissen, und daher sollte sie m. E. ihren Beitrag dazu leisten, dass auch Kinder aus sozial schwachen und sogenannten bildungsfernen Familien eine Chance haben, sich jenes Wissen und jene Fähigkeiten anzueignen, die sie brauchen, um ihren eigenen Weg in ein glückliches – und wenn man so will – erfolgreiches Leben zu gehen.

Hierfür scheint mir eine Haltungsänderung und eine pädagogische Neuausrichtung erforderlich zu sein, und den Schlüssel dazu sehe ich in einer schulischen Pädagogik, die sich im weitesten Sinne an Resilienzförderung orientiert (Zander 2011). Eine solche Neuorientierung würde die Institution Schule von innen heraus grundsätzlich reformieren, indem sie dem Lehrpersonal eine pädagogische Haltung abverlangt, die der Devise folgt, in erster Linie an den je besonderen Fähigkeiten und Potenzialen der SchülerInnen anzuknüpfen, auf Ermutigung und die Stärkung der jeweiligen Stärken zu setzen.

Nun ist klar, dass Schule keine sozialpädagogische Institution ist und Wissensvermittlung zu (einer) ihrer Hauptaufgabe(n) zählt. Aber dieses Ziel würde bei einer solchen pädagogischen Neuausrichtung nicht zu kurz kommen. Im Gegenteil: Motivierte und selbstbewusste SchülerInnen wären zweifelsohne auch aufgeschlossen dafür, sich möglichst viel Wissen anzueignen. Die Förderung von Resilienz würde allen SchülerInnen zu Gute kommen, aber in besonderem Maße jenen, die heute zu den eher „leistungsschwachen", weil nicht selten mehrfach belasteten Kindern aus armen und sozial benachteiligten Verhältnissen zählen.

Was meine ich mit Resilienzförderung? Mit Resilienz bezeichnet man *jene seelische Widerstandskraft*, mit deren Hilfe Menschen außergewöhnliche Belastungen, Lebenskrisen und Traumata, anders als eigentlich zu erwarten wäre, nahezu unbeschadet überwinden. Sie findet sich in allen Lebensaltern, also auch bei Kindern. Zu Resilienz gehört zudem ein *erstaunliches Durchhaltevermögen*, umgangssprachlich würden wir sagen, dass sich solche Kinder „nicht unterkriegen" lassen. Grundsätzlich wird mit Resilienzförderung eine neue Blickrichtung verfolgt, indem man das *Hauptaugenmerk auf die Stärken, Potenziale und möglichen Schutzfaktoren* eines Kindes legt. Man fördert dabei gezielt jene Kompetenzen, die dazu geeignet sind, die seelische Widerstandskraft von Kindern, ihr Selbstbewusstsein und ihr Durchhaltevermögen zu stärken.

Mittlerweile gibt es auch in der Bundesrepublik mehrere ausgearbeitete *Konzepte und Förderprogramme*, die sich an den Grundgedanken von Resilienzförderung orientieren, etwa im Rahmen der Evangelischen Hochschule Freiburg (Fröhlich-Gildhoff/Becker/Fischer 2012; Fröhlich-Gildhoff et al. 2014). Es gibt auch spezifisch ausgearbeitete Förderprogramme, die sich an Schulen umsetzen ließen (Grünke/Ross 2011). Ich selbst habe mich in einem dreijährigen Projekt zur *„Resilienzförderung mit Roma-Flüchtlings-Kindern"* im Grundschulalter an den Leitgedanken der beiden britischen Autorinnen Brigid Daniel und Sally Wassell (2002) orientiert, die stärker auf eine pädagogische Grundhaltung im Alltag mit den Kindern setzen und weniger auf konkret ausgearbeitete Trainingseinheiten.

Hierzu kurz die *Grundgedanken* eines solchen pädagogischen Handlungsgerüsts, die sich im Übrigen mit geringfügigen Abweichungen in den meisten Resilienzförderkonzepten wiederfinden.

- Es gilt darauf zu achten, ob das Kind eine *sichere Bindung, eine verlässliche Bezugsperson* hat, denn eine solche Bindung ist in allen kindlichen Entwicklungsphasen unabdingbar.
- Man sollte ein *positives Selbstbild* und positive Werte vermitteln: Arme Mädchen und Jungen leiden häufig unter mangelndem Selbstwertgefühl; Selbstvertrauen und Erfahrung von Selbstwirksamkeit, also die Erfahrung, etwas bewirken zu können und eine angemessene optimistische Grundhaltung sind für eine positive Entwicklung unverzichtbar.
- *Soziale Kompetenzen* sind besonders zu fördern: Kinder, die am gesellschaftlichen Rand angesiedelt sind, fühlen sich nicht genügend anerkannt und tun sich daher oft schwer, Anschluss zu finden oder gar Hilfe von anderen anzunehmen; eine prosoziale Einstellung und eine daraus resultierende Konflikt- und Problemlösefähigkeit würden ihnen dabei helfen.
- Man muss Gelegenheiten schaffen, damit das Kind *Freundschaften* schließen kann: Sozial benachteiligte Kinder haben es schwerer, Kontakte zu Gleichaltrigen herzustellen und zu pflegen; dabei könnten gerade enge soziale Beziehungen und Freundschaften die Bewältigung von schwierigen Lebenslagen erleichtern.
- Einen weiteren Förderschwerpunkt sollten *individuelle Fähigkeiten und Neigungen des Kindes* bilden: Gerade dieser Bereich kommt bei armen Kindern häufig zu kurz, sofern nicht die Kita oder die Schule ihnen entsprechende Möglichkeiten bieten; individuelle musische, sportliche oder sonstige Fähigkeiten könnten sich als eine ganz besondere Quelle von Selbstbewusstsein erweisen.
- Schließlich gilt es, die kindlichen *Bildungsmöglichkeiten* zu erweitern: Arme Kinder können seltener auf häusliche Unterstützung bei schulischen Anforderungen zurückgreifen und sind nicht selten von außerschulischen Bildungsmöglichkeiten ausgeschlossen, was sich wiederum auch auf ihre schulische Leistungsfähigkeit negativ auswirken kann.

Wenn wir nun einen Bezug zwischen den Einschränkungen in den *Handlungs-spielräumen* armer Kinder und den genannten *Förderbereichen* herstellen, fällt eine ebenso logische wie verblüffende Entsprechung auf. Resilienzförderung würde genau dort Lücken schließen, wo arme Kinder deutlichen Mangel zu kompensieren haben.

Es muss hier offen bleiben, ob und inwieweit Schule alle diese Förderaspekte zu berücksichtigen vermag, aber sicherlich die meisten. In Autobiografien lesen wir immer wieder, dass es LehrerInnen waren, die als besondere Bezugspersonen erste Impulse gegeben haben, damit ein Kind sein weiteres Leben in den Griff bekommen hat. Davon berichtet beispielsweise Albert Camus (2001), der in einem Armenviertel von Algier aufgewachsen ist, oder auch der französische Schriftsteller Daniel Pennac (2010), der dann selbst ein sehr verständnisvoller Lehrer gerade für diejenigen SchülerInnen wurde, die ihm durch besondere Schulschwierigkeiten aufgefallen sind (Göppel/Zander 2017).

Hinsichtlich der weiteren Förderdimensionen werden sich im schulischen Alltag unterschiedliche Gelegenheiten eröffnen. Zwei Aspekte scheinen mir allerdings besonders bedeutsam: erstens an den jeweiligen Fähigkeiten und Neigungen der Kinder anzuknüpfen, weil es für sie bedeuten kann, mit ihren Stärken zu reüssieren, eine besondere Ermutigung, und dies zu einer erstaunlichen Quelle von gestärktem Selbstbewusstsein gereichen könnte. Und zweitens: für ein soziales Klassenklima zu sorgen, in dem sich alle SchülerInnen wohlfühlen, so dass leichter Freundschaften geschlossen werden können und eine Atmosphäre entsteht, in der niemand an den Rand gedrückt wird.

Das Ziel wäre also eine resilienzförderliche Schule, die stark dem Prinzip der Ermutigung folgt. Dafür plädiert sehr eindrucksvoll Jürg Frick (2011) in seinem Buch zur „Kraft der Ermutigung". Dabei stellt er die Persönlichkeit der Erzieherin/des Erziehers oder Lehrkraft in den Mittelpunkt seiner Betrachtung und unterstreicht den Stellenwert der Beziehungsarbeit, gerade auch im schulischen Kontext. Ihm zufolge geht es in erster Linie darum, eine vertrauensvolle LehrerIn-Kind-Beziehung herzustellen und für ein lern- und gemeinschaftsförderliches Lernklima zu sorgen. Als entscheidend für eine ermutigende Grundhaltung stuft er die Fähigkeit der Lehrperson ein zu erkennen, dass in jedem Kind auch positive Ressourcen stecken und dass es diese Potenziale in erster Linie zu fördern gelte. Neben der nötigen Fachkompetenz und entsprechenden Kenntnissen in Methodik und Didaktik müssten LehrerInnen auch über ein gehöriges Maß an Beziehungskompetenz verfügen. Dieser Aspekt komme in den Diskursen über eine Reform des Bildungswesens immer noch zu kurz. Echte Bildung sei eng mit Persönlichkeitsbildung – der Lehrperson wie der SchülerInnen – verknüpft.

Für Resilienzförderung in der Schule plädiert auch Anne Seifert (2011) in ihrer Studie zu „Service-Learning mit Schülern aus Risikolagen". Dabei benennt sie Ziele eines an diesem Konzept ausgerichteten Unterrichts, die mit einem an Resilienzförderung orientierten Handeln weitgehend kongruent sind: Beziehungen gestalten, d.h. bindungskorrigierende Erfahrungen ermöglichen[5]; Teilhabe anbie-

---

5   Der von John Bowlby und Mary Ainsworth entwickelten Bindungstheorie zu Folge gibt es unterschiedliche Bindungstypen: die unsicher vermeidende, die unsicher ambivalente, die desorgani-

ten, d. h. Selbstwirksamkeit stärken; Kompetenzen fördern, d. h. vor allem Bewältigungskompetenz stärken; Perspektiven aufzeigen, d. h. optimistische Lebenseinstellung fördern; Eltern einbinden, d. h. Verbindung zur persönlichen Lebenswelt der SchülerInnen herstellen (ebd., S. 258). Das Spezifische des „Service-Learning" besteht jedoch in der Öffnung von Schule hin zum außerschulischen Erfahrungsraum.

Nach all den Jahren der Auseinandersetzung mit den Folgen von Kinderarmut und Benachteiligung habe ich die Überzeugung gewonnen, dass Resilienzförderung gerade für armutsbetroffene Kinder und Jugendliche von immenser Bedeutung sein könnte, da armutsbedingte Einschränkungen zu erheblichen Entwicklungshemmnissen führen. Der Ertrag von Resilienzförderung wird sich allerdings erst in der Langfristperspektive zeigen. Wie dieser Ertrag konkret aussehen wird, dürfte sich schwerlich zum Zeitpunkt der Förderung bestimmen lassen. Aber man darf darauf hoffen, Anfangsimpulse gesetzt zu haben.

Wie so oft bei Neuerungen spalten sich auch hier die Geister: Die einen sehen in Resilienzförderung eine Art Zaubermittel, die anderen verwerfen das Konzept, weil es von der Politik als Alibi dafür missbraucht werden könnte, Armut nicht ausreichend zu bekämpfen – frei nach dem Motto: „Armut ist ja nicht so schlimm. Man muss nur wissen, wie man sie bewältigt." Meine Antwort darauf: Der Politik muss man erstens weiter auf die Füße treten. Zweitens gibt es in der Pädagogik keinen allseits wirksamen Zauberstab. Wir haben aber mit Resilienzförderung gute Chancen, um Kinder in riskanten Lebenssituationen, wozu Armut – vor allem chronische Armut – ja zählt, wirkungsvoll zu fördern und zu stärken.

Allerdings: Weil Resilienzförderung eine individuelle Angelegenheit ist, wird man mit ihr nicht jedem Kind und schon gar nicht allen Kindern gleichermaßen helfen können. Resilienz darf nicht mit einer Leistung verwechselt werden, die im Sinne eines neuen „Lernzieles" gefälligst von allen zu erbringen ist. Allein schon deshalb bleibt die Politik in der Pflicht. Erfolgversprechend genug ist der Ansatz allemal. Dabei müssen wir im Auge behalten, dass Resilienz ein „Geschenk" ist, eine wunderbare Fähigkeit von Menschen, die sich aber nicht erzwingen lässt. „Eine Reise über 1000 km beginnt mit nur einem einzigen Schritt." Mit diesem chinesischen Sprichwort leitet Jürg Frick (2011, S. 15) das schon erwähnte Buch über die „Kraft der Ermutigung" ein. Wer Resilienzförderung betreibt, hilft Kindern, solche ersten Schritte zu tun.

Um noch einmal Charlie Chaplin ins Spiel zu bringen: Es scheint Kinder zu geben, die die Fähigkeit zu Resilienz gewissermaßen naturwüchsig in sich tragen und keiner gezielten Förderung bedürfen. Aber nicht jedermann ist ein begnadeter Komiker wie Chaplin, der Menschen in Situationen zum Lachen bringen konnte, wo einem selbst zum Weinen war!

---

siert/desorientierte und die sichere Bindung. Die Resilienzförderung zielt immer auf eine „sichere Bindung" ab (vgl. dazu: Grossmann/Grossmann 2003).

Literatur:

Becher, Ursel (2008): Bildung – Ressource zur Bekämpfung von Armut. In: Herz, Birgit/Becher, Ursel/Kurz, Ingrid/Mettau, Christiane/Treeß, Helga/Werdermann, Margarethe (Hrsg.): Kinderarmut und Bildung. Armutslagen in Hamburg. Wiesbaden: VS Verlag, S.41–58.

Bourdieu, Pierre (1993): Sozialer Sinn. Kritik der theoretischen Vernunft. 8. Auflage; ins Deutsche übersetzt von Günter Seib. Frankfurt a.M.: Suhrkamp.

Butterwegge, Christoph/Holm, Karin/Zander, Margherita (2003 und 2005): Armut und Kindheit. Ein regionaler, nationaler und internationaler Vergleich. Budrich: Opladen. (2. Auflage Wiesbaden: VS-Verlag, 2005).

Camus, Albert (2001): Der erste Mensch; ins Deutsche übersetzt von Uli Aumüller. Reinbek bei Hamburg: Rowohlt.

Chaplin, Charlie (2014): Die Geschichte meines Lebens. 6. Auflage, Frankfurt a. M.: Fischer.

Chassé, Karl August/Zander, Margherita/Rasch, Konstanze (2003): Meine Familie ist arm. Wie Kinder im Grundschulalter Armut erleben und bewältigen. Opladen: Budrich.

Daniel, Sally/Wassell, Brigid (2002): The School Years. Assessing and promoting resilience in vulnerable children. London/Philadelphia: Jessica Kingsley Publishers.

Deutsches Kinderhilfswerk e.V. (2016): Der Kinderreport 2016. Umfragen und Analysen zu Kinderrechten in Deutschland. Freiburg: Velber Verlag.

Frick, Jürg (2011): Die Kraft der Ermutigung. Grundlagen und Beispiele zur Hilfe und Selbsthilfe. 2. überarbeitete Auflage. Bern: Hans Huber Verlag.

Fröhlich-Gildhoff, Klaus/Becker, J. /Fischer, S. (2012): Prävention und Resilienzförderung in Schulen. PriGs. Ein Förderprogramm. München: Reinhardt.

Fröhlich-Gildhoff, Klaus/Kerscher-Becker, J./Rieder, S./Hüls, B. von/Hamberger, M. (2014): Grundschule macht stark! Resilienzförderung in der Grundschule – Prinzipien, Methoden, Evaluationsergebnisse. Freiburg: FEL Verlag.

Geldermann, Sascha (2014): Charlie Chaplin – Sogar der Tod des ersten Weltstars war filmreif. In: Ausburger Allgemeine, 16.4.2014.

Göppel, Rolf/Zander, Margherita (Hrsg.): Resilienz aus der Sicht der betroffenen Subjekte. Die autobiografische Perspektive. Weinheim/Basel: Beltz-Juventa.

Grossmann, Klaus/Grossmann, Karin (2003): Bindung und menschliche Entwicklung. John Bowlby, Mary Ainsworth und die Grundlagen der Bindungstheorie. Stuttgart: Klett-Cotta.

Grünke, Matthias (2003): Resilienzförderung bei Kindern und Jugendlichen in Schulen für Lernbehinderte: Eine Evaluation dreier Programme zur Steigerung der psychischen Widerstandsfähigkeit. Lengerich: Pabst Science Publishers.

Grünke, Matthias/Ross, Stefanie (2011): Auf dem Weg zur „resilienten" Schule – Resilienz in Förderschulen. In: Zander, Margherita: Handbuch Resilienzförderung, a.a.O.

Holz, Gerda/Skoluda, Susanne (2003): Armut im frühen Grundschulalter – Vertiefende Untersuchung zu Lebenssituation, Ressourcen und Bewältigungshandeln von Kindern. Frankfurt a. M.: ISS-Studie.

Holz, Gerda/Puhlmann, Andreas (2005): Alles schon entschieden? Wege und Lebenssituation armer und nicht-armer Kinder zwischen Kindergarten und weiterführender Schule. Frankfurt a. M.: ISS-Studie.

Kromer, Ingrid/Horvat, Gudrun (2012): „Arm dran sein & arm drauf sein" – Wie Mädchen und Buben in Österreich Armut erleben und erfahren. Bericht zur Lage der Kinder 2012. Wien: Katholische Jungschar Österreich.

Landauer, Doris (2016): Bildungsarmut und ihre lebenslangen Folgen. Übersicht und Aufbereitung empirischer Studien. Unentdeckte Talente. AMS Arbeitsmarktservice: Wien.

Palentien, Christian (2005) Aufwachsen in Armut – Aufwachsen in Bildungsarmut. Über den Zusammenhang von Armut und Schulerfolg. In: Zeitschrift für Pädagogik, 51, 2, S. 154–169.

Pennac, Daniel (2010): Schulkummer; ins Deutsche übersetzt von Eveline Passet. Köln: Kippenheuer und Witsch.

Richter, Antje (2000): Wie erleben und bewältigen Kinder Armut? Aachen: Shaker Verlag.

Seifert, Anne (2011): Resilienzförderung an der Schule. Eine Studie zu Service-Learning mit Schülern aus Risikolagen. Wiesbaden: VS Verlag.

Solga, Heike/Dombrowski, Rosine (2009): Soziale Ungleichheiten in schulischer und außerschulischer Bildung. Stand der Forschung und Forschungsbedarf, Arbeitspapier 171 der Hans Böckler Stiftung, Düsseldorf.

Spannagel, Dorothee/Seils, Eric (2014): Armut in Deutschland wächst – Reichtum auch. WSI-Verteilungsbericht 2014. In: WSI-Mitteilungen 8/2014, S. 620–627.

UNICEF (2007): Child Poverty in Perspective: An Overview of Child-Well-Being in Rich Countries. Innocenti Report Card 7.

Zander, Margherita (2007): Kinderarmut aus Kindersicht. In: Deutsches Kinderhilfswerk e.V. (Hrsg.): Kinderreport Deutschland 2007 – Daten, Fakten, Hintergründe. Freiburg: Velber Verlag, S. 45–72.

Zander, Margherita (2011): Handbuch Resilienzförderung. Wiesbaden: VS Verlag.

Zander, Margherita (2015): Laut gegen Armut – leise für Resilienz. Was gegen Kinderarmut hilft. Weinheim/Basel: Beltz-Juventa.

Ingrid Strießnig

Nachhaltige Bildung in der Volksschule und Erhöhung der Lebenschancen – eine empirische Untersuchung im Spannungsfeld Schulalltag unter Einflussnahme der Bildungsökonomie

Einführung

Um Kindern und Jugendlichen in Zeiten des rasanten Wandels in Gesellschaft und Arbeitswelt hoffnungsvolle Perspektiven und Chancen für die Zukunft zu eröffnen, werden Veränderungen im Bildungssystem notwendig. Kinder wachsen in unterschiedlichen Familienformen auf, konfrontiert mit individuellen Lebenskonzepten, Weltanschauungen und einer ständigen Auseinandersetzung hinsichtlich der Wertevorstellungen. Auch die Berufswelt ist von starken Veränderungen geprägt. Es geht nicht mehr fast ausschließlich um Produktivitätssteigerungen und standardisierte Massenproduktion. Wissen, Können, Information und entsprechende Umgangsformen sowie persönliche Kompetenzen (soft skills) sind zu grundlegenden Ressourcen der österreichischen Wirtschaft geworden.

Darüber hinaus ergeben sich neue Herausforderungen durch den demographischen Wandel, sich ständig weiterentwickelnde Technologien sowie neue Arbeitsformen. Ebenso machen Dynamiken im Management und der Betriebsorganisation sowie Fragen hinsichtlich nachhaltigem, ökologisch und sozial verantwortlichem Leben und Wirtschaften ein Umdenken und eine umfassende Bildung für alle nötig. Es gilt, junge Menschen für ein gelingendes Leben vorzubereiten und sie zu ermächtigen, sich als Arbeitskraft einzubringen.

In Zeiten der raschen gesellschaftlichen Veränderungen und neuen Formen des Lernens sind alle Verantwortlichen im Bildungssystem vor große Herausforderungen gestellt.

> „Die gegenwärtige Gesellschaft bedürfte dringend der umfassenden Bildung; aber wo man auch hinsieht, nirgendwo findet Bildung als kritisches Weltverständnis besondere Beachtung. Das muss sich ändern, wenn die Gesellschaft nicht auseinanderfallen soll" (Negt 2013, S. 19).

Wenn die Gesellschaft nicht auseinanderfallen soll, wie Negt es beschreibt, und es ein gesellschaftliches Ziel ist, das Wohlstandsniveau allgemein aufrecht zu erhalten, so ist eine Erhöhung der individuellen Lebenschancen als allgemein gültiges Ziel aller Handelnden im Bildungssystem anzustreben.

Aktuelle Situation

Schulsysteme, deren Sekundarstufe I sich in unterschiedliche Schultypen verzweigt, wie dies in Österreich der Fall ist, werden als „vertikal gegliedert" bezeichnet. Diese schultypenspezifische Gliederung in Österreich in Neue Mittelschule (NMS) und Gymnasium wird häufig mit dem Vorhandensein von unterschiedlichen Begabungen bei den Kindern begründet. Darüber hinaus wird von einer begrenzten Förderfähigkeit bei vielen Kindern ausgegangen, was die Selektion in jungen Jahren rechtfertige. Selektion in der Bildung hat immer schon eine wichtige Rolle gespielt. Sie diente einerseits einer Qualitätssicherung, die ein Aufsteigen in eine höhere Schulstufe ohne die Erfüllung bestimmter Voraussetzung verbot. Andererseits wurde die Selektion mit einem in historischen Phasen immer wiederkehrenden geringen Bedarf des Beschäftigungssystems legitimiert.

> „Wenn der Bedarf an gehobenen Qualifikationen kleiner ist als die Bildungs- und Karriereambitionen der Bevölkerung, liegt es nahe, die Fähigsten auszuwählen und die Übrigen an weiterer Bildungspartizipation zu hindern oder sie zumindest zu entmutigen" (Pechar 2006, S. 98).

Ging man in früheren Gesellschaften vom Bedarf der Wirtschaft nach vielen gering qualifizierten Arbeitskräften aus, stehen UnternehmerInnen aktuell vor der Herausforderung des FacharbeiterInnenmangels und der Suche nach innovationsfreudigen MitarbeiterInnen. Bei all den Diskussionen rund um Selektion bereits im frühen Kindesalter wirft Pechar folgende Frage auf:

> „Wie können die als weniger talentierten Schülerinnen und Schüler ihr Humankapital optimal entfalten, wenn sie schon so früh zur ‚zweiten Wahl' erklärt werden?" (Pechar 2006, S. 101).

Wenn man davon ausgeht, dass im Pflichtschulbereich die Anhebung der Mindest-qualifikationen für alle den gleichen Stellenwert hat, wie z. B. die Schaffung optimaler Entfaltungsmöglichkeiten für die Talentiertesten, dann ist eine frühe Selektion abzulehnen. Anspruchsvollere Bildungsangebote für den Großteil der Altersgruppe versprechen einen höheren gesellschaftlichen Gesamtnutzen, da anzunehmen ist, dass das Bildungsniveau insgesamt dadurch steigen könnte (vgl. ebd., S. 102 f).

Unzureichende Bildung hat Folgen für das Volkseinkommen. Dies beginnt damit, dass der Anteil der RisikoschülerInnen sehr hoch ist. Darunter werden diejenigen verstanden, die sich im Alter von 15 Jahren in den Fächern Lesen, Mathematik und Naturwissenschaften auf dem Niveau von 10-Jährigen oder darunter befinden. Der größte Teil dieser SchülerInnen schafft keinen Schulabschluss und absolviert auch keine Berufsausbildung. Arbeitslosigkeit ist die Folge.

Unzureichende Bildung führt darüber hinaus dazu, dass die Fähigkeit für Innovationen offen zu sein, nicht gefördert wird und somit negative Folgen für das langfristige Wirtschaftswachstum hat. Es entsteht ein Kreislauf von weniger Steuereinnahmen durch Arbeitslosigkeit auf der einen Seite mit höherem Bedarf an sozialen Unterstützungsgeldern, wie beispielsweise Arbeitslosengeld, auf der anderen Seite (vgl. Spitzer 2010, S. 39). Je höher der Bildungsstand, desto höher ist die Beschäftigungsquote; *„ein höherer Bildungsstand gilt als Tor zu besseren Beschäftigungsmöglichkeiten und Einkommenszuschlägen"* (OECD 2013, S. 27).

Die Aufgaben von Schulen haben sich im Laufe der Geschichte immer wieder an die gesellschaftliche und wirtschaftliche Entwicklung angepasst. Das Spannungsfeld, in dem die Institution Schule heute steht, ist jedoch noch nie so groß und unberechenbar gewesen. Es gilt, Kinder und Jugendliche auf eine nicht vorhersehbare, ungewisse Zukunft vorzubereiten, alle Lernenden in ihren Begabungen zu fördern, dabei auch die Eltern miteinzubeziehen und deren individuelle Vorstellungen zu berücksichtigen (vgl. Ribolits 2009, S. 39).

AutorInnen sind sich vielfach drüber einig, dass es bei all den Diskussionen rund um Erhöhung der Lebenschancen letztlich darum geht, junge Menschen auf die sich sehr schnell verändernden Anforderungen des Leben vorzubereiten.

„In Europa steht die Aufgabe der Schule, ein wissenschaftlich gesichertes Weltbild zu vermitteln, im Großen und Ganzen außer Streit" (Pechar 2006, S. 16).

Durch ein Umdenken in den Schulen in Richtung Bildung für nachhaltige Entwicklung und eines gesicherten Weltbildes kommt es nicht nur zum Erwerb von Kompetenzen für eine aktive, verantwortungsbewusste Teilhabe an der Gesellschaft, sondern es werden auch entsprechende Qualifikationen für den Berufsalltag erworben. Dies spiegelt sich wiederum im wirtschaftlichen Wachstum sowie einer persönlich erfolgreichen Lebensführung wider. Für die wirtschaftliche Wettbewerbsfähigkeit einerseits und die individuellen Chancen am Arbeitsmarkt sowie eine erfolgreiche Lebensführung andererseits reicht Fachwissen alleine nicht aus. Darüber hinaus müssen auch sozial-emotionale Kompetenzen erworben werden (vgl. OECD 2013, S. 27 f; Hüther 2014, S. 45 ff, 98 ff).

Um vorhandene berufliche Fähigkeiten und Fertigkeiten unter den gewandelten Bedingungen einsetzen zu können, sind vor allem soziale personale Kompetenzen nötig. Für den Erwerb dieser vielschichtigen, für ein beruflich erfolgreiches, glückliches Leben erforderlichen Kompetenzen, sollte bereits in der Volksschule die Basis gelegt werden.

Zusammenfassend kann somit festgestellt werden, dass der Erwerb von Qualifikationen und Kompetenzen nicht nur für die einzelne Person von enormer Bedeutung ist, sondern insgesamt für die Gesellschaft und die wirtschaftliche Entwicklung unseres Landes. An dieser Stelle muss berücksichtigt werden, dass Österreich im internationalen Vergleich als Wirtschaftsstandort an Attraktivität verliert. Deloitte, die Schweizer Handelskammer in Österreich, erstellte eine Metastudie, in der Trends aufgezeigt sowie Einschätzungen von außen mit denen von innen abgeglichen werden. Als eine Möglichkeit, den absteigenden Kurs zu korrigieren, wird von Deloitte die Notwendigkeit beschrieben, offener und flexibler unter anderem mit Bildung sowie mit Talenten umzugehen (vgl. Deloitte Österreich, S. 42). Naheliegend ist, dass daher die einzelne Person wie auch die Regierungen Interesse daran haben, die Förderung von Fähigkeiten und Kenntnissen der Bevölkerung zu unterstützen, da dies der gesamten Volkswirtschaft hohe Kosten ersparen kann (vgl. OECD 2013, S. 27 f, S. 90). Nachhaltige Bildung, welche die Lebenschancen aller Kinder erhöht, ist somit nicht nur ein bildungspolitisches Anliegen, sondern ebenso ein volkswirtschaftliches.

Nicht nur kostengünstiger, sondern für das individuelle Leben höchst bedeutsam ist daher Bewusstseinsbildung bereits in der Volksschule für Themen wie beispielsweise Chancengleichheit oder Verantwortungsbewusstsein. Negt beschreibt die Notwendigkeit einer Neuorientierung von Schulen folgend:

„Soll die Schule nicht zu einer Selektionsinstitution herabsinken, in der die gesellschaftliche Polarisierung fortgesetzt und zementiert wird und die Kinder möglichst frühzeitig nach künftigen Gewinnern und potenziellen Verlierern sortiert werden, dann muss sie aus dem bestehenden Herrschaftsgefüge herausgebrochen und zu einem wahrhaft menschlichen Erfahrungsraum werden" (Negt 2013, S. 13).

Alle Beteiligten innerhalb des Systems Schule sollten Kinder darin unterstützen, in ihre Verantwortung für sich und die Gesellschaft hineinzuwachsen. SchülerInnen müssen befähigt werden, am Leben selbstbestimmt teilzunehmen und selbstbewusst sowie kritisch an einem menschlicheren Zusammenleben mitzuwirken (vgl. Krautz 2014, S. 11 f).

„Diese fundamentale Bedeutung der Bildung für den einzelnen Menschen wie für das gemeinsame Wohl kommt auch darin zum Ausdruck, dass Bildung heute als Menschenrecht gilt. Das Recht auf Bildung und Erziehung ist Bestandteil der Allgemeinen Erklärung der Menschenrechte der UNO von 1948" (Krautz 2014, S. 39).

Liessmann fordert daher auf, dass alle, die an Bildung interessiert sind, sich darüber verständigen müssen,

> „was Heranwachsende können und wissen sollten, um diese Welt und ihre Situation in dieser zu verstehen. Natürlich sollen und müssen Bildungseinrichtungen welcher Art auch immer Fertigkeiten und Fähigkeiten vermitteln, die notwendig sind, um sich im sozialen und zukünftigen beruflichen Leben zu orientieren" (Liessmann 2016, S. 59).

Welche Beiträge Volksschulen in diesem Zusammenhang leisten können, liegt im Erkenntnisinteresse der vorliegenden Untersuchung.

Methode und Gegenstand der Untersuchung

Der vorliegende Artikel beschäftigt sich mit den Fragen, worin der Nutzen von nachhaltiger Bildung liegt und welche Beiträge in der Volksschule zur Verbesserung der Lebenschancen geleistet werden können.

Um diesen Forschungsfragen nachzugehen, wurden drei Befragungsgruppen ausgewählt, mit denen problemzentrierte Interviews geführt wurden:

- Drei „ExpertInnen", welche sich durch besonderes Engagement in übergreifenden wirtschaftlich-gesellschaftlich-bildungspolitischen Bereichen auszeichnen,
- fünf innovative UnternehmerInnen, die durch Auszeichnungen (z. B. Innovationsstaatspreis, UnternehmerIn des Jahres …) besonderes Engagement für wirtschaftliche Belange und Unternehmertum beweisen und
- acht AbsolventInnen der Pädagogischen Hochschule Kärnten, welche das Studium zum Volksschullehramt absolvierten, aber auch schon berufliche Erfahrungen in der Privatwirtschaft sammelten bzw. bereits Eltern sind.

Diese genannten Gruppen wurden zu verschiedenen Themen in Bezug auf Bildungsökonomie[1] befragt. Die Auswertung der Antworten erfolgte mit Hilfe thematisch übereinstimmender Literatur.

Die empirische Studie wurde mit qualitativen Methoden durchgeführt, welche mit quantitativen Verfahren kombiniert wurden, wie dies von Bortz und Döring (2015, S. 296) für den Forschungsalltag als sinnvoll angeführt wird.

Überlegungen zum Leitfaden

Um bei den problemzentrierten Interviews möglichst tiefgehende Antworten zu erhalten, wurden bereits im Vorfeld eingehende Überlegungen angestellt, welche Fragestellungen dabei hilfreich sind.

---

1   Zum Bsp. Verständnis von Bildung, Vorstellungen von nachhaltiger Bildung im Volksschulbereich, Autonomie von Schulen usw.

*Was sind die wesentlichen Kompetenzen und Haltungen, die Kinder in der Volks-
schule mitbekommen sollten?*
Die InterviewpartnerInnen sollten die Gelegenheit haben, sich über die Grundkompetenzen, die der Lehrplan vorgibt, Gedanken zu machen, was im Volksschulunterricht berücksichtigt werden sollte. Diese Frage dient dazu, sichtbar zu
machen, welche Ideen die Befragten hinsichtlich Erhöhung der Lebenschancen
und Begabungsförderung haben, wie es beispielsweise Olechowski (2003, S. 78)
beschreibt. Darüber hinaus ist es Ziel dieser Frage, den Bogen vom Volksschulunterricht auf das weitere Leben und die spätere Berufstätigkeit zu spannen und
zu erfahren, ob den Befragten neben dem Bildungsauftrag der Volksschule auch
der Erziehungsauftrag bewusst ist. Die österreichische Bundesverfassung definiert
nämlich Schulen als Einrichtungen, die neben dem Bildungsauftrag auch einen
umfassenden Erziehungsauftrag wahrzunehmen haben[2]. Mit dieser Frage wird
darüber hinaus schon das Verständnis von nachhaltiger Bildung ermittelt, was
der Leitfaden an späterer Stelle vorsieht. Von Interesse ist auch, ob die Befragten
bestimmte Methoden oder Konzepte für den Volksschulunterricht nennen und
ob Selbständigkeit und Verantwortungsbewusstsein für ein gelingendes Leben für
wesentlich gehalten werden.

*Wenn man davon ausgeht, dass die Bildungsbiographie in der Volksschule beginnt –
welches Fundament sollte in der heutigen Zeit hier gelegt werden?*
Diese Frage thematisiert die Sichtweise auf Leistung und Leistungsdruck sowie
die Erhöhung der individuellen Chancen in der Volksschule. Miteinbezogen wird
dabei die Steuerung durch die OECD, wie Münch (2009, S. 32 f, S. 48 f) zu beden-
ken gibt, dass mit den Überprüfungen kein optimales Fundament für ein gelingendes Leben des Einzelnen sowie für das Wirtschaftswachstum geschaffen werden
kann. Diese Frage soll auch in Erfahrung bringen, inwiefern die Förderung der
Persönlichkeitseigenschaften[3], wie sie von Anderson und Potočnik (2013, S. 160)
angeführt sind, von den Befragten als gutes Fundament für die weitere Bildungsbiographie und ein gelingendes Leben wahrgenommen werden.

Worin liegt der volkswirtschaftliche Nutzen, wenn Volksschulen nachhaltig bilden?
Heterogenität und Diversity sollten bei nachhaltig wirkenden Bildungsprozessen
einen selbstverständlichen Platz haben (vgl. Krautz 2014, S. 56; Kearney 2013, S.
209). Die Frage geht dieser Aussage nach und sollte die Sichtweise der entspre-
chend dargestellten Nachhaltigkeit mit dem volkswirtschaftlichen Nutzen in
Verbindung bringen. Ein weiteres Mal stehen auch bei dieser Frage die Themen
Chancengleichheit, Begabungsförderung, Einstellungen und Werte im Zentrum.
Ein weiterer Aspekt liegt in der Frage hinsichtlich des Umgangs mit allgemeinen
Ressourcen und Herausforderungen des Lebens, wozu Lebensbewältigung und
Berufsausübung nach Creuznacher (2008, S. 97) zu zählen sind.

---

2   Art. 14 Abs. 6 B-VG, BGBl. Nr. 1/1930 in der Fassung der Novelle BGBl. I Nr. 31/2005.
3   Offenheit für neue Erfahrungen, Gewissenhaftigkeit, Extraversion, emotionale Stabilität.

Welche Beiträge können Volksschulen für die Verbesserung von Lebenschancen leisten?
Von Interesse ist, inwiefern Volksschulen im Zusammenhang mit gesellschaftlicher Krisenbekämpfung[4] wahrgenommen werden (vgl. Creuznacher 2008, S. 97). Begabungsförderung und die Chancen, die sich durch Zwei- und Mehrsprachigkeit ergeben, stehen ebenso im Fokus. Lebenschancen und Selektion bedingen einander sowohl im Bildungsbereich als auch im beruflichen Kontext. Eine weitere Intention dieser Frage liegt in der Klärung, inwiefern die Befragten Selektion in der Volksschule und Lebenschancen in Verbindung bringen.

Darüber hinaus wird nach konkreten Ideen zur praktischen Umsetzung im Volksschulunterricht zur Erhöhung von Lebenschancen gefragt.

Auswertung

Als Auswertungsmethode dient die „qualitative Inhaltsanalyse" nach Mayring. Einerseits ist diese Methode gut geeignet große Datenmengen auszuwerten, andererseits passt die „Kategorienbildung" optimal zum Vorhaben. Die Inhaltsanalyse *„will Texte systematisch analysieren, indem sie das Material schrittweise theoriegeleitet am Material entwickelten Kategoriensystemen bearbeitet" (Mayring 2002, S. 114).* Das Kategoriensystem liefert vergleichbare Ergebnisse und eine Abschätzung der Reliabilität der Analyse (vgl. Mayring 2010, S. 50).

Gesamtanalyse und Interpretation

Als Grundlage für die Beantwortung der Forschungsfragen gilt es, das Bildungsverständnis der Befragten darzustellen. Bildung soll nach Ansicht der Befragten auf das Leben vorbereiten und wird als Prozess beschrieben, der sehr früh (*„vor der Geburt"* bzw. *„im Frühkindalter"*) beginnt und nie endet. Durch Bildung werden Menschen ermächtigt, Herausforderungen zu meistern, ein qualitätsvolles Leben zu führen und neue Chancen für ihre weitere Entwicklung zu nützen.

Für alle befragten AbsolventInnen sowie die „ExpertInnen" ist die Vermittlung von Grundkompetenzen in Deutsch, Lesen und Mathematik in der Volksschule wesentlich. Für die UnternehmerInnen zählt zu nachhaltiger Bildung in erster Linie die Persönlichkeitsbildung. Offenheit wird als besonders wichtig eingeschätzt. Erziehungsaufgaben wie Förderung der Individualität und Stärkung der Persönlichkeit sowie die Selbsteinschätzung hinsichtlich eigener Stärken und Schwächen stehen im Zentrum von nachhaltiger Bildung im Volksschulunterricht. Auch Hengstschläger betont die Wichtigkeit der Förderung der Individualität:

„Die Erhaltung von höchstmöglicher Individualität ist die einzige Antwort auf Fragen der Zukunft, die wir heute nicht kennen und von denen wir nicht wissen, wann sie auf uns zukommt. Der Durchschnitt ist die größte Gefahr für eine erfolgreiche Zukunft" (Hengstschläger 2012, S. 176).

---

4   Ausgleich von Sprachdefiziten, Auftrag im Zusammenhang mit der Flüchtlingsthematik, wirtschaftliche Forderungen nach speziellen Qualifikationen usw.

Nicht nur die Individualität zu erhalten erscheint wesentlich, auch die Freude am Lernen sollte entdeckt und gefördert werden. Die Altersspanne von 6 bis 10 Jahren sollte genützt werden, um Sprachen zu erlernen sowie Werte, Haltungen und Einstellungen vermittelt zu bekommen. Auch Themen rund um den Umweltschutz werden im Zusammenhang mit dem Bildungs- und Erziehungsauftrag angesprochen, wie auch die Partizipation. Darüber hinaus wird von den Befragten der volkswirtschaftliche Nutzen einer nachhaltigen Bildung in der Bewältigung der zukünftigen Herausforderungen, vor allem in der Berufswelt, genannt.

Motivation und Frustrationstoleranz werden ebenso erwähnt wie das Verantwortungsbewusstsein und die Selbständigkeit. Selbstbewusste Mitglieder der Gesellschaft werden gebraucht, um die Steuerungsmechanismen der Wirtschaft zu erkennen.

Ähnlich wird dies von Ribolits (2009, S. 176) beschrieben. Er sieht in Bildung weit mehr als eine Ausrichtung auf verwertbares Humankapital für die Gesellschaft, vielmehr stellt für ihn schon die Alphabetisierung einen

„ganz grundsätzlichen Aspekt der Menschwerdung des Menschen" dar und hat „einen Wert, der den durch ökonomische Kosten-Nutzen Kalkulationen eruierbaren weit übersteigt" (Ribolits 2009, S. 176).

Beispielsweise Begeisterungsfähigkeit und Kreativität lassen sich in einer Kosten-Nutzen-Rechnung nicht messen. Dennoch meint auch Hüther (2014, o. S.), dass die Gesellschaft dringend begeisterungsfähige, kreative Mitglieder braucht, die die Komplexität des Lebensalltages bewältigen können.

Nachhaltige Bildung, welche die individuellen Lebenschancen erhöht, wird von den befragten Personen als Voraussetzung beschrieben, das gesellschaftliche Wohlstandsniveau zu erhalten. In diesem Zusammenhang tragen VolksschullehrerInnen große Verantwortung, die Kinder zu offenem, flexiblem, kreativem und kritischem Denken zu führen, damit unsere Gesellschaft mit den aktuellen und zukünftigen Herausforderungen, wie beispielsweise der Überalterung, Überbevölkerung, der internationalen Wanderbewegungen, umgehen kann.

Das Bildungssystem benötigt eine veränderte Wertschätzungs- und Fehlerkultur. Während die AbsolventInnen Leistung in der Volksschule überwiegend mit „Benotung" und den „Kulturtechniken" in Verbindung bringen, sehen die anderen beiden befragten Gruppen die Wichtigkeit darin, Volksschulkindern ein positives Leistungsverständnis zu vermitteln. Kinder sollten vor individuelle Lernaufgaben gestellt werden und in ihren Leistungen bestärkt werden. In diesem Zusammenhang haben Volksschullehrkräfte großen Einfluss auf die Lebenschancen und den Chancenausgleich der SchülerInnen, wobei die vom System vorgegebene Selektion diesbezüglich eine große Rolle spielt.

Weitere Aspekte, die die Bildungskarriere von Kindern schon sehr früh beeinflussen, werden im Berufsstand der Eltern und der LehrerInnenausbildung gesehen. Angehende Lehrpersonen sollten auf die Verantwortung vorbereitet werden, wie sie mit der Erhöhung der Lebenschancen und der Chancengleichheit umgehen können. Begabungsförderung im Sinne einer Bewusstmachung und Förderung der Stärken und Talente, wie das Vorleben sowie Vermitteln von Werten und Haltungen beeinflussen Schulkinder nicht nur in Bezug auf die weitere Schullaufbahn, sondern stellen prägende Einflüsse für das ganze Leben dar. SchülerInnen, welche bereits in der Volksschule ein Umfeld vorfinden, in welchem sie Freude am Lernen entwickeln, schaffen eine gute Basis für das lebenslange Lernen und sind besonders wegweisend für Kinder aus bildungsfernen Schichten.

> „Lebenslanges Lernen und bildungsferne Schichten zur Bildung zu bringen, all das ist bitter nötig. Aber nicht um den Durchschnitt zu heben, sondern weil es die einzige Möglichkeit darstellt, die sonst verborgenen Talente zu entdecken und durch Erwecken in besondere Leistungen umzusetzen. Es gibt nur eine Elite. Die Elite ist in der Lage, etwas Besonderes, etwas Neues, etwas noch nie Dagewesenes zu leisten. Sie hat schöpferische Kraft. Der Durchschnitt kann das nicht, aber jedes Individuum kann das. Darum sind wir alle Elite, eine Elite aus Individuen" (Hengstschläger 2012, S. 20).

Auch die UnternehmerInnen legen bei MitarbeiterInnen großen Wert auf Individualität und geben an, dass sie bei Bewerbungen auf diese, wie darüber hinaus auf Teamfähigkeit, Motivation, Kommunikationsfähigkeit und *„Querdenken"* besonders achten. Diese Aspekte können nicht in Schulnoten dargestellt werden, haben aber einen hohen Stellenwert innerhalb der Vorstellungen zur nachhaltigen Bildung.

Insgesamt werden Persönlichkeitsförderung, Wertevermittlung und Förderung der Individualität als Zentralthemen betrachtet, welche mit Blick auf nachhaltige Bildung und der Aufgabe von Volksschulen im Zusammenhang mit Chancengleichheit im Zentrum stehen. Die Grundbildung im Lesen, Schreiben, Rechnen und im Fremdsprachenerwerb wird als selbstverständlich angesehen. Die Vermittlung dieser hänge allerdings davon ab, inwiefern andere Aspekte von nachhaltiger Bildung, wie beispielsweise die Freude am Lernen, Förderung der Neugierde und der Offenheit sowie ein positives Leistungsverständnis im Zusammenhang mit einer Wertschätzungs- und positiven Fehlerkultur, gelingt.

Resümee

Viele Spannungsfelder entstehen durch die Umbrüche, welche alle Ebenen unserer Gesellschaft umfassen. Um die Chancen, die sich aus dem allumfassenden Wandel ergeben nutzen und das Wohlstandsniveau halten zu können, bedarf es eines Umdenkens und einer Bewusstmachung der Selbstwirksamkeit hinsichtlich nachhaltigem sowie ökologisch und sozial verantwortlichem Leben. Damit verbunden ergibt sich die Notwendigkeit, Bildungsinstitutionen in ihrem großen Einfluss und ihrer Verantwortung in einer Werte- und Sinnorientierung sowie der Aneignung von Kompetenzen bewusster wahrzunehmen. Es gilt SchülerInnen bereits frühzeitig auf die sich rapide verändernden Lebensumstände vorzubereiten und sie in ihrer Persönlichkeit zu stärken, um die individuellen Lebenschancen zu erhöhen. Selbst aus ökonomischer Sicht wird eine frühkindliche Förderung verlangt.

Wird das hohe Lernpotential der frühkindlichen Phase im Bildungssystem nicht ausreichend genützt, stellt es aus bildungspolitischer Sicht eine Verzögerung der kognitiven Förderung dar.

> „Solange der Qualifikationsbedarf insgesamt als niedrig eingeschätzt wird und man von einem großen Bedarf an gering qualifizierten Arbeitskräften ausgeht, gibt es keinen Grund, das Lernpotential der Bevölkerung offensiv auszuschöpfen" (Pechar 2006, S. 92).

Heutzutage gilt als Kennzeichen der Wissensgesellschaft die Förderung aller Kinder auch schon im vorschulischen Bereich. Forschungsergebnisse aus der Entwicklungspsychologie und Hirnforschung haben das enorme Lernpotential von Kindern im Vorschulalter aufgezeigt. Pechar (2006, S. 93) bezeichnet den späten Beginn von organisierter Bildung aus dieser Sicht als *„Vergeudung von Humankapital"*.

Gerade aus diesem Blickwinkel betrachtet ist es unumgänglich, die Ausbildung und Arbeit der ElementarpädagogInnen aufzuwerten. Die Aufwertung und Ausdehnung vorschulischer Lernangebote speziell für Kinder aus sozial schwachem Milieu könnten einen bedeutenden Beitrag zur Reduktion der ungleichen Startchancen von Kindern aus unterschiedlichen sozialen Schichten beim Eintritt in die schulische Laufbahn bewirken und sind aus erziehungs- und bildungswissenschaftlicher Überlegung dringend notwendig.

Da derzeit jedoch die Voraussetzungen, mit welchen Schulkinder den Bildungsweg beginnen, große Unterschiede aufweisen, ergeben sich neue Aufgaben für Volksschullehrkräfte hinsichtlich des gesetzlichen Bildungs- und Erziehungsauftrages der österreichischen Schulen. Volksschulen müssen sich zu *„wahrhaft menschlichen Erfahrungsräumen" (Negt 2013, S. 13)* entwickeln, damit gesellschaftliche Polarisierung abgebaut werden kann und das Grundrecht auf freie Bildung der Persönlichkeit gewährleistet wird.

Es herrscht ein breiter Konsens darüber, dass Menschen die sich rasch wandelnden Herausforderungen des Lebens nur dann meistern können, wenn sie frühzeitig in ihrer Individualität gestärkt werden und sie sich ihrer Stärken wie auch Schwächen bewusst sind. Darüber hinaus bedarf es eines positiven Leistungsverständnisses und der Offenheit für Neues. Diesbezüglich wird der Volksschule große Verantwortung zugeschrieben.

Ziel des Artikels ist es, Erkenntnisse zu gewinnen, wie Volksschulen dazu beitragen können, dass die Lebenschancen von SchülerInnen verbessert werden. Die wechselseitige Bedingtheit von Bildung, Lebenschancen und gesellschaftlichen Wirkungen konnte aufgezeigt werden. Bildung gilt es umfassend zu betrachten, damit sich Lebenskompetenzen entwickeln können und Menschen ermutigt werden, innovative Ideen umzusetzen.

Für die befragten UnternehmerInnen sowie „ExpertInnen" sind Aspekte, welche im Bereich der Persönlichkeitsbildung liegen, von weit größerer Bedeutung als Allgemein- und Berufsbildung. Die AbsolventInnen verstehen unter Bildung vordergründig Grundbildung im Lesen, Schreiben und Rechnen und zweitrangig Persönlichkeitsbildung.

Abschließend muss festgestellt werden, dass nachhaltige schulische Bildung zwar maßgeblich zum Gelingen des Lebens von Individuen beitragen und der Bildungsarmut mit der Gefahr sozialer Ausgrenzung vorbeugen kann sowie sie eine nicht zu unterschätzende Einflussgröße für die Erhaltung des Wohlstandsniveaus darstellt. Dennoch spielen bei allen Entwicklungs- und Bildungsprozessen Selbstverantwortung und der Einfluss des Umfeldes sowie die „Bildungsvererbung" immer noch eine wesentliche Rolle. Inwiefern Strategien zur Stärkung der Schulverantwortung, wie beispielsweise der Ausbau der ganztägigen Schulformen und der Schulautonomie, zur Erhöhung der individuellen Bildungs- und Lebenschancen beitragen werden, wird die Zukunft zeigen.

Literatur

Anderson, Neil/Potočnik, Kristina (2013): Innovationsorientierte Personalauswahl. In: Krause, Diana E. (Hrsg.): Kreativität, Innovation und Entrepreneurship. Wiesbaden: Springer, S. 155–173.

Bortz, Jürgen/Döring, Nicola (2015): Forschungsmethoden und Evaluation für Human- und Sozialwissenschaftler. Limitierte Sonderausgabe. 4., überarbeitete Auflage 2006. Heidelberg: Springer.

Hengstschläger, Markus (2012): Die Durchschnittsfalle. Gene – Talente – Chancen. Salzburg: Ecowin.

Hüther, Gerald (2014): Was wir sind und was wir sein könnten. Ein neurobiologischer Mutmacher. 5. Auflage. Frankfurt am Main: Lagato.

Kearney, Eric (2013): Diversity und Innovation. In: Krause, Diana E. (Hrsg.): Kreativität, Innovation und Entrepreneurship. Wiesbaden: Springer, S. 193–213.

Krautz, Jochen (2014): Ware Bildung. Schule und Universität unter dem Diktat der Ökonomie. 4. Auflage. München: Diederichs.

Liessmann, Konrad Paul (2016): Geisterstunde: Die Praxis der Unbildung. Eine Streitschrift. Wien: Paul Zsolnay.

Mayring, Philipp (2002): Einführung in die Qualitative Sozialforschung. Eine Anleitung zu qualitativem Denken. 5. Auflage. Weinheim, Basel: Beltz.

Mayring, Philipp (2010): Qualitative Inhaltsanalyse. Grundlagen und Techniken. 11. aktualisierte und überarbeitete Auflage. Weinheim, Basel: Beltz.

Münch, Richard (2009): Globale Eliten, lokale Autoritäten, Bildung und Wissenschaft unter dem Regime von PISA, McKinsey & Co. 1. Auflage. Frankfurt am Main: Suhrkamp.

Negt, Oskar. (2013): Philosophie des aufrechten Gangs. Streitschrift für eine neue Schule. Hannover: Steidl.

OECD (2013): Bildung auf einen Blick 2013. OECD-Indikatoren. Paris: wbv.

Olechowski, Richard (2003): Neoliberalismus und Bildung – zwei kontroverse Konzepte. In: Achs, Oskar/Blüml, Karl/Bständig, Susannah/Olechowski, Richard

(Hrsg.): Bildung heute: Umbau, Abbau oder Neubau. Schule im Spannungs-feld zwischen Bildungsökonomie und Bildungsqualität. Referate und Beiträge des 9. Internationalen Glöckel-Symposions '01. Innsbruck, Wien, München, Bozen: LIT, S. 73–86.

Pechar, Hans (2006): Bildungsökonomie und Bildungspolitik. Münster, New York, München, Berlin: Waxmann.

Ribolits, Erich (2009): Bildung ohne Wert. Wider die Humankapitalisierung des Menschen. Wien: Studienverlag.

Spitzer, Manfred (2010): Medizin für die Bildung. Ein Weg aus der Krise. Heidel-berg: Spektrum.

Internet:

Bundesverfassung: [online] https://www.ris.bka.gv.at/GeltendeFassung.wxe? Abfrage=Bundesnormen&Gesetzesnummer=10000138 [27.03.2018].

Creuznacher, Isabel Christine (2008): Persönlichkeitsentfaltung zu unternehme-rischen Kompetenzen in Schule und Universität: Eine bildungsökonomische Antwort auf theoretische Zielvorstellungen von Schumpeter. Marburg: [online] http://archiv.ub.uni-marburg.de/diss/z2009/0038/pdf/dicc.pdf [27.03.2018].

Deloitte Österreich: [online] https://www2.deloitte.com/content/dam/Deloitte/at/ Documents/about-deloitte/radar-2017.pdf [27.03.2018]

Norbert Lachmayr

Soziale Disparitäten im Schulsystem: Erklärungsansätze und Gegensteuerungsmaßnahmen im Blickwinkel der Rational-Choice-Modelle

Die in den letzten 20 Jahren wieder erstarkte Diskussion und Sensibilisierung über soziale Ungleichheiten im Bildungssystem wird nicht nur von neuen Datenquellen (z. B. PISA, BIST, EU-SILC) genährt, sondern auch von praxisnahen Weiterentwicklungen der Rational-Choice-Modelle (RC). Der Beitrag behandelt nun die Frage, warum RC-Modelle bei der Erklärung bzw. Reduktion der (nach soziodemographischen Kriterien) ungleichen Zusammensetzung von Schulpopulationen Orientierung bieten können.

Hintergrund

Zahlreiche Sammelbände widmen sich Erklärungsansätzen und Befunden zu möglichen Ursachen der Bildungsungleichheit bei schulischen Bildungskarrieren (z. B. Becker/Lauterbach 2016; Diekmann/Eichner/Schmidt/Voss 2013; Gerhartz-Reiter 2017; Hurrelmann/Quenzel 2010; Krüger/Rabe-Kleberg/Kramer/Budde 2011; Quenzel/Hurrelmann 2018).

Eine kompakte Übersicht über den Forschungsstand zu Bildungsungleichheiten liefern Bacher, Bruneforth und Weber (2012, S. 194 f). Sie skizzieren einen gut dokumentierten Forschungsstand zu Bildungsungleichheiten in Österreich (v. a. die Wahl der Schullaufbahn betreffend), identifizieren aber auch entsprechende Lücken (z. B. hinsichtlich der Verfügbarkeit von Längsschnittdaten sowie der Bedeutung von Kompositionseffekten (soziale Zusammensetzung der Klasse oder Schule) und Forschungsdesiderate hinsichtlich der intervenierenden Variablen, die den Einfluss der sozialen Ungleichheitsmerkmale auf die Schullaufbahn erklären können.

> „Dies sind zum einen außerschulische Prozessmerkmale, die die Aktivitäten in der Familie und im Freundeskreis sowie den Medienkonsum betreffen, und zum anderen schulische Kontextmerkmale. Letztere umfassen die in einer Schule und ihren Klassen vorhandenen materiellen Ressourcen, Unterrichtsmerkmale, Interaktionen und (Lern-)Prozesse. Die Erfassung dieser schulischen Kontextmerkmale wäre außerordentlich wichtig, um empirisch begründete Anhaltspunkte über erfolgreiche schulische Strategien zur Reduktion von Bildungsarmut und Chancenungleichheit zu gewinnen" (ebd. 2012, S. 215).

„Alt, aber gut": Rational-Choice-Modelle als immer wichtiger werdende Ansätze zur Erklärung von Ungleichheit im Bildungssystem

Boudon (1974) prägt bis heute die empirischen Analysen zur Erforschung herkunftsbedingter Bildungsungleichheiten und gilt als Wegbereiter der sogenannten Rational-Choice-Modelle. All den seit damals erfolgten Adaptionen ist die Grundannahme gemeinsam, dass komplexe Entscheidungssituationen in einem differenzierten Bildungssystem nicht losgelöst von gesellschaftlichen und institutionellen Rahmenbedingungen zu verstehen sind. Das Ziel der RC-Modelle ist dabei, kollektive Effekte aus Annahmen über das individuelle Handeln zu erklären, da alle Individuen im sozialen Kontext eingebettet sind. AkteurInnen (z. B. die Eltern) versuchen nun in Entscheidungssituationen unter Restriktionen, ihre Präferenzen möglichst gut zu realisieren. Dies erfolgt in erster Linie aufgrund ihrer Positionierung im gesellschaftlichen Statussystem. Bildungserträge, Bildungskosten und schulische Erfolgswahrscheinlichkeiten stellen die zentralen Größen im Modell des Entscheidungsprozesses dar (Lachmayr/Bacher/Leitgöb 2011, S. 5).

Boudon ging davon aus, dass bildungsrelevante Ungleichheiten primär, also bereits außerhalb des (vor-)schulischen Bildungssystems innerhalb der Herkunftsfamilie entstehen. So wird postuliert, dass Kinder aus höheren sozialen Schichten eher die nachgefragten Fähigkeiten für gute Schulleistungen erwerben, da die kulturelle und ökonomische Ausstattung mit lernrelevanten Ressourcen im elterlichen Haushalt sowie die gezielte elterliche Förderung, Anregungen und Unterstützungsleistungen (z. B. Allgemeinwissen, Sprachgewandtheit und soziale Kompetenz) höher ausfällt als in niedrigeren Schichten. Es begründet somit der primäre Effekt, dass Kinder aus höheren sozialen Schichten wegen ihres höheren (sozio-)kulturellen Hintergrundes bessere Schulleistungen erbringen, da sie indirekte Startvorteile haben, die von der Schule nicht oder nicht mehr ausreichend ausgeglichen werden (können), sondern mitunter verstärkt werden. Ein derartiger

Matthäus-Effekt kann z. B. darin gesehen werden, dass der klassische Schulstoff eher auf den Erfahrungsschatz aus Elternhäusern mit kulturellem Kapital zugeschnitten sei (vgl. Gerhartz-Reiter 2017, S. 28), entsprechend profitieren diejenigen am meisten von (dem Zugang zu) kulturellem Kapital, die davon bereits am meisten besitzen. So verstärken viele Lehrmethoden soziale Ungleichheit weiter, da die Schule die notwendigen Qualifikationen dafür voraussetzt, anstatt deren Erwerb zu unterstützen.

Boudon hält primäre Effekte jedoch nicht für den ausschlaggebenden Faktor bei der Entstehung von Bildungsungleichheit. Entsprechend der Rational-Choice-Theorie gibt es nämlich zudem bildungs- und sozialschichtabhängige Bildungserwartungen der Eltern in Abhängigkeit von ihrer eigenen Position im Statussystem, die mit dem Begriff der sekundären Herkunftseffekte beschrieben werden, und zwar weitgehend unabhängig von der Schulleistung bzw. der Kompetenzen der Kinder. Der sekundäre Herkunftseffekt erklärt, warum Kinder aus unteren sozialen Schichten selbst bei gleicher Schulleistung mit einer geringeren Wahrscheinlichkeit beispielsweise eine AHS-Unterstufe besuchen: Die Belastungen durch die Kosten für einen bestimmten Bildungsabschluss, die subjektiv wahrgenommene Wahrscheinlichkeit für den Erwerb sowie der beigemessene Wert des Bildungsabschlusses variieren klassenspezifisch und führen zu unterschiedlichen ökonomischen Kosten. Der Nutzen einer höheren weiterführenden Ausbildung ist für Eltern aus höheren Schichten als höher einzustufen (Gefahr eines Statusverlustes). Gleichzeitig besteht eine geringe Belastung (in Relation zum verfügbaren Einkommen) durch die direkten Kosten bzw. Opportunitätskosten. Generell ist auch die Möglichkeit eines Auf- oder Abstieges mit dem Risiko einer Entfremdung aus der Herkunftsschicht zu beachten.

Ein Grund, warum die Grundidee von Boudon immer noch prominent als Erklärungsansatz von differenzierenden Bildungsentscheidungen in bildungssoziologischen und ökonomischen Diskursen die Rational-Choice-Theorie vorherrscht, liegt in der klaren Differenzierung zwischen der Leistung des Kindes (primäre Effekte aufgrund der verfügbaren Unterstützung) sowie der Bedingungen, welche zu schichtspezifischen Bildungsentscheidungen als ein Ausdruck verinnerlichter Sozialschichtzugehörigkeit (sekundäre Effekte) führen. Demnach sind die beiden prominentesten Erklärungsansätze für Bildungsungleichheit – Rational-Choice und von kulturellem Kapital Bourdieus abhängige Habitus-Formation – miteinander vereinbar (vgl. Gerhartz-Reiter 2017, S. 44). Zudem kann veranschaulicht werden, dass die beobachtbaren sozialen Disparitäten im Bildungssystem eben auf unterschiedlichen Mechanismen bzw. direkten und indirekten Schichteffekten basieren. Auch die Möglichkeit, die Theorie beispielsweise mittels explorativer Pfadanalysen sowie individueller RC-Modellberechnungen auf eigene Forschungsprojekte herunterzubrechen und zu prüfen, erscheint ein wesentlicher Grund für die langjährige Verankerung.

Das der direkten und indirekten Wirkung zu Grunde liegende Modell der rationalen Bildungswahl hat sich in jüngsten Studien sowohl für Österreich als auch für Deutschland bewährt (Bacher/Beham/Lachmayr 2008). Bei früheren Bildungsentscheidungen wird dabei von einem stärkeren sekundären Schichteffekt ausgegangen, da eine objektive Feststellung von Begabungen und Fähigkeiten wesentlich schwieriger möglich ist. Die stärkere Wirkung der sozialen Schicht und geringere Relevanz der Kosten bei frühen Bildungsentscheidungen konnten empirisch bestätigt werden (Bacher u. a. 2008). So zeigen die AutorInnen soziale Herkunft als die Hauptdeterminante von Bildungsungleichheiten in Österreich. Die ebenfalls vorhandenen geschlechtsspezifischen Unterschiede nehmen zwar mit der Schullaufbahn zu, sind aber wesentlich schwächer als jene der sozialen Herkunft oder des schulischen Angebots in der Nähe.

Auch der Effekt von (über die überwiegend im Haushalt bzw. Freundeskreis gesprochene Sprache operationalisierte) Migrationshintergrund ist Gegenstand von Auswertungen nach den Grundideen der RC-Modelle.

„Es konnte mittels der Schätzung von explorativen Pfadmodellen nach der statistischen Kontrolle der sozialen Schicht kein direkter Einfluss des Migrationshintergrundes auf den Besuch einer maturaführenden Schule in der Sekundarstufe II nachgewiesen werden. Ein sekundärer Effekt der ethnischen Herkunft könnte somit nicht identifiziert werden. Demgegenüber lässt sich die Existenz von primären Effekten der ethnischen Herkunft empirisch belegen, da nach Kontrolle der sozialen Schicht ein negativer Effekt des Migrationshintergrundes auf die Schulleistungen bestehen bleibt. Zudem konnte beobachtet werden, dass die in der Familie bzw. im Freundeskreis überwiegend gesprochene Sprache differentielle Wirkungen auf die Bildungsaspiration, die Berufsorientierung und die schulischen Leistungen ausübt" (Leitgöb/Lachmayr 2012).

Neben den starken schichtspezifischen Unterschieden in der Bildungsbeteiligung wurden in den letzten Jahren weitere Merkmale und Strukturfaktoren vertiefend bearbeitet. Die Verwaltungsdaten sowie empirische Studien zeigen, dass die Vielfalt von Bildungswegen mit starken geschlechtsspezifischen, sozialen, und zum Teil regional ungleichen Bildungschancen der Jugendlichen einhergeht (Schlögl 2011, S. 97). Wenngleich die Vergleichbarkeit dieser Studien oft wegen der unterschiedlichen Operationalisierung der Chancengleichheit und wegen der unterschiedlichen methodischen Verfahren erschwert ist, lässt sich folgender Grundtenor ableiten: Ungünstige Faktoren im sozialen Umfeld (z. B. geringes Bildungsniveau der Eltern, finanzielle Hemmnisse, Migrationshintergrund, fehlende familiäre Unterstützung, Langzeitarbeitslosigkeit der Eltern) zählen zu den klassischen, aber nicht alleinigen Begründungen geringer formaler Bildung bzw. niedriger Bildungsaspiration (vgl. Lachmayr 2007, S. 108 ff).

Es veranschaulicht letztendlich das Grundmodell von Boudon, dass z. B. Maßnahmen, die konkret auf die Leistungsentwicklung in den ersten Lebensjahren abzielen, eher zu einer Verringerung der primären Effekte beitragen sollten. Gerade im Zusammenhang mit der Leistungsentwicklung erinnert Schlögl (2011, S. 115 ff) daran, dass Lernen und Kompetenzentwicklung in allen Lebenszusammenhängen stattfindet, und nicht nur in Form von Unterricht und formaler Bildung. Damit spricht er auch die Thematik der Lernergebnisfeststellung an, da

„…die aktuellen Feststellungs- und Beurteilungsprinzipien und Verfahren des formalen Systems in nur geringem Ausmaß auf valide Instrumente und Methoden Lernergebnisfeststellung zurückgreifen können. Insofern sollten dahingehend sektorenübergreifende Verfahren und Methoden der Identifikation, Feststellung und Messung von Lernergebnissen ausverhandelt werden, die abgekoppelt vom Lernort (Schule, Freizeit, Betrieb, …) allein auf die Handlungskompetenz abstellen. Dies würde auch eine Grundlage für verbesserte Anerkennung individueller Kompetenzen befördern."

Eine derartige Feststellung von erworbenen Kompetenzen kann zudem auch beim vorzeitigem Ausscheiden aus Bildungsprogrammen („Early School Leavers") einen fachlich begründeten Befund darstellen, der den aktuellen defizitären Charakter von negativen Abschlusszeugnissen relativiert.

Eher die sekundären Herkunftseffekte beeinflussen müsste beispielsweise die finanzielle Unterstützung für längere Ausbildungen. Gleiches gilt für Unterschiede im regionalen schulischen Angebot, die zu ungleichen Bildungschancen führen, die individuell nur durch entsprechend längere Anfahrtswege auszugleichen sind. Das Pendeln der SchülerInnen ist der individuelle „Preis" für die räumlichen Disparitäten im Bildungsbereich (Fassmann 2002, S. 39): vor allem AHS und BHS/BMS-SchülerInnen sind davon betroffen.

Der sekundäre Effekt wirkt jedoch nicht nur bei den Bildungswegentscheidungen der Eltern und der SchülerInnen selbst. Neben den individuellen gibt es auch strukturelle Einflussfaktoren, manche davon wirken recht subtil, können aber durch die RC-Modelle besser eingeordnet (nicht aber gelöst!) werden. So erfährt nach Schlögl (2011, S. 107) neben den strukturellen Gegebenheiten zunehmend auch das alltägliche Handeln der konkret handelnden Personen (Lehrkräfte, Schulmanagement etc.) sowie eine spezifische Schul- bzw. Berufskultur Aufmerksamkeit, die für die doch anhaltende ungleiche Bildungsbeteiligung bzw. den Bildungserfolgs (mit)verantwortlich gemacht werden. Direkte und indirekte institutionelle Diskriminierungen werden in spezifischen gesetzlich-administrativen Strukturen, in Maßnahmen, informellen Routinen, aber auch in etablierten Normen verortet, die – obwohl nicht negativ intendiert – systematisch nach Geschlecht, Schicht oder Herkunft ungleiche Beteiligungs- oder Erfolgschancen vorfinden. So kann beispielsweise die Benachteiligung von Kindern unterer Sozialschichten vielfach im Zusammenhang mit den in der Schule vorherrschenden Wertesystemen und Sprachstilen stehen, die – nicht zuletzt bedingt durch die soziale Herkunft der LehrerInnen – eine deutliche Mittelschichtprägung aufweisen (Lachmayr et al. 2011, S. 5). Durch die Mittelschichtprägung stehen schulische Inhalte Kindern der unteren sozialen Schichten weniger nahe, ihrem symbolischen Wert im Sinne eines „kulturellen Kapitals" nach Bourdieu fehle die Verankerung im familiären Milieu (vgl. Schnabel/Schwippert 2000, S. 266). Aber auch die Bildungsempfehlungen der Lehrkräfte (vgl. Gerhartz-Reiter 2017, S. 37) fallen selbst bei gleichen schulischen Leistungen, also unter Berücksichtigung des primären Effekts, für Kinder unterprivilegierter Herkunft niedriger aus als jene für Kinder aus privilegierteren

Elternhäusern. Dazu wird auf die im letzten Kapitel vorgestellte neue PädagogInnenausbildung hingewiesen.

In der Literatur wurde wiederholt herausgearbeitet, dass die frühe Differenzierung auf gewisse Bildungspfade im österreichischen Bildungssystem gleicher Beteiligung unterschiedlicher Gruppen abträglich ist, da die Bildungswegentscheidung im Anschluss an die Volksschule maßgeblich den weiteren Bildungsverlauf bestimmt (Schlögl 2011, S. 107). Diese Entscheidung ist jedoch stark von den elterlichen Bildungskarrieren mit entsprechendem Wissen über den Aufbau des Schulsystems und die schulischen Anforderungen geprägt. Dahinter steht auch die Überlegung, dass aufgrund der Bildungsexpansion der letzten Jahrzehnte mehr Optionen in der Schullaufbahn entstanden sind. Diese werden aber nicht von allen sozialen Schichten gleich stark angenommen, so dass beispielsweise die SchülerInnenschaft in Hauptschulen homogener mit sozial schlechter gestellten SchülerInnen wurde. Bezüglich dieser Zusammensetzung der MitschülerInnenpopulation vermuten Solga und Wagner (2001, S. 108) gar ein „creaming out", das vor allem SchülerInnen „mit deprivierten familiären Umweltbedingungen" in der (damaligen) Hauptschule zurückgelassen habe. Dazu wird auf das letzte Kapitel hingewiesen, wo z. B. die gemeinsamen Schulen in Modellregionen thematisiert werden.

Exemplarische Herangehensweisen zur Datengewinnung

Um das notwendige robuste und valide Datenmaterial für die Anwendung von RC-Analysen zu erhalten, bestehen zahlreiche Ansätze zur Datengewinnung. Ohne hier auf Details der Vorzüge von qualitativer, quantitativer und kombinierter Ansätze einzugehen, werden einige methodische Zugänge skizziert, die für die Schnittstellenproblematik im Bildungsverlauf besonders geeignet erscheinen.

Internationale Vergleichsstudien (z. B. PISA, PIRLS, TIMSS) oder nationale Vollerhebungsdaten (z. B. rund um die Bildungsstandards) ermöglichen Zusatzauswertungen nach soziodemographischen Aspekten (z. B. Bacher et al. 2012; Stojanov 2008), ohne selbst Daten erheben zu müssen. Auch vorliegende Daten aufgrund des Bildungsdokumentationsgesetzes (BMB 2017) fallen darunter. Dieses Gesetz beinhaltet eine laufende Meldepflicht der Schulen über all deren SchülerInnen zum Zweck zur Verarbeitung einer Bundesstatistik. Erhoben werden personenbezogen für die gesamten Schulbesuche z. B. der Schulerfolg und der Stand der aktuellen Ausbildung, aber auch soziodemographische Informationen wie z. B. Muttersprache, Staatsangehörigkeit, Geschlecht, Geburtsdatum. Die Auswertung erfolgt durch die Statistik Austria und das Bundesministerium für Bildung und wird in Form von Jahresberichten veröffentlicht.

Klassische Befragungen in Form von Querschnittserhebungen bilden immer eine Momentaufnahme ab. Dabei ist die Breite der Erhebung weit gespannt und kann je nach Fragestellung von standortbezogenen Aussagen bis hin zu österreichweiten Erhebungen über mehrere Schultypen reichen. Für letzteres siehe z. B. die Studien zur sozialen Situation im Bildungszugang (Schlögl/Lachmayr 2004; Lachmayr/Rothmüller 2009). Dort hieß es bezüglich der Repräsentativität bzw. des Methodendesigns:

> „Das methodische Ziel der Studie ist ein aussagekräftiger Querschnitt in konkreten Schultypen und Schulstufen in Österreich. Die Stichprobe soll daher die untersuchungsrelevanten Eigenschaften der Grundgesamtheit unter Berücksichtigung der zur Verfügung stehenden Ressourcen möglichst genau abbilden. Die Anwendungsmöglichkeit einer Zufallsstichprobe besteht nicht nur in einer einfachen Zufallsstichprobe (in einer Schulklasse werden X SchülerInnen durch Auslosung befragt), sondern auch in anderen probabilistischen Stichprobenverfahren wie z.B. der Klumpenstichprobe. Eine Klumpenstichprobe wird gezogen, indem man aus einer in natürliche Gruppen (Klumpen, hier: Schulklassen) gegliederten Population nach dem Zufallsprinzip eine Auswahl von Klumpen auswählt und diese dann vollständig erhebt. Im konkreten Fall werden als Klumpen gesamte Schulklassen (und nicht einzelne SchülerInnen) ausgewählt. Innerhalb der ausgewählten Schulkassen wird dann eine Vollerhebung angestrebt. Bevor jedoch eine Schule ausgewählt wird, erfolgt eine mehrstufige Stichprobenziehung: es werden nur die entsprechenden zu untersuchenden Schulformen in den entsprechenden Schulstufen als konkrete „Merkmalsträger" beachtet."

Im Zuge von Sekundärauswertungen derart groß angelegter Studien konnten z. B. die Analyse geschlechtsspezifischer Ungleichheit bei Bildungswegentscheidungen in Österreich (Bacher et al. 2008; Lachmayr 2009) genauso untersucht werden wie Ursachen der geschlechtsspezifischen Benachteiligung von Jungen im österreichischen Schulsystem (Leitgöb/Bacher/Lachmayr 2011). Auch die Bildungspartizipation von Kindern und Jugendlichen mit Migrationshintergrund in Österreich war ein Thema (Lachmayr 2005; Leitgöb/Lachmayr 2012).

Um jedoch mögliche Veränderungen im Zeitverlauf darstellen zu können, stellt die Wiederholung einer Erhebung ein effizientes und erfolgsversprechendes Mittel dar. Es werden dabei zwecks Vergleichbarkeit die Erhebungsinstrumente und Zugänge zur Zielgruppe möglichst konstant gehalten. Zu beachten ist dabei, dass bei der Studienreplik nun andere SchülerInnen befragt werden. Ansonsten bedürfte es einer Panel- oder Längsschnitterhebung, um einzelne reale Schulverläufe derselben Personen abzubilden. Obiges Bildungsdokumentationsgesetz ist eine Vollerfassung aller SchülerInnen über einen mehrjährigen Verlauf. In der Bildungsforschung werden mit Längsschnittstudien ebenfalls mehrjährige Daten erhoben, jedoch aus Ressourcengründen anstatt einer Vollerfassung auf eine Kohorte bzw. große Stichprobe eigeschränkt. Es liegen im deutschsprachigen Raum nur wenige Beispiele für kostenintensive Panelstudien mit SchülerInnen als Zielgruppe vor. Um deren aufwendiges Design zu illustrieren, werden drei Beispiele kurz vorgestellt. Inhaltliche Ergebnisse finden sich auf den entsprechenden Websites der Studien.

Seit 2012 erhebt die DAB-Panelstudie längsschnittliche Daten zur beruflichen und schulischen Situation von Jugendlichen in der Deutschschweiz (http://www.dab.edu.unibe.ch/projekt/design/). Auf der Projektwebsite heißt es unter anderem:

> „Die Stichprobe bezieht sich auf SchülerInnen aus 8. Klassen des Schuljahres 2011/12. Die ausgewählten Jugendlichen werden im Frühjahr 2018 zum siebten Mal über ihre aktuelle Ausbildungssituation sowie zu ihren Ausbildungs- und Berufswünschen befragt. Im Rahmen der ersten drei Erhebungen (DAB-I) wurden Klassenraumbefragungen durchgeführt, (…). Seit DAB-II wird zur Befragung der Jugendlichen ein sequentielles Mixed-Mode Design verwendet. In der ersten Feldphase werden die Jugendlichen zunächst zur Teilnahme an der Onlinebefragung eingeladen. In der zweiten Feldphase erfolgt die Befragung im Rahmen von Telefoninterviews".

Über einen wesentlich längeren Beobachtungszeitraum verfügt TREE (Transitionen von der Erstausbildung ins Erwerbsleben). Dieses Projekt ist eine gesamtschweizerische, längsschnittlich angelegte Befragung zum Übergang Jugendlicher von der Schule ins Erwachsenenleben. Auf der Projektwebsite (http://www.tree.unibe.ch/index_ger.html) finden sich auch methodische Hinweise:

> „Die erste Stichprobe (TREE1) umfasst über 6000 Jugendliche, die im Jahr 2000 (…) aus der obligatorischen Schulpflicht entlassen wurden. Die Stichprobe ist national und sprachregional repräsentativ. Eine zweite (…) Stichprobe (TREE2) wird ab 2016 längsschnittlich befragt. Damit wird TREE zu einer der weltweit wenigen Multi-Kohorten-Studien ausgebaut, welche kohortenvergleichende Analysen ermöglichen. Bei TREE handelt es sich methodisch um eine prospektive Längsschnittbefragung auf der Basis von Zufallsstichproben. Sie erfolgt mittels einer Kombination von Telefon-Interviews (…) und ergänzenden schriftlichen Befragungsinstrumenten (…). Die Befragungsinstrumente zielen zum einen darauf ab, die Ausbildungs-, Erwerbs- und übrigen biografischen Verläufe der Befragten möglichst detailliert nachzuzeichnen (monatsgenaue Rekonstruktion). Zum anderen werden die Verlaufsdaten mit einem umfangreichen Set von Kontext-Daten angereichert".

Als drittes Beispiel soll eine regionale Längsschnittstudie in Berlin vorgestellt werden (Neumann et al. 2017). In der über mehrere Kohorten angelegten Längsschnittuntersuchung BERLIN-Studie werden die Lernerträge und Bildungsverläufe von zwei SchülerInnenkohorten untersucht. Eine hat noch das Sekundarschulsystem vor der Schulreform durchlaufen, während die andere bereits die neu gestaltete Sekundarstufe besuchte bzw. noch besucht. Dabei wird sowohl eine jahrgangsbasierte Schülerstichprobe von NeuntklässlerInnen (weitergeführte Längsschnittstichprobe) als auch eine lebensaltersbasierte Stichprobe von 15-jährigen (Quer-schnittstichprobe) untersucht. Bei dem in der Reformkohorte der BERLIN-Studie analysierten Schülerjahrgang der NeuntklässlerInnen handelt es sich um die zweite Kohorte, die das neu strukturierte Sekundarschulsystem durchlaufen hat, und um die erste Kohorte, die unter den Rahmenbedingungen des modifizierten Übergangsverfahrens in die weiterführenden Schulen übergegangen ist (Neu-mann et al. 2017, S. 471). Wie die AutorInnen unterstreichen, ist die Reduktion herkunftsbezogener Bildungsungleichheiten ein „herausforderndes Unterfangen", für das sich infolge der Schulstrukturreform einschließlich ihrer organisatorischen Begleitmaßnahmen bislang kaum Fortschritte erkennen lassen. Ein bedeutsamer Rückgang sowohl sozialer als auch migrationsbezogener Disparitäten im nicht-gymnasialen Bereich war für keinen der betrachteten Bildungsindikatoren zu beobachten (Neumann et al. 2017, S. 488).

Exemplarische Veränderungsansätze der letzten Jahre

Schlögl (2011, S. 115) skizziert in der bildungspolitischen Diskussion einen Widerstreit von zwei grundlegenden Positionierungen zur Bildungsgerechtigkeit: Einerseits solle die leistungsdiagnostische Kompetenz des Schulsystems sowie individuelle Motive (vorwiegend Interesse) die frühe Allokation im Sinne von Leistungsgerechtigkeit begründen, andererseits werde zunehmend empirisch fun-diert, nicht schul(leistungs)spezifische Merkmale der Segregation als Gegenargu-ment für zu viele und zu frühe Schnittstellen ins Treffen geführt. In diesem Sinne werde die Problematik vorrangig im Zusammenhang mit Verteilungsgerechtigkeit thematisiert, also dass Kinder und Jugendliche unterschiedliche Bedingungen der Entwicklung ihrer Potenziale vorfänden und so Diskriminierung im Wettbewerb um das gesellschaftlich attraktive und knappe (oder knapp gehaltene) Gut der höheren Bildung erfolge.

Erstmals ist es in Österreich im nationalen Bildungsbericht 2009 gelungen, reali-sierte Zugänge zu Bildungsangeboten nach soziodemographischen Merkmalen der SchülerInnen und deren Eltern als Indikator für Qualität eines Bildungssystems zu etablieren (Schlögl 2011, S. 115). Ein nächster logischer Schritt muss nach Schlögl sein, diese Befunde mit systematischen Mechanismen der Ressourcenverteilung und anderer politischer Interventionen zu verknüpfen, um sektorspezifisch und standortorientiert das Aufnahmeverhalten der Einrichtungen bewusst und gezielt zu organisieren und dabei konsequent Prinzipien des Diversity-Managements zur Anwendung zu bringen. Ähnlich sehen es Solga und Dombrowski:

„Für ein fundiertes bildungspolitisches und ungleichheitsreduzierendes Handeln ist einerseits eine Bildungsforschung erforderlich, (…) die Prozesse untersucht, durch die soziale Bildungsungleichheiten entstehen. (…) Ande-rerseits ist es erforderlich, dass soziale und bildungspolitische Akteure die Befunde dieser Forschung zur Kenntnis nehmen" (Solga/Dombrowski 2009).

Bereits seit 2005 in der Bundesverfassung verankert ist das generelle Verständnis von Bildungsgerechtigkeit in Österreich. In Art. 14 Abs. 5a (B-VG i. d. F. BGBl. I Nr. 31/2005) ist definiert, dass die Schule „… der gesamten Bevölkerung, unabhängig von Herkunft, sozialer Lage und finanziellem Hintergrund, unter steter Sicherung und Weiterentwicklung bestmöglicher Qualität ein höchstmögliches Bildungsniveau" sichern soll (vgl. Bacher et al. 2012).

Gemäß BMBWF stelle Österreich zudem Qualität und Chancengerechtigkeit des Bildungssystems ins Zentrum seiner politischen und gesellschaftlichen Überlegungen. Ein wesentliches Ziel dafür sei die neue PädagogInnenausbildung, und zwar

> „um eine qualitativ hochwertige akademische Ausbildung mit wissenschaftlich fundierter Theorie und Praxis zu garantieren, die den Empfehlungen nationaler und internationaler BildungsexpertInnen folgt und pädagogisch wie auch fachbezogen die Anforderungen einer international konkurrenzfähigen Ausbildung erfüllt" (https://bildung.bmbwf.gv.at/schulen/pbneu/index.html).

Schimek und Kaluza (2017, S. 15) heben dazu hervor, dass in der neuen PädagogInnenausbildung die Diversitäts- und Genderkompetenz als eine von fünf „Grundkompetenzen" verankert ist. Damit sei ein klarer gesetzlicher Auftrag ableitbar, dass die künftigen AbsolventInnen über ausreichend Wissen und Kompetenzen entlang der Diversitätsdimension „Soziale Herkunft" verfügen werden. Damit könnte auch eine Empfehlung von Deißner und Oeser (2010, S. 23) abgedeckt werden, die resümieren, dass die Bildungsaspirationen der Eltern und damit ihr Wahlverhalten als auch die Schulempfehlung der Lehrkräfte an die soziale Herkunft gekoppelt seien und nicht das reale Kompetenzniveau der SchülerInnen widerspiegle:

> „Um die Schulempfehlung künftig objektiver, prognostisch valide und vor allem sozial gerechter zu gestalten, wird es entscheidend darauf ankommen, die Lehrerinnen und Lehrer im Rahmen ihrer Aus- und Fortbildung auf die sehr schwierige und komplexe Aufgabe einer Leistungsprognose und damit verbundenen Schulempfehlung vorzubereiten".

Langfristig könnte so auch ganzheitliche Elternarbeit entlang des Bildungsweges forciert werden, da die schulische bzw. schulbegleitende Elternarbeit vor einer Reihe von Herausforderungen stehe:

> „Seien es sprachliche Barrieren, verschiedene kulturelle Hintergründe, inkongruente Normen und Werte oder einfach nur individuelle krisenhafte Kindheits- und Schulerfahrungen: Um die Eltern, insbesondere die ‚Bildungsfernen' zu erreichen, bedarf es einer verbesserten Verflechtung schulischer und außerschulischer Angebote beratender Elternarbeit" (Deißner/Oeser 2010, S. 9).

Ausblick

SchülerInnen und deren Eltern erlebten in den letzten Jahren zahlreiche Veränderungen, z. B. rund um die Einführung des kompetenzorientierten Unterrichts, Bildungsstandards sowie standardisierter Reifeprüfungen. Auch sind Veränderungen seitens der Angebote, z. B. Ganztagesschule, Gesamtschule und Neue Mittelschule zu nennen. Derartige Schritte sind (Zwischen-)Ergebnisse langjähriger Entwicklungsschritte, die auch aktuell weitergeführt werden. Eine Bildungsreformkommission (2015) listet folgende Eckpunkte auf:

- Elementarpädagogikpaket – Kindergarten als Bildungseinrichtung stärken;
- Schuleingangsphase- und Volksschulpaket, sprachliche Förderung;
- Autonomiepaket;
- Modell-Region-Paket, Schule der 10- bis 14-Jährigen;
- Schulorganisations-Paket, Bildungsdirektion;
- Bildungsinnovationspaket.

Inwieweit durch den in der Zwischenzeit stattgefundenen Regierungswechsel mit Veränderungen in der Umsetzung bzw. Schwerpunktsetzung zu rechnen ist, kann aktuell nicht abgeschätzt werden. Die bisherigen Schritte und Bedingungen zur (Nicht-)Umsetzung der Modellregionen für die Erprobung der Gemeinsamen Schule der 10- bis 14-Jährigen lassen jedenfalls gewisse Debatten erkennen. Dies ist an sich bei der Thematik der Gesamtschulen nicht neu. Bereits die Ergebnisse von PISA 2003 haben zu intensiven und äußerst kontroversen Diskussionen über erforderliche Systemänderungen im österreichischen Bildungssystem geführt, beispielsweise die Einführung einer Gesamtschule (Hörl/Dämon/Popp/Bacher/Lachmayr 2012). Aus Sicht der RC-Modelle wurde und wird hier besondere Aufmerksamkeit den sekundären Effekten geschenkt: Die mit der frühen Selektion in Österreich einhergehende große Bedeutung der Schulwahl nach der Volksschule, aber auch nach der Sekundarstufe I ist stark schichtabhängig, wobei vor allem sekundäre Ungleichheitseffekte zum Tragen kommen. Ein späteres Erstselektionsalter und eine Verlängerung der Sekundarstufe I wären daher wünschenswert (Bacher et al. 2012, S. 218). Es darf daher gespannt auf das für September 2018 geplante In-Kraft-Treten von weiteren legistischen Maßnahmen der Bildungsreform gewartet werden, nachdem das Bildungsreformgesetz 2017 (2017) bereits in Kraft getreten ist.

Literatur

Bacher, Johann/Beham, Martina/Lachmayr, Norbert (Hrsg.) (2008): Geschlechterunterschiede in der Bildungswahl. Wiesbaden: VS Verlag; GWV.

Bacher, Johann/Bruneforth, Michael/Weber, Christoph (2012): Chancengleichheit und garantiertes Bildungsminimum in Österreich. In: Herzog-Punzenberger, Barbara (Hrsg.): Nationaler Bildungsbericht Österreich 2012, Band 2: Fokussierte Analysen bildungspolitischer Schwerpunktthemen. Graz: Leykam, S. 189–227.

Becker, Rolf/Lauterbach, Wolfgang (Hrsg.) (2016): Bildung als Privileg: Erklärungen und Befunde zu den Ursachen der Bildungsungleichheit. Wiesbaden: Springer.

Bildungsreformkommission (2015, November 17): Vortrag an den Ministerrat.

BMB (2017): Zahlenspiegel 2016. Statistiken im Bereich Schule und Erwachsenenbildung in Österreich. Wien. [online] https://bildung.bmbwf.gv.at/schulen/bw/ueberblick/stat_tb.html [06.10.2018].

Boudon, Raymond (1974): Education, Opportunity, and Social Inequality – Changing Prospects in Western Society. New York: John Wiley & Sons.

Deißner, David/Oeser, Nadine (2010): Bessere Bildungsentscheidungen. Wege zum Abbau sozialer Ungleichheit in der Grundschulzeit. Düsseldorf: Vodafone Stiftung Deutschland gemeinnützige GmbH. [online] https://www.vodafone-stiftung.de/uploads/tx_newsjson/strategiepapier_01_web.pdf [06.10.2018].

Diekmann, Andreas/Eichner, Klaus/Schmidt, Peter/Voss, Thomas (Hrsg.) (2013): Rational Choice: Theoretische Analysen und Empirische Resultate. Wiesbaden: VS Verlag für Sozialwissenschaften.

Gerhartz-Reiter, Sabine (2017): Erklärungsmuster für Bildungsaufstieg und Bildungsausstieg. Wie Bildungskarrieren gelingen. Wiesbaden: Springer VS.

Hörl, Gabriele/Dämon, Konrad/Popp, Ulrike/Bacher, Johann/Lachmayr, Norbert (2012): Ganztägige Schulformen – Nationale und internationale Erfahrungen, Lehren für die Zukunft. In: Herzog-Punzenberger, Barbara (Hrsg.): Nationaler Bildungsbericht Österreich 2012, Band 2: Fokussierte Analysen bildungspolitischer Schwerpunktthemen. Graz: Leykam, S. 269–312.

Hurrelmann, Klaus/Quenzel, Gudrun (2010): Bildungsverlierer: Neue Ungleichheiten. Wiesbaden: VS Verlag für Sozialwissenschaften.

Krüger, Heinz-Hermann/Rabe-Kleberg, Ursula/Kramer, Rolf-Torsten/Budde, Jürgen (Hrsg.) (2011): Bildungsungleichheit Revisited: Bildung und Soziale Ungleichheit vom Kindergarten bis zur Hochschule (Studien zur Schul- und Bildungsforschung). Wiesbaden: VS Verlag für Sozialwissenschaften.

Lachmayr, Norbert (2005): Migrationshintergrund und soziale Selektion beim Bildungszugang. berufsbildung, Zeitschrift für Praxis und Theorie in Betrieb und Schule, Jg. 59., Nr. 94/95, S. 73–74.

Lachmayr, Norbert (2007) Bildungswegentscheidung. Wiederentdeckung eines Forschungsfelds. In: I. Erler (Hrsg.): Keine Chance für Lisa Simpson? Soziale Ungleichheit im Bildungssystem. Wien: Mandelbaum, S. 108–119.

Lachmayr, Norbert (2009): Analyse sozialer und geschlechtsspezifischer Ungleichheit bei Bildungswegentscheidungen in Österreich. In: Lassnigg, Lorenz/Babel, Helene/Gruber, Elke/Markowitsch, Jörg (Hrsg.): Öffnung von Arbeitsmärkten und Bildungssystemen. Beiträge zur Berufsbildungsforschung. Tagungsband der 1. Österreichischen Konferenz für Berufsbildungsforschung. Studien Verlag, S. 175–190.

Lachmayr, Norbert/Bacher, Johann/Leitgöb, Heinz (2011): Expertise zur sozialen Selektion beim Bildungszugang: Sonderauswertung zum Schwerpunkt Migrationshintergrund. Wien: öibf.

Lachmayr, Norbert/Rothmüller, Barbara (2009): Bundesweite Erhebung zur sozialen Situation von Bildungswegentscheidungen. Follow-Up-Erhebung

2008. Wien: öibf. [online] http://www.oeibf.at/db/calimero/tools/proxy. php?id=14663 [06.10.2018].

Leitgöb, Heinz/Bacher, Johann/Lachmayr, Norbert (2011): Ursachen der geschlechtsspezifischen Benachteiligung von Jungen im österreichischen Schulsystem. In: Hadjar, Andreas (Hrsg.): Geschlechtsspezifische Bildungsungleichheiten. Wiesbaden: VS-Verlag, S. 149–176.

Leitgöb, Heinz/Lachmayr, Norbert (2012): Bildungspartizipation von Kindern und Jugendlichen mit Migrationshintergrund in Österreich. Eine empirische Prüfung auf primäre und sekundäre Effekte der ethnischen Herkunft. Kontraste, Nr. 8-Dezember 2012 (Bildungspolitik als Sozialpolitik-referierte Ausgabe), S. 42–54.

Neumann, Marco/Becker, Michael/Baumert, Jürgen/Maaz, Kai/Köller, Olaf/Jansen, Malte (2017): Das zweigliedrige Berliner Sekundarschulsystem auf dem Prüfstand: ein Zwischenresümee. In: Neumann, Marco/Becker, Michael/ Baumert, Jürgen/Maaz, Kai/Köller, Olaf (Hrsg.): Zweigliedrigkeit im deutschen Schulsystem. Potenziale und Herausforderungen in Berlin. Münster: Waxmann, S. 469–501.

o.V. Bildungsreformgesetz 2017, Pub. L. No. 138. Bundesgesetz (2017). [online] https://www.ris.bka.gv.at/Dokumente/BgblAuth/BGBLA_2017_I_138/ BGBLA_2017_I_138.pdfsig [06.10.2018].

Quenzel, Gudrun/Hurrelmann, Klaus (Hrsg.) (2018): Handbuch Bildungsarmut. Wiesbaden: Springer VS.

Schimek, Bernhard/Kaluza, Claudia (2017): Zur Diversitätsdimension Soziale Herkunft in der PädagogInnenbildung Neu. Open Online Journal for Research and Education, (April 2017). [online] http://journal.ph-noe.ac.at [06.10.2018].

Schlögl, Peter (2011): Bildungspartizipation – Bildungswege und Bildungswahl. In: F. und J. Bundesministerium für Wirtschaft (Hrsg.): Sechster Bericht zur Lage der Jugend in Österreich Wien, S. 97–118. [online] https://www.frauen-familien-jugend.bka.gv.at/dam/jcr:b3f6a6ed-53a8-4da2-b93a-2b50f56c8acf/Teil [11.10.2018].

Schlögl, Peter/Lachmayr, Norbert (2004): Soziale Situation beim Bildungszugang. Motive und Hintergründe von Bildungswegentscheidungen in Österreich. Wien: öibf.

Schnabel, Kai U./Schwippert, Knut (2000): Einflüsse sozialer und ethnischer Herkunft beim Übergang in die Sekundarstufe II und den Beruf. In: Baumert, Jürgen/Bos, Wilfried/Lehmann, Rainer (Hrsg.): TIMSS/III Dritte Internationale Mathematik- und Naturwissenschaftsstudie — Mathematische und naturwissenschaftliche Bildung am Ende der Schullaufbahn. Wiesbaden: VS Verlag für Sozialwissenschaften.

Solga, Heike/Dombrowski, Rosine (2009): Soziale Ungleichheiten in schulischer und außerschulischer Bildung. Stand der Forschung und Forschungsbedarf. Düsseldorf: Hans-Böckler-Stiftung. [online] https://www.boeckler.de/pdf/p_ arbp_171.pdf [06.10.2018].

Solga, Heike/Wagner, Sandra (2001): Paradoxie der Bildungsbenachteiligung. Die doppelte Benachteiligung von Hauptschülern, (1/2001), S. 107–127.

Stojanov, Krassimir (2008): Die Kategorie der Bildungsgerechtigkeit in der bildungspolitischen Diskussion nach PISA. Eine exemplarische Untersuchung. Zeitschrift für Qualitative Forschung, Jg 9., Heft 1–2, S. 209–230.

Petra Ziegler, Heidemarie Müller-Riedlhuber, René Sturm

Zur Vermittlung und Relevanz von Grundkompetenzen in ausgewählten Lehrberufen, BMS und BHS: Handel, Tourismus, Technik

Das Wiener Institut für Arbeitsmarkt- und Bildungsforschung (WIAB) führte 2015 bis 2017 im Auftrag der Abteilung Arbeitsmarktforschung und Berufsinformation des AMS Österreich drei Projekte zu Grundkompetenzen („Vermittlung und Relevanz von Grundkompetenzen in der Lehre in den Bereichen Handel, Handwerk und Tourismus", „Zur Vermittlung von arbeitsmarktrelevanten Grundkompetenzen im BMS-Bereich: Tourismus, Handel, Technik„ und „Zur berufskundlichen Darstellung und Diskussion von arbeitsmarktrelevanten Grundkompetenzen im BHS-Bereich: Handel, Tourismus, Technik"[1]) durch. In allen drei Studien wurden Grundkompetenzen explorativ untersucht und für ausgewählte Schulformen im Bereich Handel, Tourismus und Technik exemplarisch dargestellt. Dabei wurde darauf geachtet, dass die jeweils analysierten Schulformen ähnliche Schwerpunkte aufweisen: So wurden im Lehrlingsbereich technische Handwerksberufe wie Elektrotechnik, Mechatronik oder Maschinenbau sowie Handels- und Tourismuslehrberufe untersucht. Für die BMS wurden technische Fachschulen in den Bereichen Elektronik, Mechatronik und Maschinenbau sowie Handelsschulen und Tourismusfachschulen ausgewählt. Und für die BHS wurden Handelsakademien (HAK),

---

1   Siehe: Ziegler/Müller-Riedlhuber 2015 „Vermittlung und Relevanz von Grundkompetenzen in der Lehre in den Bereichen Handel, Handwerk und Tourismus„ sowie Ziegler/Müller-Riedlhuber 2016 „Zur Vermittlung von arbeitsmarktrelevanten Grundkompetenzen im BMS-Bereich: Tourismus, Handel, Technik„. Ziegler/Müller-Riedlhuber 2017 „Zur berufskundlichen Darstellung und Diskussion von arbeitsmarktrelevanten Grundkompetenzen im BHS-Bereich: Handel, Tourismus, Technik" ist derzeit im Erscheinen.

Höhere Lehranstalten für Tourismus (HLT) und Höhere Technische Lehranstalten (HTL) in die Analyse einbezogen.

Ziel der Studien war es, mittels Analyse der Ausbildungsordnungen, Bildungsstandards und Kompetenzmodelle sowie Rahmenlehrpläne Informationen zur Vermittlung und Relevanz von Grundkompetenzen in der Lehrlingsausbildung, BMS und BHS zu sammeln und übersichtlich darzustellen. Es wurden qualitative Interviews mit insgesamt 33 LehrerInnen, DirektorInnen, AusbilderInnen, UnternehmerInnen, HR-ManagerInnen, ExpertInnen, SozialarbeiterInnen, Jugendcoaches und individuellen LernbegleiterInnen geführt und die Ergebnisse vergleichend gegenübergestellt.

Neben den Grundkompetenzen – sprachliche Ausdrucksfähigkeit, Schreib- und Lesekompetenz, für den Alltag erforderliche Rechenkompetenz, für den Alltag erforderliche EDV-Kompetenz – wurde im Rahmen des Projekts zur BHS ein spezieller Fokus auf die Vermittlung und Relevanz von sozialen und personalen Kompetenzen gelegt.

Der folgende Artikel fasst die wichtigsten Ergebnisse aus allen drei Studien zusammen und beginnt mit einer kurzen Begriffsklärung zu Grundkompetenzen sowie sozialen und personalen Kompetenzen. Anschließend werden beispielhaft und überblicksmäßig Ergebnisse aus der Quellenanalyse zu *Numeracy* – für den Alltag erforderliche Rechenkompetenz angeführt.[2] Weiters werden die Ergebnisse aus den Interviews zusammenfassend dargestellt und eine Conclusio sowie Empfehlungen zum weiteren Vorgehen hinsichtlich der Vermittlung von Grundkompetenzen abgeleitet.

Begriffsklärung

Die Begriffsdefinition zu Grundkompetenzen wurde zunächst im Projekt zur Lehre basierend auf internationalen und nationalen Ansätzen erstellt und im Rahmen der Projekte zu BMS und BHS geschärft[3]; weiters wurde im Projekt zur BHS eine Definition für soziale und personale Kompetenzen ergänzt, die in den beiden vorherigen Projekten nicht im Fokus standen.

Die folgenden Grundkompetenzen werden einerseits als zentrale Voraussetzung für den Erwerb weiterer Kompetenzen, andererseits als besonders relevant für die erfolgreiche Teilnahme am Arbeitsmarkt und gesellschaftlichen Leben erachtet:

---

2   Weitere Informationen zu Grundkompetenzen finden sich in Ziegler/Müller-Riedlhuber 2017.

3   Das Konzept der Grundkompetenzen im vorliegenden Projekt orientiert sich primär an PIAAC-Schlüsselkompetenzen, berücksichtigt aber auch Kompetenzen der Europäischen Schlüsselkompetenzen für Lebenslanges Lernen und Fähigkeiten des TalenteChecks der Wirtschaftskammer Wien und des Wiener Stadtschulrates. Die definierten Grundkompetenzen beziehen sich durchgehend auf für die Bewältigung des modernen Alltags erforderliche grundlegende Fertigkeiten. Eine gewisse Schwierigkeit stellt in diesem Zusammenhang allerdings die Unterscheidung der für den Alltag notwendigen grundlegenden Beherrschung einer Kompetenz von der im beruflichen Kontext relevanten Beherrschung (professionelles Beherrschungsniveau) dar. Zur Definition von sozialen und personalen Kompetenzen wurden u.a. Frey/Balzer (2009), Kannig (2007) sowie QIBB et al. (2011) herangezogen.

1. *Lese- und Schreibkompetenz/Literacy*:
   Fähigkeit, geschriebene Texte zu verstehen, zu verwenden und Schlussfolgerungen zu ziehen, sowie das Vermögen, einfache Texte verfassen, Wörter und Sätze unter Berücksichtigung der Rechtschreib- und Grammatikregeln einer Sprache korrekt formulieren und notieren zu können. *Literacy* umfasst auch Teilkompetenzen wie das Erkennen geschriebener Wörter und Sätze, das Verstehen, Interpretieren und Beurteilen von (komplexen) Texten.
2. *Für den Alltag erforderliche Rechenkompetenz/Numeracy*:
   Fähigkeit, im Zusammenhang mit den typischen Anforderungen unserer Gesellschaft, mathematische Begriffe und Informationen verstehen bzw. nachvollziehen, in geeigneter Weise verwenden und interpretieren zu können. *Numeracy* umfasst die Beherrschung der Grundrechenarten (auch Kopfrechnen), Prozentrechnen, Umfang- und Flächenermittlung, Maßnehmen, den Umgang mit Zahlen, Maßen, Mengen, Tabellen, Plänen, Grafiken und Karten im alltäglichen Einsatz. Auch Ergebnisschätzen und Verstehen von Lösungswegen bei mathematischen Aufgaben sind hier angesiedelt.
3. *Für den Alltag erforderliche technologische Problemlösungs- und EDV-Kompetenz/ICT bzw. computer literacy*:
   Fähigkeit, digitale Technologien sowie Kommunikationsmittel und Netzwerke zum Informationserhalt und zur Informationsanalyse zu nutzen, praktische Aufgaben durchzuführen und mit anderen zu kommunizieren. Diese Kompetenz umfasst den Umgang mit im Alltag gebräuchlichen Technologien wie Smartphone, Computern, Navigationssystemen, Fernsteuerungen, Elektronikgeräten usw. Um einfache Probleme im Umgang mit grundlegenden Alltagstechnologien lösen zu können, sind technisches Verständnis sowie logisches Denken erforderlich.
4. *Grundlegende Kommunikations- und Ausdruckskompetenz/Communication and verbal skills*:
   Fähigkeit, situationsadäquat kommunizieren, Gesprächsinhalte verstehen und sich ausdrücken zu können. Diese Kompetenz umfasst neben der allgemein verständlichen Wiedergabe und Darstellung von Informationen, Sachverhalten, Anliegen usw. das aktive Zuhören, das Einholen und korrekte Weitergeben-Können von Informationen und ein adäquates Verhalten und sprachliches Handeln in unterschiedlichen Kommunikationszusammenhängen. Weiters sind sowohl eine grundlegende Kommunikations- und Ausdruckskompetenz in Deutsch als auch in einer lebenden Fremdsprache (vorwiegend Englisch) gemeint sowie die Fähigkeit, die eigene Sprachfähigkeit (z. B. durch das Erlernen von Fachausdrücken) zu erweitern, deutlich zu sprechen usw.
5. *Soziale und personale Kompetenzen/Social and personal skills*
   werden vor allem im Umgang mit anderen Personen, aber auch im Hinblick auf die eigene Person entwickelt und eingesetzt. Bei den sozialen Kompetenzen können u. a. Selbstständigkeit, Kooperationsfähigkeit, Führungsfähigkeit, Konfliktfähigkeit, situationsgerechtes Auftreten oder soziale Verantwortung angeführt werden. Unter den personalen Kompetenzen können z. B. Eigeninitiative, Leistungsbereitschaft, Reflexionsvermögen, Ausdauer und Zuverlässigkeit aufgelistet werden. Wobei diese Kompetenzbereiche keine voneinander unabhängigen Bereiche, sondern miteinander verwobene und vernetzte Einheiten darstellen.

Zur Darstellung von Grundkompetenzen in unterschiedlichen Schultypen (Berufsschule, BMS, BHS) bzw. Ausbildungsformen – Ergebnisse der Quellenanalyse

Die folgenden Informationen zu *Numeracy* (für den Alltag erforderliche Rechenkompetenz) geben beispielhaft einen Überblick über die im Rahmen der Quellenanalyse untersuchten Dokumente, internationale bildungspolitische Hintergründe sowie Unterrichtsgegenstände, in denen die jeweilige Kompetenz primär vermittelt wird. Weiters werden beispielhaft aus den analysierten Dokumenten, v. a. Rahmenlehrplänen oder Bildungsstandards, Textpassagen angeführt, die verschiedene Ausprägungen der jeweiligen Grundkompetenz beschreiben. Zu den ausgewählten Lehrberufen wird zusammenfassend für verschiedene Bereiche (z. B. Handel, technische Lehrberufe, Tourismus) festgehalten, welche Grundkompetenzen v. a. in den Ausbildungsordnungen, aber auch Rahmenlehrplänen der Berufsschule, angeführt werden.

Tabelle 1: Numeracy – Für den Alltag erforderliche Rechenkompetenz[4]

Analysierte Dokumente	Lehre: Ausbildungsverordnungen, Rahmenlehrpläne BMS: Bildungsstandards (Angewandte Mathematik BMS), Rahmenlehrpläne Handelsschulen, Tourismus- und Hotelfachschulen, technische Fachschulen für Mechatronik, Maschinenbau, Elektronik und Elektrotechnik BHS: Bildungsstandards (Angewandte Mathematik BHS, Elektrotechnik HTL, Elektronik und technische Informatik HTL)
Internationaler bildungspolitischer Hintergrund	Europa 2020: Grundkompetenzen (Basic Skills)
Ausprägungen im Unterricht	Angewandte Mathematik ist an den BHS Pflichtgegenstand. An den BMS ist Angewandte Mathematik in den technischen Fachschulen ein Pflichtgegenstand – in den anderen hier untersuchten Schulformen ist dieses Fach ein Freigegenstand. Rechenkompetenz wird im Rahmen des Fachs „Rechnungswesen" vermittelt. In den Berufsschulen für Tourismus- und Einzelhandelslehrberufe ist Mathematik kein Pflichtgegenstand, Rechenkompetenz wird in den berufsrelevanten Fächern Rechnungswesen und Angewandte Wirtschaftslehre oder im Freigegenstand Angewandte Mathematik vermittelt. Im Lehrplan für technische Lehrberufe ist Angewandte Mathematik ein Pflichtgegenstand.
Beispiele aus Ausbildungsverordnungen und Rahmenlehrplänen	In den Lehrberufen in den Bereichen Einzelhandel, Pharmazeutisch-kaufmännische Assistenz sowie DrogistIn wird generell das Beherrschen von „Rechnerischer Grundkompetenz" als sehr wichtig angesehen. Vor allem das Abschätzen von Ergebnissen sowie Überschlagsrechnen wurde in den Interviews genannt und konnte auch in den Quellen gefunden werden, aber auch das Ausrechnen von Rabatten und Preisnachlässen (und damit Prozentrechnen) wurde angeführt.

---

4   Im Rahmen des vorliegenden Artikels konnte nur die Zusammenfassung einer Grundkompetenz angeführt werden – zu weiteren Informationen siehe Ziegler/Müller-Riedlhuber 2017.

	Rechnerische Grundkompetenz ist für die Lehrberufe im Bereich Technik vor allem in Bezug auf Berechnungen zur Mechanik, Motortechnik, Elektrik, Kraftfahrzeugelektrik und -elektronik unumgänglich. Darüber hinaus müssen Mess- und Prüfverfahren angewandt und Ergebnisse entsprechend ausgewertet werden. Als zentrale Rechnerische Grundkompetenzen werden immer wieder die Kenntnis von Maßen und Größen, Längen-, Flächen-, Umfangs- und Volumenberechnungen angeführt.
	Generell kann festgehalten werden, dass bei einigen Lehrberufen aus dem Tourismusbereich (Gastronomiefachmann/-frau, System-gastronomiefachmann/-frau sowie Koch, Köchin, Hotel- und Gast-gewerbeassistentIn und Restaurantfachmann/-frau) Rechnerische Grundkompetenz zu den sehr häufig genannten Grundkompetenzen zu zählen ist. Hier sind vor allem das Berechnen von Speisen nach Rezeptvorlagen, das Abrechnen von Schecks und Kreditkarten sowie auch Mengen- und Preisberechnungen anzuführen. Aber auch Wäh-rungen um- und abrechnen, Zimmerpreise berechnen, Ergebnisse schätzen und Kopfrechnen waren in den Quellen anzutreffen.
Beispiele aus Lehrplänen und Bildungsstandards der BMS	Als gemeinsamer Nenner der Lehrpläne in allen ersten Klassen der untersuchten BMS lässt sich das sichere Anwenden der Grundre-chenarten feststellen, welches häufig zusammen mit dem Schätzen von Ergebnissen genannt wird. Während jedoch in den technischen Fachschulen der rechnerischen Grundkompetenz im Rahmen des Pflichtgegenstands „Angewandte Mathematik" mehr Aufmerksam-keit gewidmet wird, wird Rechenkompetenz in den Handelsschulen, Tourismus- und Hotelfachschulen im Pflichtgegenstand „Rech-nungswesen" mit einem wirtschaftlichen Schwerpunkt abgehandelt (bzw. nur im Freigegenstand „Mathematik" umfassender berück-sichtigt). Dabei kommt in den technischen Fachschulen geometri-schen Berechnungen, z. B. von rechtwinkeligen Dreiecken und der Berechnung von Verhältnissen und Proportionen, Prozentrechnun-gen, Gleichungen sowie Textaufgaben, eine stärkere Bedeutung zu. Das wirtschaftliche Rechnen in Handelsschulen, Tourismus- und Hotelfachschulen fokussiert hingegen stärker auf das Erfassen von Belegen, Einnahmen-Ausgaben-Rechnungen oder die Berechnung der Umsatzsteuer-Zahllast. Überraschenderweise wird in den Lehrplänen der Tourismus- und Hotelfachschulen (im Gegensatz zu den Handelsschulen) das ein-fache Schlussrechnen oder Währungsumrechnen nicht explizit als Lehr- und Bildungsaufgabe angeführt, obwohl diese Rechenkompe-tenz im Tourismusbereich durchaus Relevanz besitzt.
	Der Bildungsstandard für den Fachbereich Mathematik BMS ver-weist v. a. auf mathematische Handlungskompetenzen, wie z. B. die Fähigkeit, verbal vorliegende Probleme in mathematische Sprache zu übersetzen, technische Hilfsmittel und Formeln sinnvoll einzusetzen und erzielte Ergebnisse kritisch zu hinterfragen bzw. überschlag-mäßig zu verifizieren. Auch das Kommunizieren in einer grundle-genden mathematischen Fachsprache und das Verstehen einfacher mathematischer Begriffe zählt dazu.

Beispiele aus Bildungsstandards BHS	Berufsbildende höhere Schulen decken eine sehr große Bandbreite an Berufsfeldern ab, die teilweise sehr unterschiedliche Zielsetzungen verfolgen, was zu vielen verschiedenen Lehrplänen führt. Insbesondere im Bereich Mathematik erwies sich aufgrund der unterschiedlichen Zielsetzungen die Erstellung eines gemeinsamen Standards als schwierig: Es wurden Bildungsstandards entwickelt, die diese Differenzen berücksichtigen, aber gleichzeitig auch einen gemeinsamen Kern abdecken. Bei der Entwicklung der Bildungsstandards „Angewandte Mathematik BHS" wurde zunächst damit begonnen, eine allen berufsbildenden Schulen gemeinsame Basis zu definieren und anschließend schulartenspezifische Ausprägungen, die sich mit speziellen Inhalten sowie berufsfeldbezogenen Kontexten beschäftigen, auszuarbeiten. Das Kompetenzmodell beschreibt somit die grundlegenden mathematischen Kompetenzen (den gemeinsamen Kern für alle Schulformen in der BHS) sowie schulspartenspezifische Ausprägungen, die auf diesem Kern aufbauen. Dieser umfasst die Handlungsdimensionen „Modellieren und Transferieren", „Operieren und Technologieeinsatz", „Interpretieren und Dokumentieren" sowie „Argumentieren und Kommunizieren". Die Inhaltsdimensionen sind in „Zahlen und Maße", „Algebra und Geometrie", „Funktionale Zusammenhänge", „Statistische Kenngrößen und Darstellungen" sowie „Stochastik" unterteilt.

Quelle: siehe „analysierte Dokumente"; eigene Darstellung

Zur Vermittlung und Relevanz von Grundkompetenzen in unterschiedlichen Schultypen (Berufsschule, BMS, BHS) bzw. Ausbildungsformen – Ergebnisse der qualitativen Interviews

Beim Vergleich der Ergebnisse aus den 33 Interviews zu Grundkompetenzen in ausgewählten Lehrberufen, in der BMS und BHS – jeweils mit einem Schwerpunkt auf Handel, Technik und Tourismus – sind zunächst die grundsätzlichen **Unterschiede der Ausbildungsformen** anzuführen: Während BMS und BHS vollschulische Ausbildungsformen (mit Werkstättenunterricht und Praktika in Unternehmen) darstellen, wird die Lehrausbildung in einer dualen Form vermittelt, d. h. 80 % der Ausbildung finden im Betrieb statt und nur 20 % in der Berufsschule.

Bei der BMS handelt es sich zumeist um einen Schultyp, der je nach Fachrichtung zwischen einem und vier Jahre dauern kann; BMS sind oft an einem Schulstandort gemeinsam mit BHS anzutreffen, wobei es aber auch eigenständige Fachschulen (ohne Anschluss an eine BHS) gibt. Je nach Schuldauer wird eine teilweise oder vollständige Berufsausbildung vermittelt und für viele Fachrichtungen besteht nach Abschluss der BMS die Möglichkeit, einen Aufbaulehrgang zu besuchen, der mit der Reifeprüfung abschließt.

Die BHS wird als fünfjähriger Schultyp geführt und schließt mit der Reife- und Diplomprüfung ab, d. h. es wird damit sowohl der Zugang zur Hochschule als auch ein Berufsabschluss vergeben.

Unterschiede zeigen sich im Hinblick auf die Anzahl der Stunden, die für Unterrichtsgegenstände zur Verfügung stehen sowie in der Vermittlung der Inhalte: So wird in der BMS deutlich stärker praxisorientiert unterrichtet (Werkstättenunterricht, Praktika). Auch in der BHS ist die praktische Vermittlung von berufsspezifischen sowie sozialen und personalen Kompetenzen zentral, allerdings wird gleichzeitig ein stärkerer Fokus auf die theoretischen Kenntnisse gelegt – und seit Einführung der Zentralmatura stark auf diesen Abschluss hingearbeitet.

Daher sind die Zeit- und Personalressourcen in Berufsschule, BMS und BHS sehr unterschiedlich, die zum Vermitteln und gegebenenfalls Nachrüsten von Grundkompetenzen zur Verfügung stehen. Insbesondere in der Berufsschule gibt es – sowohl in der geblockten (7 bis 9 Wochen) als auch in der ganzjährigen Form mit ca. einem Schultag pro Woche – nur sehr wenige Stunden, in denen Lehrstoff nachgeholt werden kann. Daher ist die Zusammenarbeit mit Ausbildungsunternehmen bzw. eine mögliche Abstimmung der vermittelten Inhalte zwischen Unternehmen und Berufsschulen eine wichtige Komponente.

Zu **Veränderungen bei der Beherrschung** von Grundkompetenzen in der Berufsschule muss vorweg festgehalten werden, dass die Allgemeinbildung in der Berufsschule lange Zeit (bis 1975) kein Thema war. Gerade in einer sich ständig wandelnden Arbeitswelt ist aber die Fähigkeit zum lebenslangen Lernen ein wichtiges Bildungsziel, wobei es vor allem in der Berufsschule schwierig ist, die unterschiedlichen Niveaus der SchülerInnen zusammenzubringen und diese mit Grundkompetenzen auszustatten (Schaffenrath 2008, S. 34 f). Gleichzeitig kann die Berufsschule bei der Entwicklung der beruflichen und überfachlichen Kompetenzen nur unterstützen, der Großteil der Ausbildung erfolgt im Betrieb. Die Problematik, dass die Berufsschule einerseits grundlegende theoretische Kenntnisse und Allgemeinbildung vermitteln, andererseits die betriebliche Ausbildung bestmöglich unterstützen soll, verweist auf das breite Spektrum der bildungspolitischen Anforderungen, mit denen sich die Berufsschule konfrontiert sieht. Mehrere InterviewpartnerInnen haben darauf hingewiesen, wie wichtig und sinnvoll es wäre, Ausbildungsinhalte in den Betrieben und Berufsschulen parallel bzw. möglichst zeitnah zu vermitteln. In der Praxis ist dies jedoch oft nicht umsetzbar, da die Unterschiedlichkeit der betrieblichen Arbeits- und Ausbildungsszenarien in den Unternehmen eine Abstimmung und Parallelführung verunmöglichen (wenn eine Berufsschulklasse sich z. B. aus Lehrlingen von vielen verschiedenen Unternehmen zusammensetzt).

VertreterInnen von BMS und BHS klagen über die geringen mitgebrachten Grundkompetenzen der SchülerInnen in den ersten Klassen. In beiden Schultypen wird zu Beginn vor allem daran gearbeitet, die SchülerInnen auf ein halbwegs einheitliches Niveau zu bringen. In diesem Zusammenhang werden von den Schulen ganz unterschiedliche Wege gegangen: Die Modelle reichen von fächerübergreifender Nachschulung der Grundkompetenzen durch den gesamten Lehrkörper im Rahmen von Eingangsphasen, die sich ausschließlich oder hauptsächlich auf das Nachschulen von Grundkompetenzen konzentrieren, bis zu Übergangsklassen, die SchülerInnen mit Nachholbedarf intensiv schulen, damit sie im Folgejahr die erste Klasse mit ausreichenden Grundkompetenzen besuchen können. Zudem wird Förderunterricht angeboten, der allerdings zu wenig in Anspruch genommen wird, und es gibt unterschiedliche kooperative Unterrichtsmodelle, die das eigenständige Lernen sowie soziale und personale Kompetenzen fördern.

Viele InterviewpartnerInnen aus der BHS beklagen die Zeitknappheit, die u. a. durch die Einführung der Zentralmatura und die Fokussierung der Unterrichtsinhalte auf diese verstärkt wurde. In der BMS hingegen ist es vor allem in den ersten Klassen oft schwierig, ein entsprechendes Arbeitsklima und die Motivation zum Lernen herzustellen, da es zahlreiche SchülerInnen gibt, die nur die neunte Schulstufe absolvieren wollen.

Die Rahmenbedingungen für das Nachholen fehlender Grundkompetenzen sind in BHS und BMS somit sehr unterschiedlich. Einige InterviewpartnerInnen wiesen darauf hin, dass von BHS-SchülerInnen eher erwartet werden kann, dass sie mitgebrachte Defizite schneller – ob in Eigeninitiative oder durch Förderunterricht – schließen, während bei BMS-SchülerInnen kognitiv orientierte Methoden zu kurz greifen können und die haptische Orientierung noch stärker berücksichtigt werden sollte.

Bei der **Vermittlung von Grundkompetenzen** wird von vielen InterviewpartnerInnen aus dem Lehrlingsbereich darauf hingewiesen, dass eine Verbindung mit der Praxis sehr wichtig sei. Dass die Jugendlichen nicht *„in einen Schulungsraum geknebelt werden sollen, damit sie dort ihre schulischen Defizite aufholen"*, sondern ihnen über die berufliche Praxis die Sinnhaftigkeit des Lernens besser vermittelt werden kann. Aber auch an der BMS und BHS wurde darauf verwiesen, wie wichtig es ist, dass SchülerInnen die Zusammenhänge verstehen und wissen, warum bestimmte Inhalte durchgenommen werden und wie sie diese in der beruflichen (aber auch privaten) Praxis anwenden können. Dafür sind gute Übungsbeispiele wichtig, und dass Inhalte immer wieder wiederholt und verfestigt werden.

Erfahrungen im beruflichen Alltag in Unternehmen oder Betrieb können neben einer verbesserten Vermittlung von (Grund-)Kompetenzen auch zu einer Klärung des Berufsbilds beitragen: In Bregenz wurde zum Beispiel im Rahmen der „Handelsschule Neu" bzw. „Praxishandelsschule" ein Betriebspraktikum von 150 Wochenstunden eingeführt, das einerseits ergänzend zum Unterricht wichtige Kompetenzen vermittelt, andererseits durch Praxis zu einem besseren Verständnis des Berufsbilds beiträgt.

InterviewpartnerInnen berichteten auch, dass sich neben den Grundkompetenzen und fachlich-methodischen Kompetenzen vor allem die sozialen und personalen Kompetenzen, wie z. B. Umgangsformen und Benehmen, durch Praktika deutlich verbessern. Weiters kann durch ein Praktikum Kontakt zu Unternehmen in der Region hergestellt und es können mögliche ArbeitgeberInnen der Zukunft kennengelernt werden.

Ein Ausbilder meint, dass es bei der Vermittlung von Kompetenzen für ihn sehr wichtig ist, mit Begeisterung an die Arbeit zu gehen und den Jugendlichen auch zu zeigen, dass der Job interessant und herausfordernd sein kann. Lehrlinge sollten auch selbstgesteuert etwas lernen und neue Dinge ausprobieren dürfen, was auch die Motivation steigere. Eine Expertin drückt das so aus: *„Situationen schaffen, in denen*

SchülerInnen aus eigenem Antrieb und aus eigener Motivation heraus lernen. Und dafür ist Grundvoraussetzung, dass das den Schüler interessiert, dass das mit seinem Leben zu tun hat – da rede ich jetzt insbesondere von den Schwächeren."

LehrerInnen und AusbilderInnen sollten neben der fachlichen Kompetenz – die unbestritten von zentraler Bedeutung ist – vor allem soziale und personale Kompetenzen für die Arbeit mit jungen Menschen mitbringen, da die Beziehungsarbeit zwischen SchülerInnen und LehrerInnen bzw. AusbilderInnen und Lehrlingen eine Voraussetzung dafür ist, dass die Vermittlung von Inhalten funktioniert. Viele GesprächspartnerInnen führen generell für LehrerInnen und AusbilderInnen vor allem viel Geduld, einen langen Atem und Verständnis als zentrale Anforderung an. Auch Verständnis für andere Kulturen sei insbesondere im städtischen Bereich zunehmend wichtig. LehrerInnen bzw. AusbilderInnen müssen auch mit den vorhandenen großen Niveauunterschieden der SchülerInnen bzw. Lehrlinge umgehen können. Dabei sollten sie auf das Hervorheben der Stärken und Talente fokussieren und das Selbstbewusstsein fördern, statt Schwächen und Defizite in den Mittelpunkt zu stellen.

Zu den Anforderungen an BerufsschullehrerInnen meint eine befragte Expertin:

„Für die Berufsschule brauchen wir die besten LehrerInnen, weil begabte SchülerInnen, die lernen mit oder ohne LehrerIn." Und auch ein BMS-Direktor führte aus: *„Und auch für die Lehrer muss klar sein, wenn ich dort (Anmerkung: in der BMS) unterrichte, dann gehöre ich zu den Guten. (…) Denn eigentlich müsste ich die besten Lehrer in die Fachschule geben."*

Vergleich Lehre-BMS-BHS

An vielen von uns befragten Schulstandorten werden BMS und BHS im selben Haus angeboten, wodurch manche InterviewpartnerInnen anführen, dass die BMS oft nur der *„Plan B"* ist, wenn der/die SchülerIn die BHS nicht schafft und dann in die BMS übertritt, um dort einen Abschluss zu machen. In sehr seltenen Fällen gelänge auch der umgekehrte Weg von z. B. einer technischen Fachschule in die HTL.

An den Handels-, Tourismus- und Hotelfachschulen wurde von manchen InterviewpartnerInnen angemerkt, dass sie ihren SchülerInnen empfehlen würden, eine Lehre im jeweiligen Fachbereich zu machen, anstatt eine BMS zu besuchen: *„Ich würde heute jedem raten, lieber Lehre zu machen als in die BMS zu gehen."* Manche sagen auch ganz klar, dass in der BMS v. a. jene SchülerInnen anzutreffen sind, die keinen Lehrplatz finden konnten, da ihnen die dafür benötigten Kompetenzen fehlen.

Wobei dies aber auch nicht nur negativ gesehen wird – die BMS vermittelt laut vielen GesprächspartnerInnen eine solide Ausbildung, die unterschiedliche Wege in den Beruf oder zur weiteren Ausbildung eröffnen kann. Ein Gesprächspartner führt aus, dass für viele in der Tourismusbranche in Wien kaum eine Möglichkeit bestünde eine Lehre zu machen, weil ihre Kenntnisse zu gering seien; es gäbe zwar hunderte offene Lehrstellen, aber die wenigsten schafften die Aufnahmetests. Viele

InterviewpartnerInnen aus dem BMS-Bereich geben an, dass FachschulabsolventInnen oft einen Aufbaulehrgang machen, der sie in drei Jahren auf Maturaniveau bringt, oder sie neben der Arbeit eine Abendmatura absolvieren und sich weiterqualifizieren. Auch wechseln manche – entweder noch während der BMS oder nach dem Abschluss – in eine Lehre.

Im Vergleich zur Lehre hat die BMS aus der Sicht mehrerer interviewter Fachschuldirektoren den Vorteil, dass Fachschul-AbsolventInnen ein sehr breites, auch fachpraktisches Wissen haben und dadurch in vielen Bereichen des Berufslebens reüssieren können. Lehrlinge seien demgegenüber sehr speziell für einen Beruf ausgebildet. Ein Gesprächspartner formuliert ganz explizit den aus seiner Sicht gegebenen Unterschied bezüglich der Beherrschung von Grundkompetenzen: Die SchülerInnen einer Hotelfachschule oder einer Fachschule für wirschaftliche Berufe seien von der praktischen Arbeitserfahrung gesehen nicht so erfahren wie eine Person, die Koch/Köchin gelernt habe, denn ein gelernter Koch, eine gelernte Köchin arbeite jeden Tag in der Küche. Dafür beherrschten aber die BMS-SchülerInnen nach ihrer Ausbildung die Grundkompetenzen in Deutsch, Englisch und Mathematik besser.

Einige der GesprächspartnerInnen führten aus, dass sie zwischen Lehre, BMS und BHS keinerlei Konkurrenz sehen, da für manche die Lehre besser geeignet sei, andere sich noch nicht sicher seien, welchen Beruf sie ergreifen wollten und für diese eine BMS mit einem breiteren Tätigkeitsfeld interessanter sei. Ein Direktor fasst es folgendermaßen zusammen: *„Ich sehe da null Konkurrenz. (...) es kann nicht jeder in die Fünfjährige gehen. Darum finde ich, dass das in Wahrheit ein wirklich schönes System ist. Es gibt die Lehre, man kann Berufsreifeprüfung nach der Lehre machen, man könnte auch nach der Dreijährigen die Berufsreifeprüfung machen, man kann in den Aufbaulehrgang gehen. Da bin ich eigentlich total angetan von unserem System, wenn es funktioniert.“*

Die Möglichkeit der Aufbaulehrgänge wird von den FachschuldirektorInnen durchaus positiv bewertet, vor allem unter dem Aspekt unterschiedlicher Lerngeschwindigkeiten und der Durchlässigkeit des Bildungssystems.

Conclusio und abgeleitete Empfehlungen

Zusammenfassend kann festgehalten werden, dass sich die in den Interviews getätigten Aussagen über alle drei Studien hinweg sehr geähnelt haben und sich so gut wie alle Lehrenden eine bessere Schulung von Grundkompetenzen in der Sekundarstufe I wünschen. Vor allem bei der Frage nach dem Grad der Beherrschung von Grundkompetenzen zu Beginn der jeweiligen Ausbildungsformen wurden die folgenden drei Punkte immer wieder angeführt:

1. die Heterogenität der jeweiligen Schülerschaft, d. h. eine große Bandbreite an mitgebrachten Grundkompetenzen – die von sehr gut bis sehr gering reichen kann, wobei die Heterogenität in der BHS noch am geringsten ausfällt;
2. die Zubringerschulen, die ihren SchülerInnen teilweise nicht die benötigen Grundkompetenzen vermittelt haben bzw. wo generell ein stärkerer Fokus auf die Vermittlung der Grundkompetenzen gelegt werden sollte;

3. der generell zu beobachtende „Zug zu höheren Schulen", d. h. zu AHS und BHS, was für Berufsschule und BMS eine andere Schülergruppe „übrig lässt" als früher. Was nicht bedeutet, dass die Jugendlichen heute insgesamt schlechtere Voraussetzungen mitbringen als früher, sondern dass die Zusammensetzung der SchülerInnen an den Schulen sich heute im Vergleich zu vor 20 Jahren deutlich unterscheidet (Niveauverschiebung).

Auch wenn zu Beginn mangelnde Grundkompetenzen beklagt werden, zeigt sich in den Interviews durchaus, dass die Vermittlung von Grundkompetenzen in der Lehre, BMS und BHS gut gelingt: Ein Indikator für die gelungene Vermittlung von Grundkompetenzen, aber auch fachspezifischen Kompetenzen ist die Erfolgsquote, d. h. wie viele SchülerInnen wechseln in die nächste Schulstufe; diese steigen bei BMS von 81,1 % in der 1. Klasse auf 92,1 % in der dritten bzw. 95,2 % in der vierten Klasse (Zahlen für 2014/15; Statistik Austria 2017, S. 54). Dabei zeigt sich eine hohe Abbruchquote nach der 1. Klasse, da viele SchülerInnen durch den Besuch einer BMS die polytechnische Schule umgehen wollen und nach Abschluss der 9. Schulstufe eine Lehre beginnen. Für die BHS weist der Bericht „Bildung in Zahlen 2014/15" aus, dass 85,9 % der SchülerInnen der 1. Klassen aufsteigen, weitere 3,9 % waren aufstiegsberechtigt trotz „Nicht genügend" und 10,1 % waren nicht aufstiegsberechtigt. Auch in der BHS steigt die Erfolgsquote mit aufsteigender Schulstufe (ibid.).

Ein weiterer Indikator ist die Arbeitsmarktintegration von AbsolventInnen und dabei zeigt eine kürzlich veröffentlichte Studie von Arbeiterkammer und Statistik Austria (2017), dass sich die Erwerbsintegration von Personen mit einem Lehrabschluss in den ersten beiden Jahren nach Abschluss sogar etwas stabiler gestaltet als jene von Personen mit BMS-Abschluss: Die Dauer bis zur ersten Erwerbstätigkeit ist bei der Lehre (knapp 3 Monate) kürzer als bei der BMS (rund 4 Monate). Die Vormerkquote beim AMS ist nach 18 Monaten bei Lehre und BMS auf ähnlichem Niveau. Der Anteil an Personen, welcher nach dem Abschluss eine weitere Ausbildung beginnt, ist bei der Lehre sehr gering (5 %), bei der BMS hingegen sehr hoch (44 %), d. h. nahezu die Hälfte der BMS-AbsolventInnen tritt nicht unmittelbar in den Arbeitsmarkt ein, sondern besucht eine weitere formale Ausbildung (Stöger et al. 2017, IV). AbsolventInnen der BHS treten (nach spätestens drei Jahren) zu 54,1 % an Hochschulen über, wobei sich aber klare Unterschiede nach Fachrichtung zeigen: Kaufmännische und wirtschaftliche höhere Schulen erreichen mit knapp 59,2 % den höchsten Wert, wohingegen SchülerInnen von technisch gewerblichen (48,7 %) und land- und forstwirtschaftlichen höheren Schulen (45,5 %) deutlich seltener an eine Hochschule wechseln (Statistik Austria 2017, S. 64).

Zu den sozialen und personalen Kompetenzen zeigt sich, dass diese u. a. von den befragten Unternehmen als sehr wichtig eingeschätzt werden, wobei auch darauf hingewiesen wurde, dass diese Kompetenzen sehr gut im Rahmen von Praktika vertieft werden können. Generell wurde aber festgehalten, dass insbesondere soziale und personale Kompetenzen schon deutlich früher – am besten ab der frühkindlichen Erziehung – vermittelt werden sollen und bei Jugendlichen zwar noch an diesen gefeilt bzw. diese verbessert werden können, es aber deutlich zu spät wäre, erst mit 15 Jahren anzusetzen. Allerdings setzen verschiedene Maßnahmen und Methoden zur Vermittlung von sozialen und personalen Kompetenzen in der BMS und BHS an, wobei z. B. bei verschiedenen kooperativen Lernformen – ob nun COOL, KOEL oder KOLE genannt – neben der Vermittlung von fachlichen Kompetenzen stark auf die sozialen und personalen Kompetenzen fokussiert wird. Weiters gibt es in allen Schulformen der BMS und BHS eigene Unterrichtsgegenstände, die sich mit sozialen und personalen Kompetenzen auseinandersetzen und auch die Vermittlung von verschiedenen Lernmethoden oder auch Grundlegendes wie Heftführung und Markierregeln umfassen.

Auch Schulprojekte können bei der Vermittlung von Grundkompetenzen und insbesondere sozialen und personalen Kompetenzen unterstützen. Ein Beispiel ist das Theater-Projekt „Romeo und Julia" an der SPAR Akademie (einer privaten Berufsschule in Wien) von 2010: Nach sieben Wochen Probezeit führten 38 Lehrlinge im Theater Akzent zweimal „Romeo und Julia" auf. Zur Umsetzung dieser Idee wurde von Felix Mitterer das Skript für Jugendliche angepasst und gekürzt. Wobei schon einmal das „Übersetzen" von Shakespeare-Sprache in „Alltagssprache" eine Herausforderung war und die Jugendlichen viele Wörter neu interpretieren mussten. Das Projekt wurde wissenschaftlich begleitet und evaluiert und zeigte sehr gute Ergebnisse; wobei eine Erkenntnis war, dass *Theater wie ein Flugsimulator ist*": Im Theater kann man sich ausprobieren, verschiedene Emotionen und Situationen ausleben, wodurch sich ein Gemeinschaftsgefühl entwickelt. Da eine Aufführung nicht jedes Jahr in den Lehrplan integriert werden konnte, wurden in der SPAR Akademie die wichtigsten Aspekte in Module umgewandelt, die weiterhin in der Lehrlingsausbildung zum Einsatz kommen: Auftreten, Wahrnehmung, Sprache, Sprechtechnik und Improvisation werden seit dem Frühjahr 2013 durch Theaterworkshops in den Unterricht integriert und vermitteln Grundkompetenzen in mündlicher Ausdrucksfähigkeit sowie soziale und personale Kompetenzen.

Weiters ist die Schulsozialarbeit zu nennen, die sehr gute Arbeit bei der Vermittlung von sozialen und personalen Kompetenzen leistet, wenn es etwa darum geht in Klassenverbänden Mobbing-Fälle aufzuarbeiten und SchülerInnen zu einem besseren Verständnis anderer sowie zum Hinterfragen eigener Verhaltensweisen zu führen. Insbesondere im Hinblick auf Mobbing, das immer öfter „virtuell" über das Smartphone stattfindet, ist Schulsozialarbeit sehr wichtig.

Im Bereich der Schulsozialarbeit gibt es bereits jahrzehntelange Erfahrung und erfolgreich angewendete Methoden, die allerdings bisher nur an wenigen Schulstandorten angeboten wurden – auch wenn aktuell ein Ausbau der Schulsozialarbeit auf Bundesebene stattfindet.

Angesichts der Vielfältigkeit der an die Schulsozialarbeit gestellten Aufgabenstellungen erscheint es gerade in diesem Bereich angeraten, auf den Erfahrungen der bisherigen Schulsozialarbeit aufzubauen und ein umfassendes schulsozialarbeiterisches Konzept für mehr Schulstandorte zu erarbeiten.

Das Jugendcoaching ist ein weiteres Angebot für Jugendliche – einerseits für jene, die z. B. beim Übergang in eine BMS oder BHS Unterstützung brauchen oder Perspektiven für neue Wege der (Berufs-)Bildung aufgezeigt bekommen; andererseits für jene, die sich nicht in einer Aus- und Weiterbildung befinden, die

Schule abgebrochen und keinen Abschluss erworben haben. Vor allem für diese Zielgruppe wird versucht, neue Wege aufzuzeigen und z. B. bei der Lehrstellensuche oder beim direkten Berufseintritt zu unterstützen. Damit wirkt das Jugendcoaching einerseits präventiv einem möglichen Schulabbruch entgegen, andererseits werden SchulabbrecherInnen angesprochen und dabei unterstützt, einen Abschluss zu erwerben.

Eine Modularisierung in der Berufsbildung könnte auch zu einer stärkeren Durchlässigkeit beitragen: So erwähnte ein Experte, dass die BMHS – ähnlich wie an den Universitäten bei Bachelor- und Masterstudien – in Form von Kursen geführt werden könnte, wobei manche SchülerInnen nach drei oder vier Jahren abschließen würden und einen BMS-Abschluss hätten, andere könnten sich (auch noch zu einem späteren Zeitpunkt als mit 14 Jahren) für die längere Variante entscheiden und mit Matura abschließen. Dies würde auch zu einer geringeren sozialen Selektion der SchülerInnen führen, wenn zu Beginn alle dieselben Kurse besuchen; weiters würde die Entscheidung, ob die SchülerInnen einen BMS- oder BHS-Abschluss erreichen wollen, ein wenig nach hinten verschoben und würde nicht mehr so stark in die Phase der Pubertät fallen.

Auch könnte eine solche modularisierte Berufsbildung neue Möglichkeiten für die Erwachsenenbildung eröffnen, wenn einzelne Module in der Erwachsenenbildung angeboten würden. Erwachsene könnten dabei unterstützt werden z. B. durch Anerkennung von non-formalem und informellem Lernen einen beruflichen Abschluss nachzuholen.

In allen drei Studien wurde auch die Schwierigkeit genannt, Eltern zu erreichen und für die schulische Ausbildung ihrer Kinder zu interessieren. Vor allem an den Fachschulen meinten einige LehrerInnen und DirektorInnen, dass es oft schwierig sei, Eltern bei Problemen zu erreichen oder auch nur zu motivieren bei Schulveranstaltungen dabei zu sein. Aufgrund von vielen DoppelverdienerInnen- bzw. AlleinerzieherInnen-Haushalten ist es für manche Eltern schwierig am Schulleben der Kinder teilzunehmen, für andere, z. B. bildungsferne Eltern oder Eltern mit Migrationshintergrund, kann die Schule oft angstbesetzt sein. Viele LehrerInnen und DirektorInnen wünschen sich jedoch, dass in diesem Bereich bessere Strategien erarbeitet werden, um Eltern besser einzubeziehen.

Literatur

Frey, Andreas/Balzer, Lars (2009): Das Prüfen von überfachlichen Kompetenzen. In: Folio Nr. 3/09. [online] http://www.lars-balzer.info/publications/pub-balzer_2009-03_folio2009-134(3)_frey-balzer.pdf [10.10.2017].

Kanning, Uwe (2007): Diagnostik sozialer Kompetenzen. Vortrag am 3.12.2007. [online] http://www.aow-bonn.de/www/doku/vortraege/kanning_03-12-07_diagnostik_sozialer_kompetenzen-bonn.pdf [19.01.2017].

QIBB, Berufsbildende Schulen, BAKIP SOP, BMUKK (2011): Broschüre Bildungsstandard. Soziale und personale Kompetenzen. 9.-13. Schulstufe. Bildungsstandards in der Berufsbildung. Kompetenzmodell, Deskriptoren und ausgewählte

Methoden-/Unterrichtsbeispiele. [online] http://www.bildungsstandards. berufsbildendeschulen.at/fileadmin/content/bbs/AGBroschueren/SozialePersonaleKompetenzen_Broschuere_Oktober2011.pdf [10.10.2017].

Schaffenrath, Maria (2008): Kompetenzorientierte Berufsschullehrerausbildung in Österreich. Das Lernaufgabenprojekt als Innovationsmotor. Bielefeld.

Statistik Austria (2017): Bildung in Zahlen 2015/16. Schlüsselindikatoren und Analysen.

Stöger, Eduard/Peterbauer, Jakob/Bönisch, Markus/Wanek-Zajic, Barbara (2017): Absolventinnen und Absolventen von Lehre und BMS. Zwei Ausbildungswege im Vergleich. [online] https://www.arbeiterkammer.at/service/studien/bildung/Absolventinnen_und_Absolventen_von_Lehre_und_BMS.html [10.10.2017].

Ziegler, Petra/Müller-Riedlhuber, Heidemarie (2015): Zur Relevanz der Vermittlung von Grundkompetenzen in der Lehre. Für ausgewählte Lehrberufe aus den Bereichen Tourismus, Handel und Handwerk. [online] http://www.forschungsnetzwerk.at/downloadpub/Grundkompetenzen%20in%20der%20Lehre_Projektbericht%2031072015_WIAB.pdf [10.10.2017].

Ziegler, Petra/Müller-Riedlhuber, Heidemarie (2016): Zur Vermittlung von arbeitsmarktrelevanten Grundkompetenzen im BMS-Bereich: Tourismus, Handel, Technik. [online] http://www.forschungsnetzwerk.at/downloadpub/WIAB%20BMS-Grundkompetenzen%20Bericht.pdf [10.10.2017].

Ziegler, Petra/Müller-Riedlhuber, Heidemarie (2017): Zur berufskundlichen Darstellung und Diskussion von arbeitsmarktrelevanten Grundkompetenzen im BHS-Bereich: Handel, Tourismus, Technik. Im Erscheinen.

Mario Steiner

Bildungsarmut Jugendlicher – ein in Österreich unterschätzter Problembereich

Seit mehreren Jahrzehnten kann in Österreich (wie in vielen anderen Staaten auch) ein Anstieg des Qualifikationsniveaus der Bevölkerung festgestellt werden. Verfügten in den 1960er und 1970er Jahren nur knapp 3 % der Bevölkerung über einen höchsten Abschluss auf tertiärem oder postsekundärem Bildungsniveau, ist dieser Anteil bis 2011 auf über 20 % gestiegen. Im gleichen Zeitraum sank der Anteil von Personen mit maximal Pflichtschulabschluss von knapp 60 % auf nur mehr 15 % (Steiner 2017). Diese Entwicklung wird gemeinhin mit dem Begriff der Bildungsexpansion umschrieben. Es mag also auf den ersten Blick als anachronistisch anmuten, sich dennoch mit Bildungsarmut auseinanderzusetzen. Auf den zweiten Blick jedoch ist es genau diese Entwicklung der Bildungsexpansion, die es umso dringlicher werden lässt, Bildungsarmut zum Thema zu machen. Während es vor 50 Jahren noch „normal" und „mehrheitsfähig" gewesen ist, über keinen weiterführenden Schulabschluss zu verfügen, befinden sich Personen, auf die das heute noch zutrifft, in einer gesellschaftlichen Randposition, wobei die Differenz zum „Mainstream" immer weiter wächst, je stärker die Bildungsexpansion voranschreitet (Allmendinger 1999). Im Kontext einer Gesellschaft, die über immer höhere und immer mehr Bildungszertifikate verfügt, sind Personen, die keinen Platz im gesellschaftlichen Fahrstuhl gefunden haben (Beck 1986), zunehmend von sozialer Ausgrenzung bedroht. Dies trifft umso mehr auf junge Personen zu, die ihre Berufskarriere noch weitgehend vor sich haben.

Armut ist ein Begriff, dessen Wurzeln in ökonomisch-materieller Deprivation liegen. Obwohl diese Form der Deprivation oft die Folge eines geringen formalen Bildungsniveaus darstellt (Steiner 2017), ist der Begriff der Bildungsarmut anders zu fassen. Grundlagen dafür können in gerechtigkeitstheoretischen Ansätzen gefunden werden. In ihrem Ansatz argumentieren Sen (2010) und Nussbaum (1997) das individuelle Anrecht auf zumindest ein Minimum an „Capabilities" im Sinne von Befähigungen und Fähigkeiten, das es den Individuen ermöglicht, ihr Leben auch in komplexen modernen Gesellschaften selbstbestimmt zu beeinflussen und zu gestalten. Honneth (1992) und Fraser (1995) wiederum argumentieren, dass Armut einen Mangel an Anerkennung ausdrückt und die soziale Teilhabe untergräbt, weil die Anerkennung die Grundlage dafür darstellt, ein gleichwertiger Interaktionspartner sein zu können. Eine gerechte Gesellschaft setzt kulturelle Bewertungsmuster voraus, die allen mit ihren je spezifischen Fähigkeiten Respekt zugesteht und sie anerkennt. Bildungsarmen Personen wird diese Anerkennung in Gesellschaften, die Fähigkeiten nach Bildungsabschlüssen bewertet und in Abhängigkeit davon Entwicklungschancen sowie Remunerationen verteilt, gerade eben nicht zuteil.

In der Theoriebildung über die Ursachen von Bildungsverläufen (und damit auch über die Ursachen von Bildungsarmut) lassen sich zwei dichotome Ansätze ausmachen (Solga 2002; 2012). Auf der einen Seite stehen humankapital- sowie modernisierungstheoretische Ansätze, die die Unterschiede in den Bildungsergebnissen auf unterschiedliches Können und Wollen sowie (sozial durchaus unterschiedlich verteilte) Kosten-Nutzen Abwägungen (Breen/Goldthorpe 1997) zurückführen. Auf der anderen Seite finden sich konflikttheoretische Ansätze, die den Einfluss von Macht, Kultur und Strukturen auf die sozial ungleichen Verteilungen von Bildungsabschlüssen thematisieren, um auf diese Weise die herrschenden Verhältnisse zu perpetuieren (Bourdieu/Passeron 1971).

In diesem Beitrag liegt der Fokus zunächst darauf, das Ausmaß der Bildungsarmut in Österreich sowie die Entwicklung dieses Ausmaßes zu thematisieren. Dabei werden auch Aspekte der sozialen Verteilung besprochen. Das Ziel des Beitrags ist es in diesem Zusammenhang, zwei den politischen Diskurs dominierende Grundannahmen – Bildungsarmut sei ein quantitativ wenig bedeutsames und zudem rückläufiges Problem – in Frage zu stellen und damit die Bildungsarmut als ernstzunehmendes Problem unserer Gegenwartsgesellschaft zu positionieren. Der dritte Abschnitt ist einer bislang wenig diskutierten Konsequenz von Bildungsarmut gewidmet: der dadurch unterminierten gesellschaftlichen Teilnahme.

Ausmaß und Verteilung von Bildungsarmut

Nachdem der Begriff der Bildungsarmut zuvor theoretisch eingebettet worden ist, erfordert seine empirische Diskussion zunächst eine Operationalisierung. Dabei lassen einander eine zertifikatsbasierte und eine kompetenzbasierte Konzeption unterscheiden. Die *zertifikatsbasierte* Operationalisierung baut – wie die Bezeichnung nahelegt – auf dem Fehlen von Bildungszertifikaten auf. Der bekannteste Indikator in diesem Kontext, der einem europaweiten Monitoring unterliegt, bezieht sich auf „Early School Leaving". Dabei handelt es sich um den auf Basis des „Labor Force Survey" berechneten Anteil an Jugendlichen im Alter von 18 bis

24 Jahren, die keinen Abschluss über die Pflichtschule hinaus aufweisen können (ISCED 3c – Ebene) und sich nicht mehr in Ausbildung befinden. Dieser Anteil soll entsprechend der EU-2020-Strategie unter einen Wert von 10 % fallen (Europäische Kommission 2010). Die kompetenzbasierte Operationalisierung von Bildungsarmut setzt am Unterschreiten eines definierten Basiskompetenzniveaus an. Das bekannteste Monitoring in diesem Zusammenhang wird im Rahmen der PISA-Kompetenzerhebungen[1] vorgenommen. Bei den „RisikoschülerInnen" handelt es sich um Jugendliche im Alter von 15 Jahren, die beispielsweise nicht sinnerfassend lesen können und damit ein festgelegtes Basiskompetenzniveau unterschreiten (OECD 2016). PIAAC stellt ein Pendent dazu für die erwachsene Bevölkerung dar.[2]

Der zertifikatsbasierte Indikator des „Early School Leaving" (ESL) stellt im Kontext der Bildungsarmut unter Jugendlichen die Grundlage für bildungspolitische Einschätzung im Kontext der „nationalen Strategie zur Verhinderung von frühem Bildungsabbruch" dar:

> „Seit 2009 wird die 9 % Marke [an frühen BildungsabbrecherInnen] jährlich unterschritten, im Jahr 2014 erreichte der Wert den bisherigen Tiefststand von 7 % und 2015 beläuft sich der Wert auf 7,3 %, wobei dieser Anstieg innerhalb der statistischen Schwankungsbreite liegt. Österreich befindet sich damit bereits deutlich unter der von der EU vorgegebenen 10 % Benchmark sowie unter dem Mittelwert aller EU-Mitgliedstaaten" (BMB 2016, S. 16).

Auf Basis dieser empirischen Grundlage zeichnet sich also ein relativ vorteilhaftes Bild für Österreich ab: Der Zielwert ist längst erreicht, der Anteil zudem rückläufig und insgesamt zählt Österreich zu den „Bestperformern" in Europa. Diese Sichtweise ist nicht falsch, solange der „Labor Force Survey" als Grundlage herangezogen wird. Da es sich hier jedoch um Umfragedaten noch dazu an einer relativ kleinen Stichprobe handelt, ist die Fehleranfälligkeit deutlich höher als auf Basis von Verwaltungsdaten, der eine Vollerhebung zugrunde liegt. In Österreich ist mit dem „Bildungsbezogenen Erwerbskarrierenmonitoring"[3] eine zuverlässigere Datenbasis zur Berechnung der zertifikatsbasierten Bildungsarmut unter Jugendlichen verfügbar. Bei (beinahe) gleicher Definition des frühen Ausbildungsabbruchs (FABA)[4] berechnet sich auf dieser Grundlage jedoch ein Anteilswert von 12,7 % für das Jahr 2015. Abgesehen von einem in Summe beinahe doppelt so hohen Niveau liegt der große Erkenntniswert der neuen Berechnungsgrundlage jedoch in

---

1   Programme for International Student Assessment; URL: http://www.oecd.org/pisa/ [23.07.2018].
2   Programme for the International Assessment of Adult Competencies; URL: http://www.oecd.org/ skills/piaac/ [23.07.2018].
3   URL: http://www.statistik.at/web_de/statistiken/menschen_und_gesellschaft/bildung_und_kultur/ bildungsbezogenes_erwerbskarrierenmonitoring_biber/index.html [23.07.2018].
4   Die FABA-Quote wird für die 15- bis 24-jährigen berechnet, die ESL-Quote hingegen für die 18-bis 24-jährigen. Da der Anteil mit zunehmendem Alter steigt, hat dies im Vergleich der beiden Quoten sogar einen dämpfenden Effekt für die FABA.

ihren Möglichkeiten der Disaggregation nach soziodemographischen sowie regionalen Merkmalen (Steiner et al. 2016a). Erstmals erfolgt hier nun eine differenzierte Analyse des frühen Ausbildungsabbruchs nach regionalen Unterschieden (NUTS3-Ebene), Migrationshintergrund und Geschlecht:

Das Geschlecht ist auf Grundlage einer jahrzehntelangen Benachteiligung von Frauen eines der traditionellsten Merkmale zur Differenzierung und Evaluierung von Chancengleichheit im Bildungssystem. Die größten Vorteile aus der Bildungsexpansion innerhalb der benachteiligten Gruppen haben auch die Frauen gezogen, wobei der Ausgleich von Geschlechterdifferenzen deutlich stärker ausgeprägt ist, als der Ausgleich nach sozialer Schicht (Breen et al. 2010), wo nicht selten das Resumee einer „persistant inequality" gezogen wird (Shavit/Blossfeld 1993; Becker 2003). Was nun die Bildungsarmut in ihrer aktuellen Ausprägung betrifft, sind es die jungen Männer, die als benachteiligt gelten können. So weisen diese – wie man in Tabelle 1 erkennen kann – einen Anteil von 14,3 % früher Ausbildungsabbrecher auf, während der Anteil bei den jungen Frauen „nur" bei 11 % liegt.

Tabelle 1: FABA nach soziodemographischen Merkmalen in Österreich 2015

	Anzahl	Anteil
Frauen	74.887	11,0%
Männer	53.756	14,3%
Ohne Migrationshintergrund	78.149	9,2%
Mit Migrationshintergrund	50.494	30,7%
darunter in einem 3.Staat geboren	35.762	36,7%
insgesamt	128.643	12,7%

Quellen: Statistik Austria; BibEr & Abgest. Erwerbsstatistik. Berechnungen: IHS-Steiner

Eine im Vergleich zum Geschlecht und zur sozialen Herkunft jüngere, aber inzwischen aus der Chancengleichheitsdebatte im Bildungssystem nicht mehr wegzudenkende Benachteiligungsdimension stellt der Migrationshintergrund dar. Das Ausmaß zertifikatsbasierter Bildungsarmut unter jungen Erwachsenen ohne Migrationshintergrund liegt 2015 in Österreich bei „nur" 9,2 %, während der Anteil unter den 15- bis 24-Jährigen mit Migrationshintergrund 30,7 % beträgt und damit mehr als dreimal so hoch ist. Selektiert man in dieser Gruppe nochmals jene Jugendlichen, die in einem Drittstaat (außerhalb von EU/EWR) geboren worden sind, erhöht sich der Anteil früher AusbildungsabbrecherInnen gar auf 36,7 %. Dementsprechend wird in der Bildungsforschung auch darauf hingewiesen, dass sich traditionelle Benachteiligungsmuster im Laufe der Jahrzehnte gewandelt haben. In der Versinnbildlichung der Benachteiligung tritt an die Stelle der Arbeitertochter der Migrantensohn (Geißler 2005).

Bei all den bisher vorgestellten Werten handelt es sich jedoch rein um Durchschnittszahlen für ganz Österreich, dem eine erhebliche regionale Streuung zugrunde liegt. Demnach variiert beispielsweise der Gesamtanteil von FABA auf Ebene von NUTS3-Regionen[5] zwischen 5,7 % im Mühlviertel und im Lungau auf der einen Seite sowie 16,1 % in Wien auf der anderen Seite. Differenziert nach politischen Bezirken wird die Spannweite noch größer und bewegt sich bezogen auf Werte für das Jahr 2012 zwischen 5,3 % in Zwettl und 25,6 % in Wien-Favoriten (Steiner 2017). Die Spannweite wird jedoch nochmals deutlich dynamisiert, wenn nach Region, Migrationshintergrund und Geschlecht zugleich differenziert wird. So weisen die besten Werte mit einem Anteil von nur 4 % die Frauen ohne Migrationshintergrund im Mühlviertel auf, die gleichzeitig schlechtesten Werte wird in Abbildung 1 für Männer, die in einem Drittstaat geboren worden sind, in Liezen ein früher Ausbildungsabbrecheranteil von 61,4 % ausgewiesen.[6] Die ausgewiesene Spanne zwischen den beiden Extremgruppen umfasst nicht weniger als den 15-fachen Anteil zwischen der best- und schlechtestpositionierten Personengruppe.

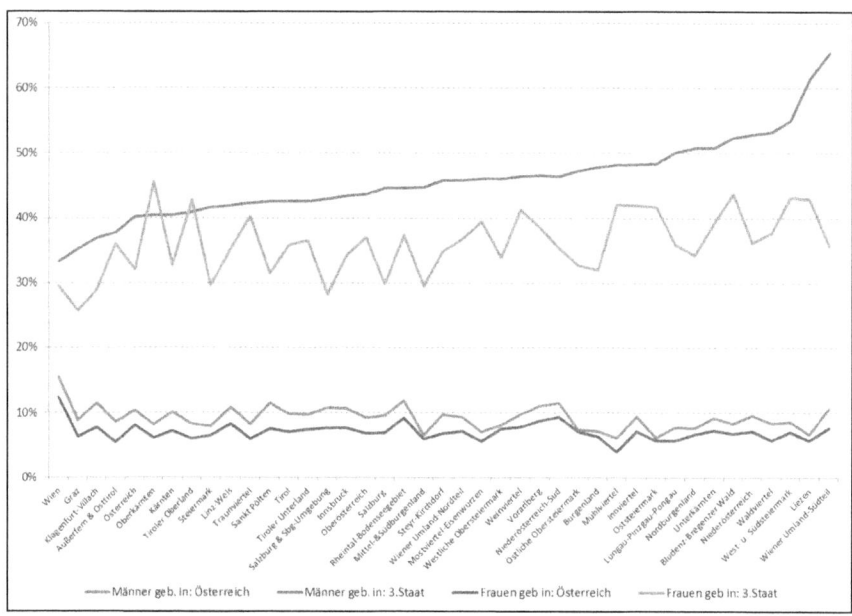

Abbildung 1: FABA-Anteil nach Regionen, Geburtsland und Geschlecht 2015 in Österreich[7]
Quellen: Statistik Austria; BibEr & Abgest. Erwerbsstatistik; eigene Berechnungen

Auffällig bei der regionalen Verteilung ist, dass mit Wien und Graz die beiden größten österreichischen Städte die relativ niedrigsten Anteile früher Ausbildungs-

---

5   Dabei handelt es sich um Zusammenfassungen mehrerer politischer Bezirke.
6   Die noch höheren Werte für das Wiener-Umland-Südteil werden nicht herangezogen, da mit Traiskirchen in diesem Gebiet das österreichweit größte Aufnahmezentrum für AsylwerberInnen liegt.
7   Diese Grafik wurde erstmals veröffentlicht in: Steiner et al. (2018, S. 29).

abbrecherInnen unter den Jugendlichen, die in einem Drittstaat geboren worden sind, aufweisen. Mit Werten knapp über 30 % bei den männlichen Jugendlichen in dieser Gruppe bewegt sich das Problemausmaß in etwa nur auf halbem Niveau der ländlichen Regionen mit den schlechtesten Ergebnissen. Dieses Ergebnis kann auch als Hinweis darauf interpretiert werden, dass die Integrationsleistung von Personen mit Migrationshintergrund in der Stadt wesentlich stärker ausgeprägt ist als am Land.

Die Ergebnisse offenbaren insgesamt äußerst unterschiedliche Lebensrealitäten zwischen Personen in der gleichen Alterskohorte auch in einem so vergleichsweise kleinen Land wie Österreich. So unterschiedlich die FABA-Anteile sind, so unterschiedlich sind auch die damit verbundenen Problemlagen sowie Entwicklungs- und Karrierechancen. Arbeitslosigkeit, Gesundheitsprobleme und sozialer Rückzug sind nur einige der Stichworte für die Konsequenzen, die mit frühem Ausbildungsabbruch verbunden sind und umso schwerer wiegen, da es sich hier um junge Erwachsene handelt (Steiner et al. 2016b). Als Konsequenz davon stellt sich die Frage nach dem sozialen Zusammenhalt der Gesellschaft, wenn einzelne Bevölkerungsgruppen von sozialer Ausgrenzung bedroht sind und kaum Perspektiven vorfinden. Indizien für eine Erosion in diesem Kontext werden im dritten Abschnitt dieses Beitrags deutlich.

Entwicklung im Verlauf der Zeit

Die erste den politischen Diskurs bestimmende Annahme, es handle sich bei der Bildungsarmut unter Jugendlichen um eine Problemlage geringen Ausmaßes, konnte durch die vorangegangenen Analysen stark in Zweifel gezogen werden. Die Zielsetzung in diesem Abschnitt ist es, die zweite Annahme, es handle sich um ein abnehmendes Problem, zu hinterfragen.

Die Zielsetzung, EU-weit bis ins Jahr 2020 einen Wert von 10 % „Early School Leavers" zu unterschreiten, könnte angesichts der empirischen Entwicklung dieses Indikators in den letzten Jahr(-zehnt)en durchaus erreicht werden.[8] So hat sich der Anteil in den EU-27 Staaten von 17,6 % im Jahr 2000 über 14,4 % im Jahr 2009 auf 10,6 % im Jahr 2017 reduziert.[9] Zugleich wird für Österreich ein Rückgang von 10,2 % (2000) über 8,7 % (2009) auf 7,4 % (2017) ausgewiesen.

Wird jedoch von der zertifikatsbasierten Definition von Bildungsarmut (Abschluss maximal auf Pflichtschulniveau) auf die kompetenzbasierte Definition (u.a. nicht sinnerfassend lesen zu können) umgeschwenkt, zeigt sich ein anderes Bild: Zum Erhebungszeitpunkt 2015 wurden im Rahmen der PISA-Studien (OECD 2016a) für Österreich 22,5 % an 15-jährigen SchülerInnen ausge-

---

8   Anzumerken bleibt an dieser Stelle, dass diese Zielsetzung der EU2020-Strategie auch bereits Teil des vorangegangenen Programms, der Lissabon-Strategie (Europäischer Rat 2000), gewesen ist. Damals war es das Ziel, die 10 %-Marke bis zum Jahr 2010 zu unterschreiten, was klar verfehlt worden ist, woraufhin die Zielsetzung schlicht um 10 Jahre verlängert wurde.

9   Quelle: EUROSTAT [edat_lfse_14]; URL: http://ec.europa.eu/eurostat/de/data/database [24.07.2018].

wiesen, die nicht sinnerfassend lesen konnten, 21,8 %, die die Grundrechenarten nicht ausreichend beherrschten und 20,8 %, die in Naturwissenschaften das Kompetenzniveau 2 (Schwelle zur Klassifikation als RisikoschülerInnen) nicht erreichen konnten. Diese Anteile an RisikoschülerInnen sind innerhalb des jeweils größtmöglichen Beobachtungszeitraums im Kompetenzbereich Lesen um 3,2 %-Punkte (von 2000 bis 2015), in Mathematik um 3 %-Punkte (von 2003 bis 2015) und in Naturwissenschaften um 4,5 %-Punkte (von 2006 bis 2015) gestiegen. Mit dieser Entwicklung liegt Österreich merklich über dem Durchschnitt aller OECD-Staaten, aber auch im multinationalen Aggregat ist im Gegensatz zur sinkenden Bildungsarmut gemessen an Zertifikaten ein Anstieg der kompetenzbasierten Bildungsarmut unter Jugendlichen festzustellen und wird in Abbildung 2 dargestellt.

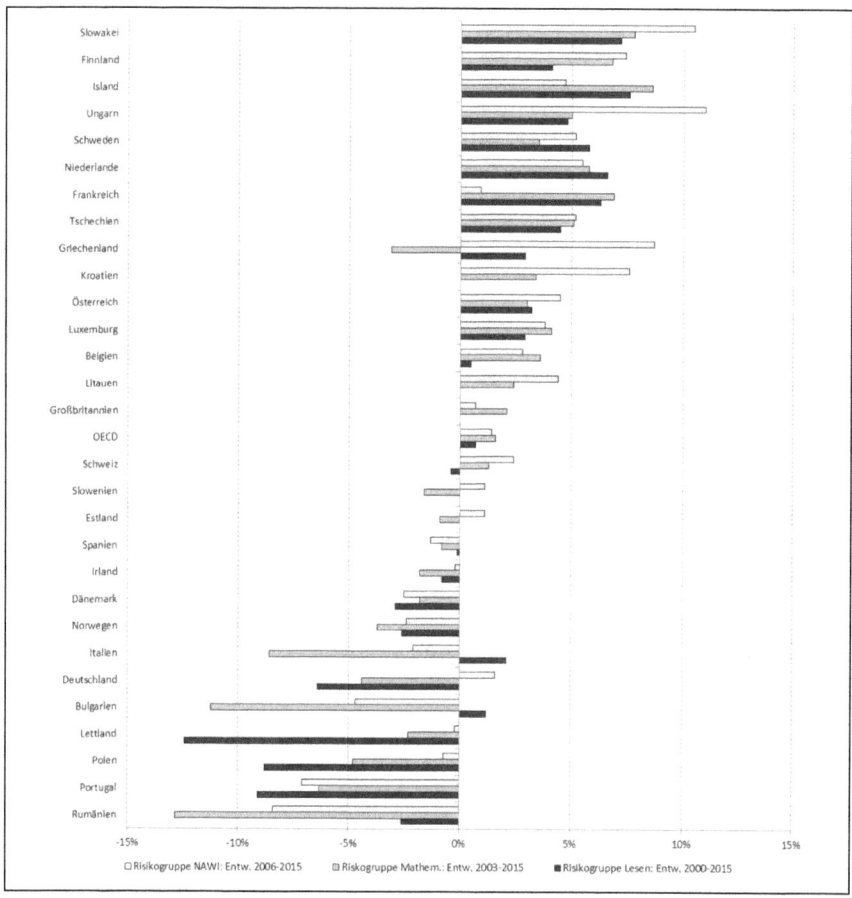

Abbildung 2: Entwicklung des PISA-Risikogruppenanteils in europäischen Staaten[10]
Quellen: OECD (2016a); OECD (2014)

---

10   Diese Grafik wurde in leicht anderer Form erstmals veröffentlicht in: Steiner (2017, S. 83).

In diesem Zusammenhang kann jedoch auch festgestellt werden, dass nicht nur die Bildungsarmut an sich wächst, sondern auch ihre soziale Ungleichverteilung. So beträgt der Anteil von RisikoschülerInnen 2015 in Österreich bei jenem Viertel der befragten SchülerInnen, die die niedrigste Punktzahl beim sozioökonomischen Index aufweisen, quer über alle drei Kompetenzbereiche hinweg 36,1 %, bei dem Viertel an SchülerInnen mit der höchsten Punktzahl beim sozioökonomischen Index jedoch nur 8,8 %. Die Differenz beträgt demnach 27,3 %-Punkte bei der Messung im Jahr 2015, hatte jedoch 2012 „nur" 26,9 %-Punkte betragen. Dieser Anstieg ist zwar gering und alleine auf Österreich bezogen nicht signifikant, wiederholt sich jedoch im großen Maßstab der OECD und der Mehrheit europäischer Staaten ebenso, wie man in Abbildung 3 erkennen kann.

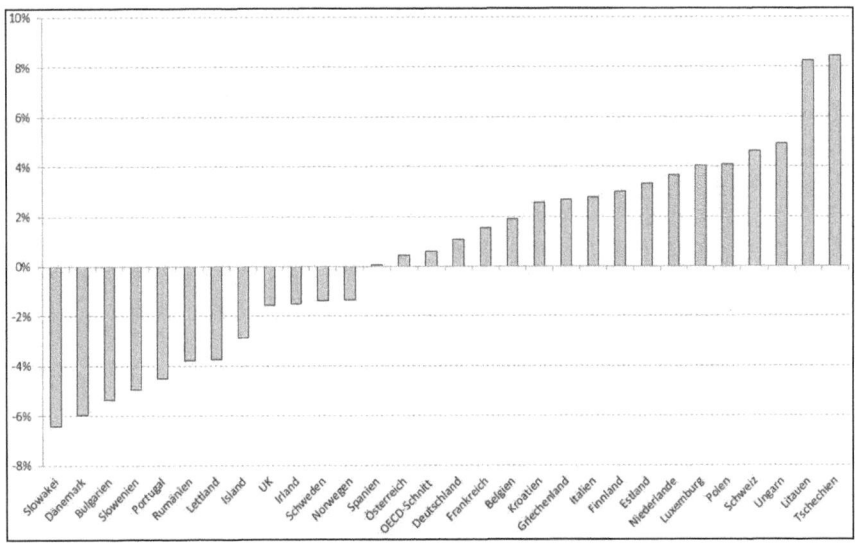

Abbildung 3: Veränderung der Differenz im Risikogruppenanteil zuungunsten Benachteiligter 2012–2015
Quellen: OECD (2016a); OECD (2016b), eigene Berechnungen

Auswirkungen auf die gesellschaftliche Teilhabe

Der negative Zusammenhang zwischen Bildungsarmut einerseits sowie den Beschäftigungs- und Karrierechancen andererseits ist hinlänglich bekannt (Steiner 2013; Steiner et al. 2018). So beträgt im Jahr 2016 die Arbeitslosenquote[11] von geringqualifizierten jungen Erwachsenen (20- bis 24-Jährige) beinahe 25 %, während die Quote für die gleiche Altersgruppe mit einem Abschluss auf der Sekundarstufe II „nur" 10 % beträgt. Dieses 2,5-fache Arbeitslosigkeitsrisiko Geringqualifizierter in Österreich ist auch im internationalen Vergleich sehr hoch. Dänemark

---

11   Die Arbeitslosenquoten werden nach ILO-Definition und auf Basis des Labor Force Survey berechnet. Berechnungen auf Basis nationaler Registerzählungen ergeben nochmal höhere Werte.

und die Schweiz weisen Werte unter einem Faktor von 1,5 auf, Deutschland jedoch ein über dreifaches Risiko (Steiner et al. 2018, S. 36).

Weniger im Zentrum der Diskussion der Bildungsarmut stehen ihre Auswirkungen auf die gesellschaftliche Beteiligung. Die politisch höchste Form der gesellschaftlichen Beteiligung in Demokratien liegt in der Ausübung des Wahlrechts. Diese ist nach Bildungsniveau sehr ungleich verteilt. Während sich 87 % der Bevölkerung mit einem tertiären Bildungsabschluss an Wahlen beteiligen, sind es entsprechend der Angaben in Abbildung 4 bei Personen mit höchstens Pflichtschulabschluss nur 66 %. Im Zeitraum von 2002 bis 2014 ist die Wahlbeteiligung zwar insgesamt gesunken, dabei hat sich die Schere zwischen hoch- und niedriggebildeten Personen jedoch noch weiter geöffnet. Lag die Differenz zwischen den Bildungsniveaus 2002 noch bei 15 %-Punkten, ist sie bis ins Jahr 2014 auf 21 %-Punkte gestiegen. Noch deutlicher sind die Unterschiede jedoch, wenn einzig nur die jungen Erwachsenen (25- bis 34-Jährige) in den Blick genommen werden. Die Wahlbeteiligung der jüngeren Kohorte ist insgesamt geringer, der Abstand zwischen den hoch- und niedrigqualifizierten Personen nimmt dabei jedoch v. a. in Österreich extrem hohe Ausmaße an. Während der Unterschied OECD-weit noch bei 26 %-Punkten liegt, steigt er in Österreich auf 43 %-Punkte an: Während 80 % der hochgebildeten jungen ÖsterreicherInnen an Wahlen teilnehmen, sind es von den 25- bis 34-Jährigen mit maximal Pflichtschulabschluss nur mehr 37 % und damit deutlich weniger als im internationalen Durchschnitt. Im Umkehrschluss bedeutet dies, dass beinahe zwei Drittel der geringqualifizierten jungen Erwachsenen in Österreich nicht an der Gestaltung der Gesellschaft (in Form von Wahlen) teilhaben.

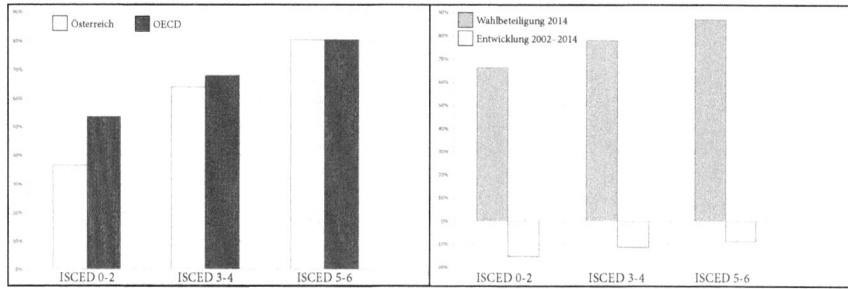

Abbildung 4: Wahlbeteiligung (junger) Erwachsener und ihre Entwicklung nach Qualifikationsniveau
Quellen: ESS (2008), zit. nach OECD (2012); ESS (2002; 2014); eigene Berechnungen

Abschließende Betrachtungen

Das insgesamt sich abzeichnende Szenario zur Bildungsarmut Jugendlicher in Österreich ist ein sehr nüchternes: Das Ausmaß ist viel größer als es im politischen Diskurs wahrgenommen wird, eine rückläufige Tendenz des Problemausmaßes ist zumindest in Zweifel zu ziehen und schließlich sind die negativen Auswirkungen von Bildungsarmut auf die Teilnahme am Arbeitsmarkt und an der Gesellschaft insgesamt gravierend.

Die Problemlage ist demnach gravierend, sodass die Notwendigkeit eines sozial- und bildungspolitischen Programms zur Gegensteuerung evident ist. Die vor einiger Zeit beschlossene und in Kraft getretene „Ausbildung bis 18", deren Zielsetzung es ist, dass abbruchgefährdete Jugendliche durch zusätzliche Ausbildungen oder Trainings einen Abschluss auf der Sekundarstufe II erlangen, kann in diesem Kontext als Programm eingestuft werden, wofür Bedarf besteht. Die Herausforderung liegt darin, ein Programm zu verwirklichen, das nicht rein nur auf Kompensation hin ausgerichtet ist, wie dies in Österreich traditionell häufig der Fall ist (Walther/Pohl 2006), sondern auch präventive Ansätze in Hinblick auf Bildungsarmut beinhaltet. Zu denken wäre hier an Ressourcen- anstelle von Defizitorientierung, an Integration statt Selektion.

Ein konsequentes Engagement gegen Bildungsarmut ist notwendig. In Zweifel zu ziehen ist jedoch, ob ein rein bildungspolitisches Programm ausreichen wird, denn in der äußerst niedrigen Wahlbeteiligung von geringqualifizierten jungen Personen in Österreich kann auch ein Anzeichen dafür erkannt werden, dass diese Personengruppe den Sinn darin nicht sieht, sich an einem gesellschaftlichen System zu beteiligen, das ihnen ohnehin nur sehr limitierte Chancen zur Verfügung stellt, was nicht zuletzt an den Arbeitslosigkeitsquoten deutlich wird. Wenn im Anschluss an die Diskussion des Ausmaßes von Bildungsarmut im ersten Abschnitt die Frage nach dem sozialen Zusammenhalt der Gesellschaft aufgeworfen wurde, kann aus diesem Ergebnis eine Evidenz für deren Erosion gewonnen werden, worauf es eine adäquate gesellschaftspolitische Antwort zu finden gilt, wenn deren Konsequenzen vermieden werden sollen.

Literatur:

Allmendinger, Jutta (1999): Bildungsarmut: Zur Verschränkung von Bildungs- und Sozialpolitik. In: Soziale Welt 50 (Heft 1), S. 35–50.

Beck, Ulrich (1986): Risikogesellschaft. Auf dem Weg in eine andere Moderne. Frankfurt am Main: Suhrkamp Verlag.

Becker, Rolf (2003): Educational Expansion and Persistent Inequalities of Education. Utilizing Subjective Expected Utility Theory to Explain Increasing Participation Rates in Upper Secondary School in the Federal Republic of Germany. In: European Sociological Review, Vol. 19/1, S. 1–24.

BMB (2016): Nationale Strategie zur Verhinderung des frühen (Aus-)Bildungsabbruchs, Wien: Eigenverlag.

Bourdieu, Pierre/Passeron, Jean-Claude (1971): Die Illusion der Chancengleichheit. Untersuchungen zur Soziologie des Bildungswesens am Beispiel Frankreichs. Stuttgart: Klett.

Breen, Richard/Luijkx, Ruud/Müller, Walter/Pollak, Reinhard (2010): Long Term Trends in Educational Inequality in Europe: Class Inequalities and Gender Differences. In: European Sociological Review, Vol. 26/1, S. 31–48.

Breen, Richard/Goldthorbe, John H. (1997): Explaining educational differentials. Towards a Formal Rational Action Theory. In: Rationality and Society 9 (3), S. 275–305.

Europäische Kommission (2010): Europa 2020. Eine Strategie für intelligentes, nachhaltiges und integratives Wachstum. Brüssel.

Europäischer Rat von Lissabon (2000): Schlussfolgerungen des Vorsitzes. Brüssel.

Fraser, Nancy (1995): From Redistribution to Recognition? Dilemmas of Justice in a „Post-Socialist" Age. New Left Review 212, S. 68–93.

Geißler, Rainer (2005): Die Metamorphose der Arbeitertochter zum Migrantensohn. Zum Wandel der Chancenstruktur im Bildungssystem nach Schicht, Geschlecht, Ethnie und deren Verknüpfungen. In: Berger, Peter A./Kahlert, Heike (Hrsg.) (2005): Institutionalisierte Ungleichheiten. Wie das Bildungswesen Chancen blockiert. Weinheim und München: Beltz Juventa Verlag, S. 71–100.

Honneth, Axel (1992): Kampf um Anerkennung. Zur moralischen Grammatik sozialer Konflikte. Frankfurt am Main: Suhrkamp Verlag.

Nussbaum, Martha C. (1997): Capabilities and Human Rights. In: Fordham Law Review, Vol. 66/2, S. 273–300.

OECD (2016a): PISA 2015 Ergebnisse, Exzellenz und Chancengerechtigkeit in der Bildung. Band 1, Paris: W. Bertelsmann Verlag.

OECD (2016b): Low-Performing Students, Why They Fall Behind and How to Help Them Succeed. Paris.

OECD (2014): PISA 2012 Results: What Students Know and Can Do (Vol. I, Revised edition, February 2014), Student Performance in Mathematics, Reading and Science. Paris: OECD-Publishing.

Sen, Armatya K. (2010): Die Idee der Gerechtigkeit. München: Beck Verlag.

Shavit, Yossi/Blossfeld, Hans-Peter (1993): Persistent Inequality. Changing Educational Attainment in Thirteen Countries. Boulder COL: Westview Press.

Solga, Heike (2012): Bildung und materielle Ungleichheiten. Der investive Sozialstaat auf dem Prüfstand. In: Becker, Rolf/Solga, Heike (Hg.): Soziologische Bildungsforschung, Volume 52, Kölner Zeitschrift für Soziologie und Sozialpsychologie, Sonderhefte, S. 459–487.

Solga, Heike (2002): „Ausbildungslosigkeit" als soziales Stigma in Bildungsgesellschaften. Ein soziologischer Erklärungsbeitrag für die wachsenden Arbeitsmarktprobleme von geringqualifizierten Personen. In: Kölner Zeitschrift für Soziologie und Sozialpsychologie, 54 (3), S. 476–505.

Steiner, Mario (2013): „…und raus bist Du!" Ausbildungsarmut Jugendlicher und ihre soziale Ungleichverteilung im österreichischen Bildungssystem. AMS info 250-251, Wien.

Steiner, Mario (2017): Von der Chancengleichheit zur Ausgrenzung: Ein sozialer Fortschritt im Bildungssystem? Eine theoretische und empirische Aufarbeitung. Dissertation an der Universität Wien.

Steiner, Mario/Pessl, Gabriele/Bruneforth, Michael (2016a): Früher Bildungsabbruch. Neue Erkenntnisse zu Ausmaß und Ursachen. In: Bruneforth, Michael/ Eder, Ferdinand/Krainer, Konrad/Schreiner, Claudia/Seel, Andrea/Spiel, Christiane (Hg.): Nationaler Bildungsbericht Österreich 2015, Fokussierte Analysen bildungspolitischer Schwerpunktthemen. Wien: Leykam, S. 175–219.

Steiner, Mario/Pessl, Gabriele/Karaszek, Johannes (2016b): Ausbildung bis 18. Grundlagenanalysen zum Bedarf von und Angebot für die Zielgruppe, Sozialpolitische Studienreihe, Nr. 20, Wien: Verlag des ÖGB.

Steiner, Mario/Pessl, Gabriele/Kulhanek, Andrea (2018): Integrationschancen und Ausgrenzungsrisiken von formal Geringqualifizierten in Ausbildung, Beschäftigung und Gesellschaft. Theorie und empirische Evidenz, Forschungsbericht des IHS. Wien: Eigenverlag.

Walther, Andreas/Pohl, Axel (2006): Thematic Study on Policy Measures concerning Disadvantaged Youth. Studie im Auftrag der Europäischen Kommission, DG Employment. Tübingen: Eigenverlag.

Internet:

EUROSTAT [edat_lfse_14]. [online] http://ec.europa.eu/eurostat/de/data/database [24.07.2018].

Programme for International Student Assessment. [online] http://www.oecd.org/pisa/ [23.07.2018].

Programme for the International Assessment of Adult Competencies. [online] http://www.oecd.org/skills/piaac/ [23.07.2018].

Projekt Bildungsbezogenes Erwerbskarrierenmonitoring [online] http://www.statistik.at/web_de/statistiken/menschen_und_gesellschaft/bildung_und_kultur/bildungsbezogenes_erwerbskarrierenmonitoring_biber/index.html [23.07.2018].

Martin Klemenjak

Benachteiligte und marginalisierte Jugendliche – Perspektiven im Kontext der Lehrlingsausbildung

Einleitung und Themenaufriss

In Österreich hat die Berufsausbildung traditionell einen hohen Stellenwert. Dieser zeigt sich insbesondere dadurch, dass nach Beendigung der Pflichtschule fast 40 % der Jugendlichen in einem gesetzlich anerkannten Lehrberuf ausgebildet werden. Annähernd weitere 40 % besuchen eine berufsbildende mittlere bzw. höhere Schule (BMHS). Somit kann festgehalten werden, dass knapp 80 % der österreichischen Jugendlichen einen beruflichen Erstausbildungsweg wählen (vgl. BMWFW 2014, S. 4).

Bemerkenswert ist auch die relativ geringe Erwerbsarbeitslosigkeit von Jugendlichen. Im Jahr 2016 betrug in Österreich die Jugendarbeitslosenquote (gemäß EUROSTAT) lediglich 11,2 % (in den EU-28-Ländern zusammen jedoch 18,7 %). Somit lag Österreich innerhalb der EU an fünfter Stelle. Jedoch muss an dieser Stelle darauf hingewiesen werden, dass die Jugendarbeitslosenquote EU-weit im Jahr 2016 gesunken ist, während diese in Österreich anstieg. Hinsichtlich dem Prozentsatz frühzeitiger SchulabgängerInnen – damit gemeint ist der Anteil der 18- bis 24-Jährigen ohne weiterführenden Bildungsabschluss, welche auch derzeit keine Aus- oder Weiterbildungsmaßnahme absolvieren – kann erwähnt werden, dass dieser in Österreich im Jahr 2006 bei 6,9 % lag (in den EU-28-Ländern bei 10,7 %). Aufgrund der guten Ausbildungsintegration von Jugendlichen verfügt ein relativ hoher Anteil der 20- bis 24-Jährigen in Österreich zumindest über einen Abschluss der Sekundarstufe II. D. h. lt. EUROSTAT lag dieser Anteil im Jahr 2016 bei 89,5 % (in den EU-28-Ländern bei 83,2 %) (vgl. Dornmayr/Nowak 2017, S. 2).

Hinsichtlich der Anzahl der Lehrlinge ist eine Langzeitbetrachtung zu empfehlen. Ausgehend vom Jahr 1974 zeigt sich, dass in Österreich die meisten Lehrlinge (194.000) im Jahr 1980 ausgebildet wurden. Die Anzahl der Lehrlinge ist bis zum Jahr 1996 – auf weniger als 120.000 – kontinuierlich gesunken. Zwischen den Jahren 2004 und 2008 konnte tendenziell eine Zunahme der Lehrlingszahlen festgestellt werden. Dafür verantwortlich waren – so die Vermutung – auch verschiedene politische Maßnahmen zur Förderung der Lehrlingsausbildung. Seit dem Jahr 2009 kann ein deutlicher Rückgang bei den Lehrlingszahlen verzeichnet werden. In Österreich wurden Ende des Jahres 2016 lediglich 106.950 Lehrlinge ausgebildet, um ca. 3.000 weniger als noch im Jahr 2015 (109.963). An dieser Stelle muss auch darauf verwiesen werden, dass die Abnahme der Lehrlingszahlen insbesondere im Kontext der demographischen Entwicklung – d. h. dem Rückgang der Jugendlichen erkennbar an der Zahl der 15-Jährigen – zu sehen ist (vgl. ebd., S. 12). Trotzdem muss festgehalten werden, „dass von 2011 (42,3 %) bis 2015 (37,8 %) ein eindeutiger Rückgang des Anteils der Lehrlinge im 1. Lehrjahr an den 15-Jährigen zu beobachten ist. Dies lässt darauf schließen, dass andere Bildungswege der Sekundarstufe II von den Folgen des demographischen Rückgangs weniger stark betroffen sind (…)" (ebd., S. 21). Mit Ende des Jahres 2016 konnte jedoch wieder ein leichter Anstieg auf 38,2 % beobachtet werden (vgl. ebd., S. 21).

Bezüglich der Wahl der Lehrberufe fällt auf, dass Ende 2016 45,8 % der weiblichen Lehrlinge in lediglich drei Lehrberufen (Einzelhandel, Bürokauffrau, Friseurin) ausgebildet wurden. Der Einzelhandel dominiert mit 24 %. Hingegen betrug der Anteil der drei häufigsten Lehrberufe bei den männlichen Lehrlingen nur 35,4 %. Dabei handelt es sich um Metalltechnik, Elektrotechnik und Kraftfahrzeugtechnik, also Modullehrberufe mit unterschiedlichen Hauptmodulen (vgl. ebd., S. 33).

Aufgrund einer Sonderauswertung der Wirtschaftskammer Österreich liegen erst seit einigen Jahren Zahlen zu den Lehrabbrüchen vor (vgl. ebd., S. 58). Demnach werden LehrabbrecherInnen „definiert als Lehrlinge, die zum Zeitpunkt der Beendigung des Lehrverhältnisses ihre Lehrzeit noch nicht (zur Gänze) erfüllt haben und auch bis Ende des Folgejahres keine Lehrabschlussprüfung (LAP) abgelegt haben" (ebd., S. 58). Entsprechend diesen Berechnungen lag die Drop-out-Quote im Jahr 2015 bei 15,7 %. In der überbetrieblichen Lehrausbildung ist der Drop-out besonders hoch und lag bei 45,3 % (vgl. ebd., S. 60 f).

Diese exemplarisch ausgewählten Strukturdaten sollen verdeutlichen, dass die Lehrlingsausbildung für das österreichische Berufsausbildungssystem von großer Bedeutung ist, ihre Verdienste hatte, aber auch reflektiert werden muss. Denn Elke Gruber (2004, S. 17) konstatierte bereits vor mittlerweile fast 15 Jahren, dass „hier die größten Einbrüche, Umbrüche und Veränderungen (…) [stattfinden; Anm. M.K.]. Dementsprechend hoch ist der Reflexionsbedarf, dem man allerdings (…) eher zögerlich und unter starken ideologischen Vorbehalten nachkommt; wie auch insgesamt die pädagogische und wissenschaftliche Reflexion des Berufsbildungssystems in Österreich traditionell stark unterbelichtet ist" (ebd., S. 17; siehe auch Ribolits 1992, S. 75).

Der vorliegende Beitrag setzt sich daher zum Ziel, den Übergang von der Pflichtschule in die Lehrlingsausbildung genauer in den Blick zu nehmen. In diesem Kontext wird der Fokus auf die Erwerbsarbeitsmarktintegration von benachteiligten und marginalisierten Jugendlichen gelegt und das Netzwerk Berufliche Assistenz (NEBA) – insbesondere das Jugendcoaching und die Berufsausbildungsassistenz – vorgestellt. Den Abschluss des Beitrages bildet ein Resümee.

Der Übergang von der Pflichtschule in die Lehrlingsausbildung

Tendenziell kann davon ausgegangen werden, dass Übergänge mit vielen Herausforderungen verbunden sein können. Beispielsweise werden zahlreiche Jugendliche beim Berufseinstieg mit Aufgaben bzw. Entwicklungen konfrontiert, welchen sich diese nicht gewachsen fühlen (vgl. Klemenjak 2017, S. 132).

Martina Stadlmayr et al. (2011, S. 334) verweisen darauf, dass die „Problematik der Berufsausbildung und des Berufseinstiegs Jugendlicher (…) traditionell (…) anhand des klassischen Zwei-Schwellen-Modells diskutiert" wird. Die erste Schwelle fokussiert den Übergang vom Pflichtschul- in das Berufsausbildungssystem. Hier ist zu beobachten, dass insbesondere in bestimmten Lehrberufen zu wenige Ausbildungsplätze vielen Lehrstellensuchenden gegenüberstehen. Einerseits wird ein Mangel an FacharbeiterInnen beklagt, andererseits sind immer weniger Betriebe bereit, selbst auch Lehrlinge auszubilden. Auch entscheiden sich Betriebe bewusst dafür, Jugendliche (noch) nicht auszubilden, da „Nachreifeprozesse" (z. B. hinsichtlich sozialer Kompetenzen) erforderlich sind, damit eine Lehrlingsausbildung positiv absolviert werden kann (vgl. ebd., S. 334).

Helmut Dornmayr und Sabine Nowak (2017, S. 34) untermauern diese Ausführungen mit konkreten Zahlen und führen aus, dass in den letzten Jahren ein deutlicher Rückgang der Lehrbetriebe zu beobachten ist und verweisen auf die abnehmende Anzahl von 15-Jährigen (d. h. auch von geeigneten Jugendlichen). Mit Ende des Jahres 2016 wurden knapp 30.000 Lehrbetriebe gezählt. Die Zahl der Betriebe, die Lehrlinge ausbilden, ist in den vergangenen zehn Jahren um mehr als ein Viertel gesunken (vgl. ebd., S. 34). Helmut Dornmayr (2016, S. 2) bringt zum Ausdruck, dass es aufgrund der abnehmenden Anzahl von 15-Jährigen für Betriebe noch schwieriger ist, potenzielle Lehrlinge zu finden, die über ausreichende Basisqualifikationen (z. B. Rechnen, Sprachen) verfügen.

Auch Erich Ribolits (2010, S. 165) argumentiert ähnlich: „Wer heute schwerwiegende Mängel in den Grundkompetenzen des Lesens, Schreibens, Rechnens sowie der Verwendung von Informations- und Kommunikationstechnologien hat, gehört zu den programmierten Verlierern des Arbeitsmarktes. Denn zum einen haben die technologischen Entwicklungen der letzten Jahrzehnte den Großteil jener Tätigkeiten zum Verschwinden gebracht, bei denen derartig gehandicapte Personen früher problemlos eingesetzt werden konnten, und zum anderen haben die erreichten Produktivitätsfortschritte den Bedarf an menschlicher Arbeitskraft generell verringert".

Aufgrund dieser Ausführungen wird deutlich, dass es darum gehen muss, „eine höhere Anschlussfähigkeit aus dem Schulsystem hin zum Berufs(erst)ausbildungssystem" zu gewährleisten. Als zentrale Anliegen können „die Erhöhung der Berufsausbildungsfähigkeit der Jugendlichen durch vorgelagerte oder begleitende ‚Nachreifeprozesse' oder die Steigerung der Bereitschaft von Unternehmen, Lehrlinge auszubilden, etwa durch Lehrlingsförderungen" betrachtet werden (Stadlmayr et al. 2011, S. 334). Insbesondere auf Angebote für diese benachteiligten und marginalisierten Jugendlichen an der ersten Schwelle wird im Rahmen dieses Beitrages noch näher eingegangen werden.

Die zweite Schwelle nimmt den Übergang von der Berufsausbildung in die qualifizierte Erwerbsarbeit in den Blick. Beispielsweise kann hier beobachtet werden, dass Lehrbetriebe die Jugendlichen bzw. jungen Erwachsenen nach der absolvierten Lehrlingsausbildung nicht in den Regelbetrieb übernehmen. An ihrer Stelle werden neue Lehrlinge aufgenommen, die kostengünstiger sind oder gefördert werden. An dieser Stelle muss jedoch darauf verwiesen werden, dass der soziale Wandel das klassische Zwei-Schwellen-Modell aufgeweicht hat. Oftmals ist zu beobachten, dass Übergänge entlang von „Stationen" verlaufen (z. B. Berufsvorbereitungslehrgänge/-maßnahmen, Praktika, Abbrüche, Erwerbsarbeitslosigkeit) (vgl. Rahn/Kettschau 2008 zit. nach Stadlmayr et al. 2011, S. 334).

Das Netzwerk Berufliche Assistenz (NEBA)

Martina Stadlmayr et al. (2011, S. 333) verweisen darauf, dass die „Ursachen, keinen Sekundarabschluss II zu erlangen (…) vielfältig" sind. In diesem Kontext differenzieren Mario Steiner und Elfriede Wagner (2007, S. 333) „zwischen systembedingten Dropoutursachen (früh selektierendes Schulsystem, Lehrstellenlücke etc.) und individuellen Problemlagen jugendlicher Dropouts (Schulverweigerung, Lern- und Vermittlungshindernisse etc.). Dabei ist das Dropoutrisiko in Österreich stark nach sozialer Herkunft und soziodemographischen Merkmalen ungleich verteilt". Diese Ausführungen beziehen sich zwar generell auf die Sekundarstufe II, sind aber insbesondere auch im Kontext der Lehrlingsausbildung von Relevanz.

In weiterer Folge soll daher auf konkrete Angebote eingegangen werden, welche einen gelingenden Übergang vom Pflichtschulsystem in die Lehrlingsausbildung ermöglichen können. Fokussiert wird das Netzwerk Berufliche Assistenz (NEBA), eine „Dachmarke für das ausdifferenzierte und bedarfsgerechte Instrumentarium zur Unterstützung von Menschen mit Behinderung und anderen benachteiligten Gruppen, die bezahlte Arbeit am regulären Arbeitsmarkt sicherstellen und erhalten sollen" (BMASK 2015, S. 3). Somit stellt dieses Netzwerk „einen zentralen und bestimmenden Faktor der österreichischen Arbeitsmarktpolitik" dar (ebd., S. 3). Der Begriff NEBA inkludiert folgende fünf berufliche Assistenzen: das Jugendcoaching, die Produktionsschule, die Berufsausbildungsassistenz, die Arbeitsassistenz und das Jobcoaching (vgl. ebd., S. 3). Exemplarisch soll in weiterer Folge auf das Jugendcoaching und die Berufsausbildungsassistenz im Detail eingegangen werden.

Jugendcoaching

Dieses NEBA-Angebot stellt das „Kernprojekt einer umfassenden Gesamtstrategie zur Bekämpfung der Jugendarbeitslosigkeit" (ebd., S. 8) dar und soll die Ausgrenzung von Jugendlichen am Weg von der Pflichtschule in die weiterführende (Berufs-)Ausbildung bzw. in den Erwerbsarbeitsmarkt durch entsprechende Angebote verhindern. Die Zielsetzung des Jugendcoachings besteht darin, Jugendliche so lange wie möglich im (Aus-)Bildungssystem zu halten und somit durch höhere und qualifiziertere Abschlüsse ihre Chancen am Erwerbsarbeitsmarkt zu verbessern. Durch Prävention sollen Abbrüche vermieden und Jugendliche, die sich bereits außerhalb des Systems Schule – Beruf befinden, mit Hilfe entsprechender Angebote integriert werden. Damit sollen ausgrenzungsgefährdete sowie bereits ausgegrenzte Jugendliche die Befähigung erlangen, selbst zu entscheiden, welche (Aus-)Bildung nach Absolvierung der Pflichtschule die für sie individuell passende ist (vgl. ebd., S. 8). „Mit Jugendcoaching soll eine flächendeckende und nahtstellenübergreifende Beratung, Begleitung und Betreuung vom Ende der Pflichtschulzeit bis zur nachhaltigen Integration in ein weiterführendes (Aus-)Bildungssystem erfolgen" (ebd., S. 8). Die Jugendcoaches vernetzen sich mit den vorhandenen Angeboten (z. B. Sozialministeriumsservice, Arbeitsmarktservice, Sozialpartner). Damit sollen aber nicht die vorhandenen Unterstützungsmöglichkeiten beim Übergang von der Schule in den Beruf – wie beispielsweise die Schulsozialarbeit oder der schulpsychologische Dienst – ersetzt werden (vgl. ebd., S. 8). Vielmehr versteht sich das Jugendcoaching als subsidiäres und freiwilliges Angebot, um den Weg „in ein Lehrverhältnis, eine berufliche Qualifizierung, und/oder eine Integration in den ersten Arbeitsmarkt sicherzustellen bzw. um bei individuellen Problemlagen Orientierungshilfen zu entwickeln" (ebd., S. 9).

Die Zielgruppe für diese NEBA-Leistung sind Jugendliche ab dem 9. Schulbesuchsjahr sowie Personen bis zur Vollendung des 19. Lebensjahres infolge eines frühzeitigen Ausbildungsabbruchs. Insbesondere sollen jene SchülerInnen unterstützt werden, welche durch individuelle Beeinträchtigungen und soziale Benachteiligungen der Gefahr ausgesetzt sind, frühzeitig die Schule abzubrechen und dadurch die Sekundarstufe I und/oder II nicht abschließen. In Einzelfällen besteht die Möglichkeit, dass junge Erwachsene bis zum vollendeten 21. Lebensjahr betreut werden. Weiters steht das Jugendcoaching Personen mit sonderpädagogischem Förderbedarf, Menschen mit Lernbehinderung bzw. sozialen und emotionalen Beeinträchtigungen bis zum vollendeten 24. Lebensjahr zur Verfügung. Das Jugendcoaching beginnt im Schulsystem mit der Identifizierung ausgrenzungsgefährdeter Jugendlicher ab dem individuellen 9. Schulbesuchsjahr. Damit sollen diese Jugendlichen innerhalb des Systems laufend betreut werden und die für sie individuell notwendige Unterstützung erhalten. Aber auch systemfernen Jugendlichen oder jenen, die sich zwar (noch) in einer Ausbildung befinden, jedoch von einem Drop-out bedroht sind, muss es ermöglicht werden, das Jugendcoaching in Anspruch zu nehmen (vgl. ebd., S. 9).

Die Grundlage für dieses NEBA-Angebot stellt ein modulares 3-Stufen-Modell dar, gegliedert in die Bereiche Erstgespräch (Stufe 1), Beratung mit Case Management Ansatz (Stufe 2) und Begleitung im Sinne des Case Management (Stufe 3) (vgl. BMASK 2012, S. 4; BMASK 2015, S. 10). Folgen wir Michael Galuske (2013, S. 201 zit. nach Lowy 1988, S. 31), so hat Case Management „die Kernfunktion, den Klienten-Systemen (einzelnen Menschen, Familien und ihren Angehörigen, Kleingruppen, Nachbarn, Freunden usw.) in koordinierter Weise Dienstleistungen zugänglich zu machen, die von ihnen zur Lösung von Problemen und zur Verringerung von Spannungen und Stress benötigt werden". Das Jugendcoaching zielt darauf ab, den Jugendlichen Perspektiven aufzuzeigen. Die Jugendlichen eruieren gemeinsam mit den Coaches ihre Stärken und Fähigkeiten und erarbeiten auf dieser Grundlage einen Entwicklungsplan. Im Jahr 2016 wurden in Summe 45.132 Jugendliche – das entspricht einer Steigerung um 15 % gegenüber dem Jahr 2015 – (davon 25.736 männlich und 19.396 weiblich) vom Jugendcoaching in den Stufen 1 bis 3 erreicht. An dieser Stelle sei auch erwähnt, dass im Jahr 2016 insgesamt 39.940 Neueintritte (davon 42,2 % weiblich) erfolgten (vgl. BMASK 2017, S. 62).

Im Rahmen der Stufe 1 erhalten die identifizierten Jugendlichen und deren Erziehungsberechtigte Basisinformationen bei Erstgesprächen. Dabei sollen ein Vertrauensverhältnis aufgebaut, die aktuelle Situation im Sinne einer Anamnese sowie Erwartungshaltungen und Vorstellungen abgeklärt und eine Zielvereinbarung erarbeitet werden. Somit wird ein verbindliches Unterstützungsangebot entwickelt und schriftlich fixiert, wer welche Leistung – inkl. Bedingungen und Zeitrahmen – erbringt. Individuell können nach dem Erstgespräch ein Übertritt in die Stufe 2 oder 3, in den (Aus-)Bildungssektor, den Erwerbsarbeitsmarkt oder in unterstützende Angebote des Arbeitsmarktservice oder Sozialministeriumsservice initiiert werden (vgl. BMASK 2012, S. 4 f).

In der Stufe 2 erfolgt eine vertiefte Abklärung der Problemlagen, welche einer Ausbildung im Wege stehen sowie der individuellen und familiären Ressourcen. Auch werden die Wünsche und Bedürfnisse der Jugendlichen erarbeitet. Folgende Unterstützungsleistungen werden den Jugendlichen und ihren Angehörigen angeboten: Abklärung der Ist-Situation, Beratungen sowie Entscheidungs- und Orientierungsunterstützung, Berufsorientierung sowie Organisation von Praktika bzw. von Schnuppertagen; auch kann an bestehende begleitende Unterstützungs- und Betreuungsangebote vermittelt werden oder es erfolgt eine abgestimmte und koordinierte Übergabe bzw. Begleitung an/in weiterführende Betreuungs- bzw. (Aus-) Bildungssysteme (beispielsweise eine (über-)betriebliche Lehrausbildung oder AMS-Betreuung) (vgl. ebd., S. 5). Schussendlich kann auf das Abschlussgespräch und die Übergabe der „fachlichen Stellungnahme" (Abschlussbericht) des Jugendcoaches verwiesen werden. Die Beratung der Stufe 2 ist vor allem für Jugendliche gedacht, „die mehr als Erstgespräche benötigen, aber keine verfestigten mehrdimensionalen Problemlagen haben" (ebd., S. 5).

„Jugendliche mit besonderem Unterstützungsbedarf, welcher über die Beseitigung schulischer Defizite und Orientierungslosigkeit hinausgeht, werden nach Erkennen der Problemlage (im Rahmen der Erstgespräche) direkt an die Stufe 3 – Begleitung im Sinne eines Case Management – weitergeleitet" (ebd., S. 6). Auf der Grundlage der Anamnese, der Datenerhebung und der Zielvereinbarung im Zuge der Erstgespräche erfolgen folgende Leistungsangebote: Zielvereinbarung umsetzen, prozesshafte Abklärung, Berufsorientierung sowie das Organisieren von Praktika und Kontakthalten zu Betrieben, Stärken-Schwächen-Analyse sowie Neigungs- und Fähigkeitsprofil, das Inanspruchnehmen von „externen" Beratungs- und Betreuungsleistungen, das Einbeziehen des familiären sowie sozialen Umfeldes und das Abschlussgespräch inkl. der Übergabe eines Abschlussberichtes (vgl. ebd., S. 6). „Im Rahmen der Begleitung im Sinne eines Case Management wird mit einer Vielzahl an Methoden und Qualitätskriterien auf die individuellen Bedürfnisse der Jugendlichen eingegangen. Die Selbstbestimmung der Jugendlichen soll gestärkt werden (Empowerment)" (ebd., S. 6).

Andreas Jesse (2015, S. 245) resümiert dieses NEBA-Angebot wie folgt: „Mit dem Jugendcoaching ist es in Zeiten arbeitsmarktpolitischer Krisen gelungen, Jugendlichen bzw. jungen Erwachsenen aus der Zielgruppe, Perspektiven und Chancen auf Entwicklungsmöglichkeiten sowie eine Ausbildung zu geben. In diesem Kontext wurden in den letzten Jahren am Übergang Schule – Beruf zahlreiche Angebote entwickelt und weiter ausgebaut. Das Jugendcoaching zählt dabei zu einem Kernprojekt der österreichischen Arbeitsmarktpolitik für Jugendliche".

Berufsausbildungsassistenz

Das Ziel der Berufsausbildungsassistenz nach § 8b BAG besteht darin, benachteiligte Jugendliche mit persönlichen Vermittlungshindernissen besser in das Berufsleben einzugliedern. „Die Berufsausbildungsassistenz verfolgt die Zielsetzung, den Jugendlichen durch geeignete Angebote der Vorbereitung, Unterstützung und Begleitung einen erfolgreichen Abschluss der gewählten Ausbildung zu ermöglichen und somit den Rahmen für eine längerfristige Eingliederung in den Regelarbeitsmarkt zu schaffen" (BMASK 2015, S. 14). Das Jugendcoaching hat in diesem Kontext die so genannte „Gate Keeping Funktion". D. h. die Zugehörigkeit zur Zielgruppe ist gegeben, wenn das Jugendcoaching mindestens der Stufe 2 eine Maßnahme nach § 8b BAG vorsieht (vgl. ebd., S. 14).

§ 8b Abs. 1 BAG normiert in diesem Kontext, dass zur „Verbesserung der Eingliederung von benachteiligten Personen mit persönlichen Vermittlungshindernissen in das Berufsleben (…) am Beginn oder im Laufe des Lehrverhältnisses im Lehrvertrag eine gegenüber der für den Lehrberuf festgesetzten Dauer der Lehrzeit (…) längere Lehrzeit vereinbart werden [kann; Anm. M.K.]. Die sich auf Grund der Lehrberufsliste ergebende Lehrzeit kann um höchstens ein Jahr, in Ausnahmefällen um bis zu zwei Jahre, verlängert werden, sofern dies für die Erreichung der Lehrabschlussprüfung notwendig ist". § 8b Abs. 2 BAG regelt die „Teilqualifikation durch Einschränkung auf bestimmte Teile des Berufsbildes eines Lehrberufes, allenfalls unter Ergänzung von Fertigkeiten und Kenntnissen aus Berufsbildern weiterer Lehrberufe (…). In der Vereinbarung sind jedenfalls die zu vermittelnden Fertigkeiten und Kenntnisse und die Dauer der Ausbildung festzulegen. Die Dauer dieser Ausbildung kann zwischen einem und drei Jahren betragen".

Als Zielgruppe werden Personen gem. § 8b Abs. 4 BAG definiert (vgl. BMASK 2015, S. 14), welche „am Ende der Pflichtschule sonderpädagogischen Förderbedarf hatten und zumindest teilweise nach dem Lehrplan einer Sonderschule unterrichtet wurden". Auch ist diese Ausbildung für Personen gedacht, welche die Hauptschule bzw. die Neue Mittelschule ohne bzw. mit negativem Abschluss verlassen haben. Menschen mit Behinderung im Sinne des Behinderteneinstellungs-gesetzes bzw. des entsprechenden Landesbehindertengesetzes gehören ebenso zur Zielgruppe. Aber auch Personen „von denen aufgrund des Ergebnisses einer vom Arbeitsmarktservice oder Sozialministeriumsservice beauftragen Beratungs-, Betreuungs- oder Orientierungsmaßnahme angenommen werden muss, dass für sie aus ausschließlich in der Person gelegenen Gründen (…) der Abschluss eines Lehrvertrages gemäß § 1 nicht möglich ist".

Die Berufsausbildungsassistenz koordiniert und vernetzt sich mit den Ver-treterInnen von Lehrbetrieben, Ausbildungseinrichtungen, Berufsschulen und sonstigen Einrichtungen, informiert generell über die Ausbildung gem. § 8b BAG, unterstützt in behördlichen Angelegenheiten, begleitet und unterstützt die Aus-zubildenden bei Lehrgängen zur Berufserprobung, informiert die Ausbildungs-betriebe hinsichtlich fördernder Stellen, sensibilisiert und ist für den Prozess bei der Arbeitsplatzsuche sowie die Krisenintervention zuständig (vgl. BMASK 2015, S. 15).

An dieser Stelle soll nochmals darauf hingewiesen werden, dass dem Jugend-coaching die sogenannte „Gate Keeping Funktion" (BMASK 2015, S. 14) zukommt. Grundsätzlich ist zu klären, ob eine verlängerte Lehre (§ 8b Abs. 1) in Form eines Lehrvertrages oder eine Teilqualifikation (§ 8b Abs. 2) in Form eines Ausbildungs-vertrages vereinbart wird. Während der Ausbildungszeit erfolgt die Betreuung und Beratung durch die Berufsausbildungsassistenz, nach dem Abschluss dieser Aus-bildung die Begleitung und Übergabe in ein Folgesystem.

Ende Dezember 2016 absolvierten 7.163 Lehrlinge eine Berufsausbildung gem. § 8b BAG, das sind rund 6,7 % aller Lehrlinge in Österreich. Im Vergleich zum Jahr 2015 entspricht das einem Zuwachs von 376 Personen bzw. 5,5 %. Bemerkenswert sind die besonders starken prozentuellen Zuwächse bei der Lehrzeitverlängerung in Unternehmen. Die überwiegende Mehrheit der § 8b-Lehrlinge (60 %) wurden auch im Jahr 2016 in Unternehmen ausgebildet. An dieser Stelle kann festgehalten werden, dass rund 78 % der § 8b-Lehrlinge im Jahr 2016 ihre Berufsausbildung in Form einer Verlängerung der Lehrzeit und rund 22 % in Form einer Teilqualifizie-rung absolviert haben (vgl. Dornmayr/Nowak 2017, S. 83). Helmut Dornmayr und Sabine Nowak (2017, S. 83) verweisen zusammenfassend darauf, dass die Möglich-keit, die Lehrzeit zu verlängern, „einen besonders wichtigen, innovativen, kom-pensatorischen und fördernden Zugang" aufzeigt.

Resümee

Die Lehrlingsausbildung ist in Österreich nach wie vor von zentraler Bedeutung. Knapp 40 % der Jugendlichen absolvieren ihre berufliche Erstausbildung in diesem Bereich. Der gegenständliche Beitrag setzte sich daher zum Ziel, den Übergang von der Pflichtschule in die Lehrlingsausbildung im Detail zu betrachten. Anhand des klassischen Zwei-Schwellen-Modells wurde skizziert, welche Herausforde-rungen sich in diesem Kontext ergeben. Beim Übergang von Pflichtschul- in das Berufsausbildungssystem ist zu beobachten, dass vor allem in bestimmten Lehrberufen viele Lehrstellensuchende zu wenigen Lehrplätzen gegenüberstehen. Auch entscheiden sich Lehrbetriebe dazu, keine Lehrlinge auszubilden, da UnternehmerInnen vermehrt „Nachreifeprozesse" (z. B. hinsichtlich sozialer Kompetenzen) bei den Jugendlichen orten.

Insbesondere für benachteiligte Jugendliche gestaltet es sich schwierig, eine (passende) Lehrstelle zu finden bzw. in weiterer Folge die berufliche Ausbildung auch positiv abzuschließen. Aus diesem Grund wurde der Fokus auf die Erwerbsarbeitsmarktintegration von benachteiligten und marginalisierten Jugendlichen gelegt und das Netzwerk Berufliche Assistenz (NEBA) vorgestellt. Dabei handelt es sich um eine „Dachmarke", welche insgesamt fünf berufliche Assistenzen – Jugendcoaching, Produktionsschule, Berufsausbildungsassistenz, Arbeitsassistenz, Jobcoaching – vereint. Im vorliegenden Beitrag wurde im Detail auf das Jugendcoaching und die Berufsausbildungsassistenz eingegangen.

Das Jugendcoaching soll die Ausgrenzung von Jugendlichen verhindern, die sich am Weg von der Pflichtschule in die weiterführende (Berufs-)Ausbildung befinden. Zu diesem Zweck gibt es entsprechende Angebote, die vom Erstgespräch über Beratung bis hin zur Begleitung reichen. Die Berufsausbildungsassistenz verfolgt das Ziel, benachteiligten Jugendlichen durch geeignete Angebote einen erfolgreichen Ausbildungsabschluss zu ermöglichen. In diesem Zusammenhang wurde detailliert auf die verlängerte Lehre und die Teilqualifikation eingegangen.

Abschließend kann festgehalten werden, dass es in Österreich ein ausdifferenziertes Angebot für benachteiligte und marginalisierte Jugendliche gibt, welches sich nicht in den NEBA-Leistungen erschöpft. Die Soziale Arbeit leistet in ihren Handlungsfeldern einen professionellen Beitrag. Beispielhaft sei auf die Schulsozialarbeit und die offene Jugendarbeit verwiesen. Jedoch ist zu erwähnen, dass Angebote im Kontext der betrieblichen Sozialarbeit tendenziell ausbaufähig erscheinen.

Literatur

Bundesministerium für Arbeit, Soziales und Konsumentenschutz (BMASK) (2012): Richtlinie Jugendcoaching des Bundesministers für Arbeit, Soziales und Konsumentenschutz zur Durchführung der Maßnahme Jugendcoaching. BMASK – 44101/0013-IV/A/6/2012. Wien.

Bundesministerium für Arbeit, Soziales und Konsumentenschutz (BMASK) (2015): Richtlinie NEBA-Angebote des Bundesministers für Arbeit, Soziales und Konsumentenschutz zur Durchführung der Angebote des „Netzwerks Berufliche Assistenz" – Jugendcoaching, Produktionsschule, Berufsausbildungsassistenz, Arbeitsassistenz und Jobcoaching. BMASK – 44.101/0047-IV/A6/2014. Wien.

Bundesministerium für Arbeit, Soziales und Konsumentenschutz (BMASK) (2017): Jugend und Arbeit in Österreich – Berichtsjahr 2016/17. Stand: September 2017. Wien.

Bundesministerium für Wissenschaft, Forschung und Wirtschaft (BMWFW) (2014): Die Lehre – Duale Berufsausbildung in Österreich. Moderne Ausbildung mit Zukunft. Wien.

Dornmayr, Helmut (2016): Bericht zur Situation der Jugendbeschäftigung und Lehrlingsausbildung in Österreich 2014 – 2015. Ausgewählte Ergebnisse einer ibw-öibf-Studie im Auftrag des Bundesministeriums für Wissenschaft, Forschung und Wirtschaft (BMWFW), ibw research brief, Ausgabe Nr. 93, Juni 2016. Wien.

Dornmayr, Helmut/Nowak, Sabine (2017): Lehrlingsausbildung im Überblick – Sturkurdaten, Trends und Perspektiven, ibw-Forschungsbericht Nr. 190. Wien.

Galuske, Michael (2013): Methoden der Sozialen Arbeit – Eine Einführung. Bearbeitet von Karin Bock und Jessica Fernandez Martinez. Weinheim/Basel: Beltz Juventa Verlag.

Gruber, Elke (2004): Berufsbildung in Österreich – Einblicke in einen bedeutenden Bildungssektor. In: Verzetnitsch, Fritz/Schlögl, Peter/Prischl, Alexander/Wieser, Regine (Hrsg.): Jugendliche zwischen Karriere und Misere – Die Lehrausbildung in Österreich, Innovationen und Herausforderungen. Wien: ÖGB-Verlag, S. 17–38.

Jesse, Andreas (2015): Jugendcoaching als Reformansatz am Übergang Schule – Beruf. In: Wetzel, Konstanze (Hrsg.): Öffentliche Erziehung im Strukturwandel – Umbrüche, Krisenzonen, Reformoptionen. Wiesbaden: Springer VS Verlag, S. 235–246.

Klemenjak, Martin (2017): Niederschwelligkeit und Lehrlingsausbildung – Ein Widerspruch? Reflexionen am Beispiel eines Ausbildungsnetzwerkes. In: Arnold, Helmut/Höllmüller, Hubert (Hrsg.): Niederschwelligkeit in der Sozialen Arbeit. Weinheim/Basel: Beltz Juventa Verlag, S. 132–141.

Ribolits, Erich (1992): Patentrezept „Duales Lehrlingsausbildungssystem"? – Zum Widerspruch zwischen Bildung und Verwertungsinteressen am Beispiel des österreichischen Systems der Facharbeiterausbildung. In: Gruber, Elke/Ribolits, Erich (Hrsg.): Bildung ist mehr … Aufsätze zur beruflichen Qualifizierung. München/Wien: Profil Verlag, S. 73–90.

Ribolits, Erich (2010): Bildung ohne Wert – Wider die Humankapitalisierung des Menschen. Wien: Löcker Verlag.

Stadlmayr, Martina/Lentner, Marlene/Osterkorn, Maria/Ratzenböck-Höllerl, Iris (2011): Unterstützung benachteiligter Jugendlicher an der Schwelle zum Berufsleben. In: Markowitsch, Jörg/Gruber, Elke/Lassnigg, Lorenz/Moser, Daniela (Hrsg.): Turbulenzen auf Arbeitsmärkten und in Bildungssystemen – Beiträge zur Berufsbildungsforschung. Innsbruck/Wien/Bozen: Studienverlag, S. 333–347.

Steiner, Mario/Wagner, Elfriede (2007): Dropoutstrategie – Grundlagen zur Prävention und Reintegration von Dropouts in Ausbildung und Beschäftigung. Wien.

Erna Nairz-Wirth, Klaus Feldmann

Übergang und Bildung

Parallel zum Wirtschaftswachstum (WIFO und Statistik Austria 2018) findet innerhalb der OECD seit Jahrzehnten ein Bildungswachstum statt (OECD 2017). Verglichen mit anderen Ländern liegt Österreich bezüglich des Anteils der Personen mit einem Sekundarschulabschluss im Spitzenfeld, wobei allerdings zwischen maturaführenden und nicht-maturaführenden Schulen unterschieden werden muss. Laut jüngster Hochschulprognose wird bis Mitte der 2030er Jahre über die Hälfte eines Altersjahrgangs (Durchschnitt der 18- bis 19-Jährigen) maturieren. Parallel dazu wird der Anteil der StudienanfängerInnen an der Alterskohorte steigen (Radinger et al. 2017). Dass auch die Bildungsaspirationen in der Familie von dieser Bildungs- und Berufsdynamik bestimmt werden, zeigt sich daran, dass Eltern, die selbst über keine höhere Bildung verfügen und früher nur einen Hauptschulabschluss für ihre Kinder als angemessen fanden, zunehmend einen höheren Bildungsabschluss für ihre Kinder erwarten. Die Erwartung von hohen Bildungsabschlüssen zeigt sich auch bei den Aufnahmekriterien in Berufen (Bruneforth et al. 2016; Kampa et al. 2011; Watermann et al. 2014). Es handelt sich folglich um verbundene Kreisläufe der Wirtschaft, der Bildung und der entsprechenden Erwartungen. Diese Prozesse werden durch die wirtschaftlichen und technologischen Innovationen und durch die Globalisierung beschleunigt. Eine Folge dieser Beschleunigung ist die gestiegene räumliche und berufliche Mobilität (Weiss 2015), aber auch eine ‚immaterielle Mobilität‘ ist entstanden. Letzteres bedeutet, dass die meisten jungen Menschen immer flexibler werden und sich ihre Einstellungen und Verhaltensweisen durch Bildung, Medien, Konsum, Reisen und Joberfahrungen ändern. Die Flexibilisierung und Anpassungsbereitschaft verbreitet sich einerseits als ‚freiwillige‘ Lebenswelterfahrung (Arnett 2004), andererseits durch ‚Zwänge‘, die sich aus den unsicheren Wirtschafts- und Arbeitsmarktbedingungen ergeben (Beck 1986). Diese Flexibilisierung und Unabgeschlossenheit des Lebens- und Berufsverlaufs ist mit Übergängen verbunden. Die gar nicht so weit zurückliegende Zeit der einfachen Übergänge von der Jugend ins Erwachsenenalter und von der Schule in den Beruf, die für die meisten Menschen auch in Österreich galten, kennen Kinder und Jugendliche heute nur mehr aus Erzählungen. Die zunehmende Vielfalt der Übergänge in allen denkbaren Feldern (Gesellschaft, Beruf, Bildung, Medizin, Umwelt, Rechtswesen, Regionen etc.) wird inzwischen als selbstverständlich und fast naturgegeben akzeptiert.

In diesem Text fokussieren wir auf Bildungsübergänge, wie sie in unterschiedlichen Lebensabschnitten stattfinden (Kindheit, Jugend, Erwachsenalter) und durch unterschiedlichste Bedürfnisse und Anforderungen ausgelöst werden können, wie Aus- und Weiterbildung, Berufswünsche, berufliche Positionswechsel, private Veränderungen, Krankheit und Ruhestand (Felden et al. 2014). Dabei existieren unterschiedliche Definitionen von „Übergang", und ähnlich vielfältig sind auch Übergangstheorien, auf die in bildungssoziologischen Arbeiten häufig verwiesen wird:

- Der Ansatz des französischen Ethnologen van Gennep (1986), der den Übergang vom Kind zum Erwachsenen und andere lebensrelevante Situationen als Riten beschreibt, ermöglicht kulturübergreifende Erklärungen. Van Gennep unterscheidet drei Übergangsphasen: eine Trennungs-, eine Schwellen- und eine Integrationsphase.
- Im Gegensatz zu den kulturell vorgegebenen Übergangsriten (van Gennep 1986) heben Glaser und Strauss (1971) die für moderne Gesellschaften charakteristische Eigenaktivität des Individuums hervor, das Statuspassagen durchläuft. Charakteristisch ist auch Flexibilität, also die Möglichkeit, eine Passage auszulassen oder sie zu wiederholen.
- Der Ansatz von Tinto (1993) ist in der US-amerikanischen Hochschulforschung bedeutsam. Tinto unterscheidet wie van Gennep (1986) drei Phasen: In der Trennungsphase erfolgt eine Lösung von früheren Gruppen und Kontexten. In der Transitionsphase i.e.S. ist die Trennung zwar bereits vollzogen, doch die Person ist noch nicht „angekommen" in der neuen Umwelt. In der Integrations- oder Inkorporationsphase hat die Person die Normen der Institution übernommen und zeigt das erwünschte Verhalten.
- Schlossberg und Anderson (2006) haben eine psychologische Übergangstheorie entwickelt, die sich auf vier zentrale Aspekte bezieht: Situation, Selbst, Unterstützung und Strategien. Entscheidend für das Gelingen des Übergangs sind Wahrnehmung und Nutzung von Ressourcen durch das Individuum.

Wir verstehen unter Bildungsübergängen einerseits Wechsel zwischen Institutionen und Organisationen, andererseits Entwicklungsphasen eines Individuums. Übergänge sind folglich verbundene psychische und soziale Prozesse mit relationaler Dynamik. Der Begriff der Relationalität wird sowohl in soziologischen Theorien, z. B. von Pierre Bourdieu, als auch in psychologischen Theorien verwendet. Habitus, ein Zentralbegriff von Bourdieu, ist ein soziologisches Konstrukt, das psychologische Komponenten, Einstellungen und Verhaltensdispositionen einbezieht.

Da jeder Übergang ein relationales und dynamisches Geschehen ist, ist er immer sowohl mit einer Habitus- als auch einer Feldveränderung verbunden. Der

Habitus, ein dauerhaftes einverleibtes Ensemble von Eigenschaften und Kompetenzen, wird in der Familie bzw. in der Primärgruppe entwickelt, d. h. er ist milieuspezifisch und ethnisch differenziert. In Kindergarten und Schule (später in beruflichen Feldern) findet eine Sekundärsozialisation statt. Die im Umgang mit den Strukturen in diesen Feldern gewonnenen Erfahrungen erweitern und überlagern den Primärhabitus. In der Schule trifft dies beispielsweise auf die Kinder zu, die erst lernen müssen, mit neuen und für sie fremden kulturellen Inhalten umzugehen. Studien zeigen die Anpassungsleistung, die „First-in-Family" Studierende (d. h. Studierende aus einer Familie, in der es keinerlei Erfahrungen im hochschulischen Bereich gibt) an Universitäten erbringen müssen. Umgekehrt verändern sich durch die vielfältigen (oftmals nicht-traditionellen) Habitusformen auch die schulischen und hochschulischen Felder (Dynamik von Habitus und Feld). In Schulen, in denen inzwischen die Mehrheit der Kinder einen Migrationshintergrund aufweist, kommt es zu einem Feldwandel, d. h. die Unterrichtsformen, das Lehrerverhalten und die Schulkultur verändern sich, ebenso innerhalb universitärer Studienrichtungen, wenn sich die herkunfts- oder geschlechterspezifische Zusammensetzung der Studierendenpopulation stark verändert.

Schulische Übergänge sind Statuspassagen, die in unterschiedliche Richtungen verlaufen können. Ein Übergang wird dann als „normal" anerkannt, wenn er aufwärts gerichtet ist (Matura oder Studium), während der abwärts gerichtete (Abschulung, Sitzenbleiben, Sonderschule) als defizitorientiert gesehen wird. Auch eine Stagnation (Pflichtschulabschluss) kann als Übergang bezeichnet werden. Ebenso stellt auch der Schulabbruch einen Übergang dar, wobei oft Orientierungslosigkeit und Unsicherheit herrschen, bevor ein neues Ziel gefunden wird.

Die statusmindernden „negativen" Übergänge, die auch durch das Schulsystem hergestellt bzw. ermöglicht werden, werden oft euphemistisch kommentiert: Die Sonderschule ermögliche eine spezifische Förderung von behinderten oder „lernschwachen" Schülerinnen und Schülern, die in der Regelschule mit Problemen zu rechnen hätten. Sitzenbleiben eröffne Chancen, nach einer Verzögerung doch den erwünschten Schulabschluss zu erreichen. Als Beispiele werden Schulabbrecher angeführt, die in Folge zu Millionären wurden. Die Untersuchungen zeigen jedoch, dass Sitzenbleiben, Sonderschulbesuch und Schulabbruch in den meisten Fällen einen benachteiligenden Übergang darstellen, der häufig Kinder aus zugewanderten Familien trifft (Lamote et al. 2014; Geißler 2016; Landauer 2016; Kornmann 2013).

Ein Übergang gilt gemeinhin als gelungen, wenn ein Schüler bzw. eine Schülerin sich im neuen Feld erfolgreich neu einfinden bzw. positionieren kann. Gute Voraussetzungen dafür sind eine Passung des Habitus mit dem neuen Feld bzw. die Anerkennung nicht-traditioneller Habitusformen (Dynamik von Habitus-Feld). Eine positive Habitusentwicklung ergibt sich, wenn das kulturelle Kapital (Wissen, Bildungszertifikate) und das soziale Kapital (förderliche Netzwerke) quantitativ und qualitativ verbessert werden (Nairz-Wirth/Feldmann 2018). Während die schulischen Optionen und Übergänge überschaubar sind, gibt es im tertiären Sektor eine verwirrende Vielfalt.

Allein in Österreich gibt es im tertiären Sektor 22 öffentliche Universitäten, 21 Fachhochschulen, 17 Pädagogische Hochschulen und private Universitäten mit mehr als 1800 Studienangeboten, die nur einen Teil der Vielfalt an Bildungsmöglichkeiten repräsentieren. Bereits 2004 hat das Bundesministerium für Bildung, Wissenschaft und Kultur eine noch unvollständige Liste von 1800 Einrichtungen in der Erwachsenenbildung in Österreich dokumentiert (Bundesministerium für Bildung, Wissenschaft und Kultur 2004). Durch diese Vielfalt der Angebote und die wachsende Zahl der Übergänge gewinnt die Transitions- bzw. Übergangskompetenz im Erwachsenenalter immer mehr an Bedeutung. Je höher die Bildungsstufe, desto vielfältiger werden die Bildungsangebote.

Nachfolgende Abbildung zeigt eine Auswahl der vielfältigen Übergänge im Bildungswesen:

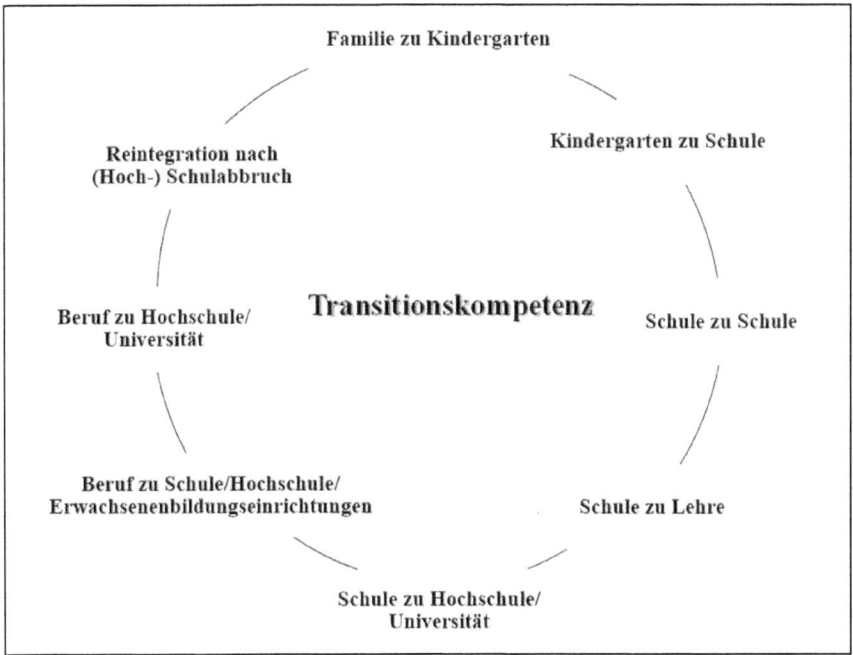

Abbildung 1: Transitionskompetenz und Übergänge im Bildungswesen; eigene Darstellung

Wir leben in einer Wissensgesellschaft mit zunehmender Globalisierung und fachlichen Spezifizierungen, daher wird der tertiäre Bereich auch weiter für die Mehrzahl der jungen Menschen eine immer bedeutsamere Rolle spielen. Durch verlängerte Bildungslaufbahnen, die wachsende Zahl an Institutionen, die immer differenziertere Aus- und Weiterbildungsangebote unterbreiten, nimmt auch der Anteil der Personen zu, die Mehrfachübergänge zu bewältigen haben. Parallel dazu steigt die Bedeutung der Transitionskompetenz, die auch als neue Metakompetenz bezeichnet wird, da sie auf einem Ensemble an Wissen, Einstellungen und Haltungen aufbaut.

Die Fähigkeit, gute Übergangsentscheidungen zu treffen, wird jedoch nicht nur den Individuen abverlangt (SchülerInnen, Studierenden, Berufstätigen), sondern dazu bedarf es auch einer geeigneten Infrastruktur, die in Organisationen und in der Gesellschaft insgesamt aufzubauen ist:

Tabelle 1: Maßnahmen zur Stärkung der Transitionskompetenz; eigene Darstellung

Ebene	Erforderliche Maßnahmen	Spezifische Maßnahmen im Bildungssystem
Individualebene (Persönlichkeit, Individuum)	Stärkung kognitiver Kompetenzen, Fähigkeit, in Gruppen/Organisationen zu arbeiten, Netzwerke zu finden, Entwicklung eines hybriden Habitus als Grundlage, dass sich das Individuum in neuen Feldern zurechtfindet (v. a. Studierende und SchülerInnen aus Famlien mit niedrigem sozioökonomischen Status)	Individualisiertes Lernen, Partizipation der SchülerInnen (Student voices), Einbindung der Eltern in Lern- und Unterrichtsarbeit, Neugestaltung der Rollen der Lehrperson, Unterstützungspersonal, Tutoren- und Mentorenprogramme
Mesoebene (Organisationen, Kollektive, Netzwerke)	Lernende Organisationen, Professionalisierung des Teams, Leitung des Netzwerks, Vernetzung mit anderen Organisationen, Pflege und Aufbau von Sozialkapital	Schulkooperationen und -cluster, Vernetzung von Bildungseinrichtungen, flexible Verbindungen zwischen schulischer und betrieblicher Ausbildung (besonders für Personen, die Schwierigkeiten im Übergang haben: spezifische Trainings- und Auffanginstitutionen)
Makroebene (Staaten, Gesellschaften)	Bewältigung der mehrdimensionalen Dauerkrisen der europäischen Staaten nicht durch EINEN Übergang, sondern durch permanente internationale Übergänge	Schaffung struktureller und finanzieller Rahmenbedingungen für Transitionsberatung und -begleitung ab der frühen Kindheit; Vermeidung von Klassenwiederholungen und Schaffung konstruktiver Alternativen zu Suspendierungen; Implementierung von Maßnahmen zur Vermeidung und Verringerung der Gruppe der Early School Leavers[1] und NEETs[2] auf folgenden Ebenen: Prävention, Intervention, Reintegrations- und Kompensationsmaßnahmen
Denken und Handeln gemäß einem Systemansatz: Bildungssystem als Systemverbund vom Kindergarten an bis zur Universität und den Institutionen des lebenslangen Lernens		

---

1   Als frühe BildungsabbrecherInnen oder Early School Leavers (ESL) werden Jugendliche im Alter von 18 bis 24 Jahren definiert, die sich aktuell nicht in Aus- oder Weiterbildung befinden und keinen Abschluss über die ISCED-1997-Ebene 3C („Pflichtschule") hinaus aufweisen können (Statistik Austria 2018).

2   Jugendliche (15- bis 24-Jährige), die weder erwerbstätig noch in Aus- oder Weiterbildung sind, werden als NEETs (Young people neither in employment nor education or training) bezeichnet (ebd.).

Die folgende Abbildung ist einer aktuellen Hochschulprognoserechnung entnommen und zeigt, dass immer mehr Menschen immer mehr Zeit in Bildungsorganisationen verbringen und auch weiterhin insgesamt mehr Frauen als Männer studieren werden:

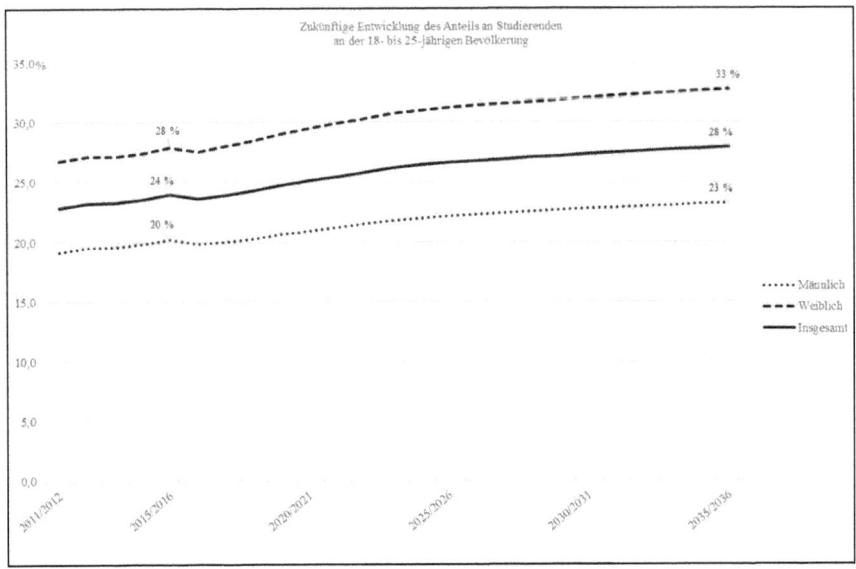

Abbildung 2: Zukünftige Entwicklung des Anteils an Studierenden an der 18- bis 25-jährigen Bevölkerung. Quelle: Radinger et al. (2017); eigene Darstellung

Lebenslanges Lernen wird inzwischen nicht nur als notwendige Strategie für gesellschaftlichen Aufstieg gefordert, sondern auch für die Vermeidung von gesellschaftlichem Abstieg. Die diesen Erwartungen entsprechende Entwicklung zeigt sich an der wachsenden Teilnahme an Aus- und Weiterbildung im Erwachsenenalter. Sechs von zehn Erwachsenen geben an, sich in den letzten zwölf Monaten aus- oder weitergebildet zu haben (Radinger et al. 2017). Je höher die abgeschlossene Ausbildung, umso stärker auch die Teilhabe an Aus- und Weiterbildung:

Menschen, die lediglich einen Pflichtschulabschluss erreicht haben, weisen mit 31 % die niedrigste Teilnahmequote auf. Dies ist ein deutlicher Hinweis auf dauerhaft ungleich verteilte Chancen für berufliches Fortkommen, aber auch auf Diskrepanzen in Erwartungen, Einstellungen und Motivation. Boudon (1974) erklärt diese Ungleichheit im (Weiter-) Bildungsverhalten mit sekundären Herkunftseffekten, d. h. mit schichtspezifisch unterschiedlichen Wahrnehmungen von Kosten und Erträgen. Der Rational-Choice-Ansatz, nach dem Menschen Entscheidungen nutzenmaximierend auf der Basis spezifischer Präferenzen treffen, wurde von anderen Forscherinnen und Forschern theoretisch und empirisch weiter ausdifferenziert. So geht beispielsweise Esser (1999) davon aus, dass eine Weiterbildungsentscheidung getroffen wird, wenn der subjektiv erwartete Nutzen höher ist als die zur Verfügung stehenden Alternativen. Breen und Goldthorpe (1997) rücken das Motiv des Statuserhalts und die Abwägung des Risikos von Abwärtsmobilität

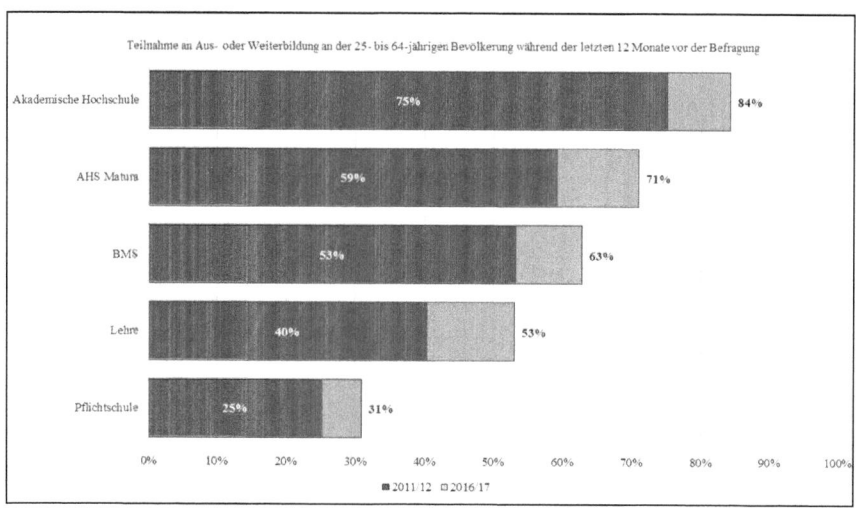

Abbildung 3: Teilnahme an Aus- oder Weiterbildung der 25- bis 64-jährigen Bevölkerung während der letzten 12 Monate vor der Befragung.
Quelle: Statistik Austria (2018); eigene Darstellung

ins Zentrum ihrer Bildungsentscheidungstheorie. Obwohl auch Pierre Bourdieu in seiner relationalen bildungssoziologischen Theorie den Selbstausschluss thematisiert, beschreibt er diesen als Resultat einer verschleierten, den Individuen meist nicht bewussten Dynamik des Zusammenspiels von Habitus, Kapital und der Wirkkraft von Herrschaftsstrukturen (Bourdieu 1998). Diese Strukturen werden auch über das Bildungssystem vermittelt, weil das Prestige und die Organisationsformen (Curriculum, Unterrichtsweisen etc.) einer Bildungseinrichtung (kulturelles und symbolisches Kapital) homolog zum dominanten Milieu der SchülerInnen gestaltet sind (Bourdieu 2005).

Bildungsexpansion geht aber auch mit der Entwertung von Bildungstiteln einher. In diesem Sinne ist die Investition in Bildung ein risikoreiches Unterfangen, gleichzeitig jedoch führt Bildungsarmut (im Sinne nicht erworbener Bildungszertifikate, auch genannt „Zertifikationsarmut") mit hoher Wahrscheinlichkeit in Arbeitslosigkeit oder prekäre Arbeitsverhältnisse. Neben individuellen negativen Folgen (Arbeitslosigkeit, Krankheit, soziale Isolation etc.) entstehen hohe gesellschaftliche Kosten (entgangene Steuereinnahmen, höhere Transferleistungen, geringeres demokratisches Bewusstsein, Gefährdung der sozialen Kohäsion etc.) (Gitschthaler/Nairz-Wirth 2018).

Durch die Titelinflation und den Wandel der Wirtschafts- und Berufsstrukturen ist auch die Verunsicherung im Feld der dualen Berufsausbildung gestiegen. Einerseits streben immer mehr Eltern für ihre Kinder nach höherer Bildung, andererseits haben viele traditionelle Berufe an Prestige und Stabilität verloren. Gleichzeitig sind die Bildungsvoraussetzungen für Lehrberufe gestiegen und die Anzahl der angebotenen Lehrstellen ist gesunken. Letzteres wird u. a. kontrovers im Kontext mangelnder Ausbildungsreife der LehrstellenbewerberInnen diskutiert (Heisler 2014; Lachmayr 2017; Deutscher Industrie- und Handelskammertag (DIKH) 2017).

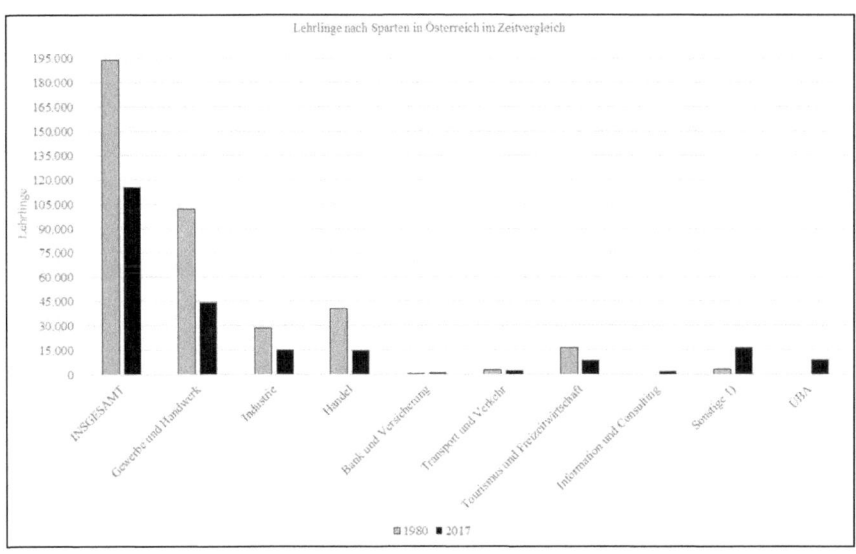

Abbildung 4: Lehrlinge nach Sparten in Österreich im Zeitvergleich.
Quelle: WKO (2018b); eigene Darstellung

Abbildung 4 verdeutlicht, dass vor allem die traditionelle Berufsausbildung an Wert verloren hat. Die Zahl der Lehrlinge ist seit 1980 in Österreich um 40 % gefallen. In den Bereichen mit den meisten Lehrstellen, nämlich Handel, Gewerbe und Handwerk, Industrie, Tourismus und Freizeit sind die höchsten Rückgänge (45 % bis 63 %) zu beobachten. Jüngere Bereiche wie Information und Consulting und Überbetriebliche Lehrwerkstätten beschäftigen mittlerweile 2 % bzw. 8 % der Lehrlinge (rund 2.000 bzw. 9.000).

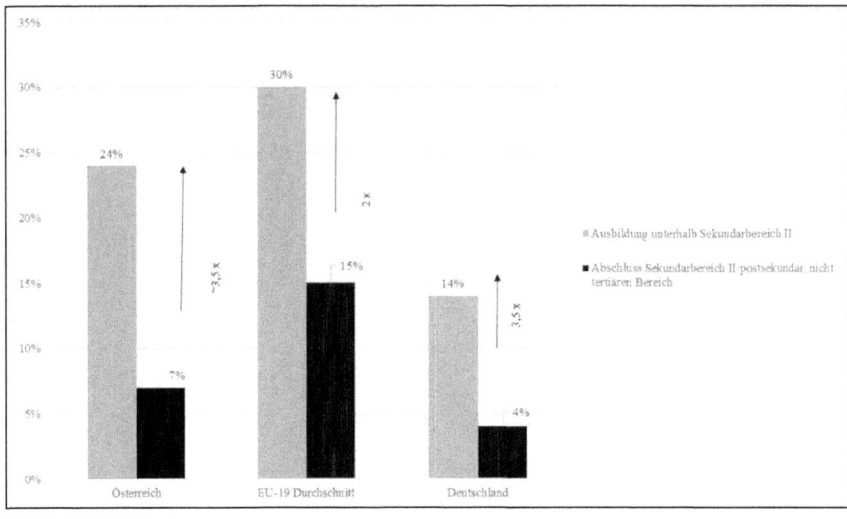

Abbildung 5: Erwerbslos und nicht in Ausbildung: 20- bis 24-Jährige nach Bildungsstand.
Quelle: EUROSTAT (2018); eigene Darstellung

Die Bildungsexpansion hat nicht nur für gering qualifizierte Personen negative Auswirkungen. Auch unter den akademisch Gebildeten hat sich der Wettbewerb am Arbeitsmarkt (Mayerl 2017; Biffl 2000) intensiviert; diese sind häufiger arbeitslos als noch vor 10 bis 20 Jahren. Häufig wird ein so genannter „skills-mismatch" als Ursache angeführt (Vogtenhuber und et al. 2017; Mayerl 2017), womit gemeint ist, dass die Fähigkeiten und Kompetenzen („skills") der Arbeitskräfte nicht mit der Nachfrage am Arbeitsmarkt übereinstimmen. Vielfach werden Fachkraft-Engpässe durch Investitionen in Aus- und Weiterbildung seitens der Unternehmen ausgeglichen (WKO 2018a); andererseits kann der Begriff „skills-mismatch" auch Situationen beschreiben, in denen zwar genügend Personen mit der nachgefragten Qualifizierung am Arbeitsmarkt vorhanden wären, diese jedoch – unter gegebenen Rahmenbedingungen – nicht bereit sind, eine Anstellung einzugehen (Richardson 2007). Eine andere Annahme geht davon aus, dass strukturelle Arbeitslosigkeit nicht auf einen „skills-mismatch", sondern auf mikroökonomische Faktoren wie veränderte Arbeitsmarktmechanismen oder betriebswirtschaftliche Orientierungen zurückzuführen ist (Biffl 2000; Cedefop 2018).

Zwar variieren die Chancen am Arbeitsmarkt für Personen mit einem berufsbildenden (Lehrabschluss, berufsbildende mittlere und höhere Schulen) oder mit akademischem Abschluss nach Fachrichtung und Geschlecht, doch das Risiko, nicht im Erwerbsleben verankert zu sein, ist für Geringqualifizierte nach wie vor am höchsten. Die Wahrscheinlichkeit, arbeitslos zu werden, sinkt mit zunehmendem Bildungsstatus deutlich (Arbeitslosenquote Akademiker: 3,2 %; Arbeitslosenquote von Personen mit Pflichtschulabschluss: 23,7 % (Stand: März 2018). Es scheint somit klug, sich für ein Studium zu entscheiden und es auch abzuschlie-

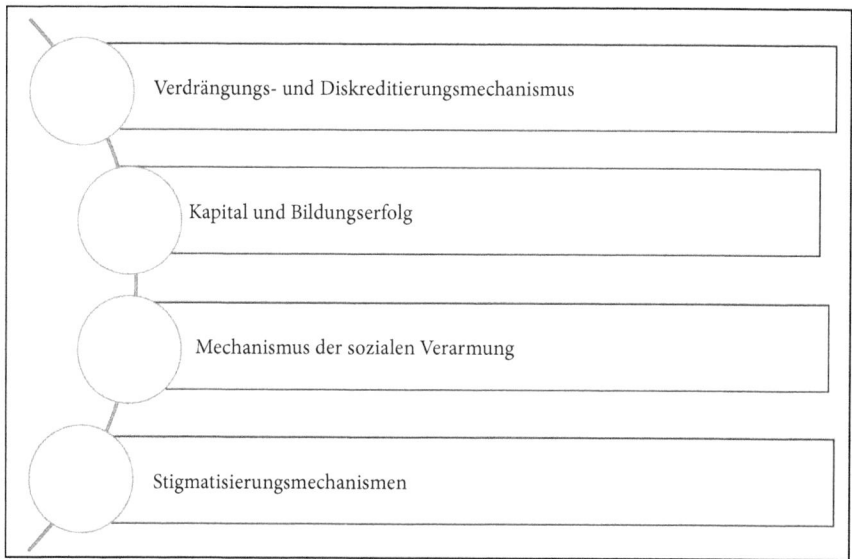

Abbildung 6: Theoretische Ansätze zur Erklärung der hohen Ausgrenzungsgefährdung gering qualifizierter Personen (Bildungsarmut gemessen an fehlenden Bildungszertifikaten).
Quellen: Solga (2011); Reay (2017); Bourdieu (2005); Goffman (1975); Adler (2011); Nairz-Wirth (2011a); eigene Darstellung

ßen, selbst wenn die Berufsaussichten bei einem Teil der Studiengänge unsicher sind (Lenzen 2014; AMS 2018).

Abbildung 5 illustriert den jeweiligen Anteil an der Gruppe der 20- bis 24-Jährigen in der Bevölkerung, die sich weder in Ausbildung noch in Beschäftigung befinden (EUROSTAT 2018). Während der linke Balken die Personengruppe ohne Sekundarschulabschluss (Level II) repräsentiert, umfasst der rechte Balken jene mit mindestens einer abgeschlossenen Sekundarschulausbildung (Level II). Erwartungsgemäß ist die geringer qualifizierte Gruppe innerhalb der EU deutlich stärker ausgrenzungsgefährdet, nämlich doppelt so hoch wie die Gruppe mit mindestens einem Sekundarschulabschluss. Bemerkenswert ist, dass Geringqualifizierte in Deutschland und Österreich gemessen am EU-Durchschnitt einem überdurchschnittlich hohen Risiko ausgesetzt sind. Um dieses Phänomen erklären zu können, sind mikro- und makrosoziologische Erklärungsansätze hilfreich (Solga 2011).

Mikroökonomische Erklärungsansätze

Geringqualifizierte sind heute auf offene, vielfach deregulierte labile Arbeitsmärkte angewiesen. Die Entlohnung ist gering, der Arbeitsplatz ist unsicher und die Chancen der Weiterbildung und -qualifizierung sind kaum gegeben.

VERDRÄNGUNGSMECHANISMUS: Die Schrumpfung des Industriesektors, ökonomische und technologische Fortschritte sowie die Verlagerung von Produktionsbereichen ins Ausland führten zu einem Abbau von Arbeitsplätzen für Geringqualifizierte. Seit den 1970er Jahren hat sich durch die Bildungsexpansion das Angebot an hoch qualifizierten BewerberInnen stark erhöht. Durch das Überangebot an höher Qualifizierten sind auch diese teilweise gezwungen, Einfacharbeitsplätze anzunehmen. Es kommt somit zu einer Verdrängung der Geringqualifizierten. Diese Verdrängung verschärft sich, da Teilzeitbeschäftigungen zugenommen haben, im Bereich der einfachen Arbeiten ein relativ großer Schwarzmarkt existiert und ausländische Unternehmen, die geringe Löhne zahlen, entsprechende Arbeiten übernehmen. Die Verdrängungsthese erklärt aber nicht, warum Unternehmen selbst bei Arbeitskräftemangel heute weitaus weniger bereit sind, Geringqualifizierte einzustellen.

DISKREDITIERUNGSMECHANISMUS (Diskreditierung Geringqualifizierter als „Unfähiger"): Die Erwartungen der Arbeitgeber bezüglich Qualifikation und Leistung von ArbeitnehmerInnen sind in den vergangenen Jahrzehnten parallel mit der zunehmend verbesserten Bildung großer Teile der Bevölkerung gestiegen. Geringqualifizierte werden somit schlechter bewertet, ihnen werden grundlegende Kompetenz- und Motivationsmängel unterstellt. Unternehmen vermeiden folglich, Geringqualifizierte anzustellen, auch wenn Stellen frei sind.

Ein verbreitetes Vorurteil lautet folglich: zertifikatsarm bedeutet kompetenzarm.

Soziologische Erklärungsansätze

KAPITAL UND BILDUNGSERFOLG: Der Zusammenhang zwischen Bildung und sozialer Herkunft ist vielfach nachgewiesen, doch er hängt auch von der Gestaltung des Bildungswesens ab. In Österreich ist die Bildungsvererbung besonders stark. Kinder aus privilegierten Familien haben immer noch weitaus bessere Chancen, einen höheren Bildungsabschluss zu erreichen. Dies ergibt sich vor allem aufgrund der im Vergleich mit den meisten anderen Staaten frühen, nämlich nach der vierten Schulstufe (ca. mit 10 Jahren), Aufteilung in verschiedene Schultypen.

MECHANISMEN DER SOZIALEN VERARMUNG (NETZWERKARMUT): Die Aufteilung der SchülerInnen auf Neue Mittelschulen und Gymnasien erfolgt aufgrund der sozialen Herkunft und schulleistungsrelevanter Kompetenzen. Außerdem differenzieren sich die Schulen durch die Segregation, d. h. die Entmischung der Wohngebiete. Durch diese statusbezogene Trennung der SchülerInnen erwerben die schon durch ihre Herkunft und Sozialisation benachteiligten Kinder und Jugendlichen weniger Sozialkapital, d. h. sie sind weniger in Bildungs- und Berufserfolg steigernde Netzwerke integriert. Soziale Beziehungen sind eine wichtige Ressource für eine erfolgreiche Arbeitssuche und den Zugang zu Arbeit (Lin et al. 2017; Granovetter 1973).

STIGMATISIERUNGSMECHANSIMEN: Wenn statusniedrige Gruppen kleiner werden, dann nimmt deren Stigmatisierung zu. Mit der Abnahme des relativen Anteils an gering qualifizierten Personen durch die Bildungsexpansion verstärkten sich auch die Vorurteile gegenüber dieser Gruppe. Das Vorurteil, dass Misserfolg in der Schule vorwiegend der Motivation und der „Begabung" des Schülers/der Schülerin zuzuschreiben sei, ist nach wie vor weit verbreitet. Den Betroffenen wird zudem überwiegend die Schuld für den Abbruch ihrer Schullaufbahn zugeschrieben. Geringe Bildung wird so zu einem Stigma-Symbol.

Viele Studien zeigen, dass schulische Misserfolgserlebnisse das Selbstbild beschädigen, insbesondere wenn wenige ökonomische und kulturelle Ressourcen aus der Herkunftsfamilie zur Verfügung stehen und die Bildungsinstitutionen diese nicht mit unterstützenden Maßnahmen zu kompensieren vermögen (Mallman 2016; Nairz-Wirth 2011b; Nairz-Wirth et al. 2014; Downes et al. 2017). Stigmatisierung durch Dritte wird inkorporiert und Selbststigmatisierung ist die Folge, wodurch ein Vermeidungsverhalten bei Leistungsanforderungen entstehen kann. Solga (2011) spricht in diesem Zusammenhang von „Leistungsschwäche als soziale Identität", da SchulabbrecherInnen wahrnehmen, dass sie von anderen Personen als stigmatisierte Gruppe kategorisiert und charakterisiert werden. Darauf entwickeln sie eine Strategie, Situationen zu vermeiden, die ein Misserfolgsrisiko bergen. Ein langsamer Prozess des resignativen Rückzugs aus dem Bewerbungs-, Bildungs- und Arbeitsprozess beginnt (Nairz-Wirth et al. 2014).

Zusammenfassung und Ausblick

Ökonomisches und Bildungswachstum laufen seit Jahrzehnten parallel. Das ökonomische Wachstum hat sich abgeschwächt, während das Bildungswachstum nach wie vor ungebrochen weitergeht. Selbstverständlich sind alle Vorhersagen problematisch. Doch auch wenn das Wirtschaftswachstum zum Stillstand käme, würde sich der Druck, über Bildung gute Positionen zu erringen, nicht verringern. Die Vielfalt der Bildungs- und Berufsangebote ist bisher ständig gestiegen. Schon jetzt fallen vielen jungen Menschen die Entscheidungen schwer. Orientierungsprobleme sind weit verbreitet, und Bildungsübergänge treten unter den Bedingungen der Wirtschafts- und Arbeitsmarktdynamik immer häufiger auf. Flexible Persönlichkeit und hybrider Habitus werden zu Idealen, sind aber auch in der Realität immer häufiger aufzufinden. „Positive" und „negative" Bildungsübergänge werden im Kontext beruflicher Tätigkeiten und lebenslangen Lernens zu normalen Erscheinungen im gesamten Lebenslauf.

Die Nachteile dieses dynamischen gesellschaftlichen Prozesses müssen vor allem die Geringqualifizierten tragen, die der Verdrängung am Arbeitsmarkt, der Diskreditierung und Stigmatisierung ausgeliefert sind. Um diese Benachteiligung zu minimieren, muss schon frühzeitig interveniert werden, nämlich im vorschulischen Bereich. Doch auch schulische und die tertiäre Bildung betreffende Hilfs- und Kompensationsprogramme sind erforderlich.

Literatur

Adler, Susan Matoba (2011): Teacher epistemology and collective narratives. Interrogating teaching and diversity. In: Teaching and Teacher Education 27 (3), S. 609–618.

AMS (2018): Arbeitsmarktdaten im Kontext von Bildungsabschlüssen. AMS. Wien.

Arnett, Jeffrey J. (2004): Emerging adulthood: The winding road from the late teens through the twenties. New York: Oxford University Press.

Beck, Ulrich (1986): Risikogesellschaft. Auf dem Weg in eine andere Moderne. 22. Aufl. Frankfurt am Main: Suhrkamp Verlag.

Biffl, Gudrun (2000): Der Arbeitsmarkt der Akademiker in Österreich im Wandel. Implikationen für das Finanzierungssystem der Universitätsausbildung. WIFO. Wien.

Boudon, Raymond (1974): Education, Opportunity, and Social Inequality. New York: Wiley.

Bourdieu, Pierre (1998): Praktische Vernunft: Zur Theorie des Handelns. 1. Aufl. Frankfurt am Main: Suhrkamp Verlag.

Bourdieu, Pierre (2005): Die verborgenen Mechanismen der Macht. Schriften zu Politik und Kultur 1. Unveränderter Nachdruck der Erstauflage von 1992. Hamburg: VSA-Verlag.

Breen, Richard/Goldthorpe, John H. (1997): Explaining Educational Differentials. Towards a Formal Rational Action Theory. In: Rationality and Society 9 (3), S. 275–305.

Bruneforth, Michael/Lassnig, Lorenz/Vogtenhuber, Stefan/Schreiner, Claudia/Simone, Breit (Hrsg.) (2016): Nationaler Bildungsbericht Österreich 2015, Band 1. Das Schulsystem im Spiegel von Daten und Indikatoren. Graz: Leykam.

Bundesministerium für Bildung,Wissenschaft und Kultur (Hg.) (2004): OECD-Länderprüfung über Erwachsenenbildung I. Hintergrundbericht Österreich. Wien.

Cedefop (2018): Insights into skill shortages and skill mismatch. Learning from Cedefop's European skills and jobs survey. Luxembourg: Publications Office (Cedefop reference series, 106).

Deutscher Industrie- und Handelskammertag (DIKH) (2017): Ausbildung 2017. Ergebnisse einer DIHK-Online-Unternehmensbefragung. DIKH. Berlin.

Downes, Paul/Nairz-Wirth, Erna/Rusinaitė, Viktorija (2017): Structural Indicators for Inclusive Systems in and around Schools. Analytical Report. Luxembourg: Publications Office of the European Union. [online] http://nesetweb.eu/wp-content/uploads/2015/08/Structural-Indicators-.pdf [26.01.2017].

Esser, Hartmut (1999): Soziologie: Spezielle Grundlagen. Bd. 1: Situationslogik und Handeln. Frankfurt am Main: Campus Verlag.

EUROSTAT (2018): Unemployment rates by sex, age and educational attainment level (%). Hg. v. EUROSTAT, [11.04.2018].

Felden, Heide/Schäffter, Ortfried/Schicke, Hildegard (2014): Denken in Übergängen. Weiterbildung in transitorischen Lebenslagen. Wiesbaden: Springer Fachmedien Wiesbaden.

Geißler, Rainer (2016): Verschenkte Bildungsressourcen und ihre Ursachen leistungsfremder sozialer Filter, tendenzielle Unterschichtung und unterentwickelte Förderkultur. In: Siegen: Sozial (1), S. 20–29.

Gennep, Arnold van (1986): Übergangsriten (Les rites de passage). Frankfurt/Main, New York: Campus Verlag.

Gitschthaler, Marie/Nairz-Wirth, Erna (2018): The individual and economic costs of early school leaving. In: Praag, Lore van/Nouwen, Ward/Caudenberg, Rut van/Clycq, Noel/Timmerman Christiane (Hg.): Comparative Perspectives on Early School Leaving in the European Union. Milton: Routledge (Routledge Research in International and Comparative Education Ser), S. 61–74.

Glaser, Barney G./Strauss, Anselm L. (1971): Status passage. London: Routledge & Kegan Paul (International library of sociology and social reconstruction).

Goffman, Erving (1975): Stigma. Über Techniken d. Bewältigung beschädigter Identität. Frankfurt (am Main): Suhrkamp.

Granovetter, Mark S. (1973): The Strength of Weak Ties. In: Am J Sociol (7), S. 1360–1380.

Heisler, Dietmar (2014): Berufsorientierung im Spannungsfeld von Bildung und Marketing. In: Berufs- und Witschaftspädagogik – online (bwp@) (27), S. 1–23. [online] http://www.bwpat.de/ausgabe27/heisler_bwpat27.pdf [09.05.2018].

Kampa, Nele/Kunter, Mareike/Maaz, Kai/Baumert, Jürgen (2011): Die soziale Herkunft von Mathematik-Lehrkräften in Deutschland. Der Zusammenhang mit

Berufsausübung und berufsbezogenen Überzeugungen bei Sekundarstufenlehrkräften. In: Zeitschrift für Pädagogik 57 (1), S. 70–92. [online] urn:nbn: de:0111-opus-87033 [18.05.2015].

Kornmann, Reimer (2013): Die Überrepräsentation ausländischer Kinder und Jugendlicher in Sonderschulen mit dem Schwerpunkt Lernen. In: Georg Auernheimer (Hg.): Schieflagen im Bildungssystem: Die Benachteiligung der Migrantenkinder. Wiesbaden: Springer Fachmedien Wiesbaden, S. 71–85.

Lachmayr, Norbert (2017): Die Lehre aus Sicht der Lernenden. Lehrlinge als neue Anspruchsgruppe im Qualitätsdiskurs beruflicher Lernprozesse. In: Schlögl, Peter/Stock, Michaela/Moser, Daniela/Schmid, Kurt (Hg.): Berufsbildung, eine Renaissance? Motor für Innovation, Beschäftigung, Teilhabe, Aufstieg, Wohlstand. Die Lehre aus Sicht der Lernenden. Lehrlinge als neue Anspruchsgruppe im Qualitätsdiskurs beruflicher Lernprozesse. Unter Mitarbeit von Norbert Lachmayr. Bielefeld, S. 241–252.

Lamote, Carl/Pinxten, Maarten/ Noortgate, van den Wim/ Damme, van Jan (2014): Is the cure worse than the disease? A longitudinal study on the effect of grade retention in secondary education on achievement and academic self-concept. In: Educational Studies 40 (5), S. 496–514.

Landauer, Doris (2016): Bildungsarmut und ihre lebenslangen Folgen: Übersicht und Aufbereitung empirischer Studien im Rahmen des Projektes „Unentdeckte Talente" des AMS Wien. In: AMS info (343).

Lenzen, Dieter (2014): Bildung statt Bologna! Berlin: Ullstein.

Lin, Nan et al. (Hg.) (2017): Social Capital. Theory and Research. Unter Mitarbeit von N. Lin, K. Cook und R. S. Burt: Taylor & Francis. [online] https://books. google.at/books?id=u_KTkBHY_kgC&printsec=frontcover&dq=lin+ et+al.+social+capital+theory+and+research+2017&hl=de&sa=X&ved=0ahU KEwib-bnt_fjaAhXGI1AKHTG5C5kQ6AEIJzAA#v=onepage&q&f=false [09.05.2018].

Mallman, Mark (2016): Not entirely at home. Upward social mobility and early family life. In: Journal of Sociology 53 (1), S. 18–31.

Mayerl, Martin (2017): Über das Missverhältnis von Qualifikationen und Anforderungen am Arbeitsplatz: Eine theoretische Reflexion und empirische Untersuchung zu Qualifikations- und Skills-Mismatch am österreichischen Arbeitsmarkt. Dissertation.

Nairz-Wirth, Erna (2011a): Early School Leaving: Stigma und Diversität. In: Diversitas: Zeitschrift für Managing Diversity und Diversity Studies (01/11), S. 41–49.

Nairz-Wirth, Erna (2011b): Schulabbruch als Stigma. In: Erler, Ingolf/Laimbauer, Viktoria/Sertl, Michael (Hg.): Wie Bourdieu in die Schule kommt. Analysen zu Ungleichheit und Herrschaft im Bildungswesen. Innsbruck-Vienna-Bolzano: Studienverlag (Schulheft, 142), S. 103–114.

Nairz-Wirth, Erna/Feldmann, Klaus (2018): Hochschulen relational betrachtet. In: AQ Austria (Hg.): Durchlässigkeit in der Hochschulbildung. Wien: Facultas, S. 79–94.

Nairz-Wirth, Erna/Gitschthaler, Marie/Feldmann, Klaus (2014): Quo Vadis Bildung? Eine qualitative Längsschnittstudie zum Habitus von Early School Leavers. Abteilung für Bildungswissenschaft, Wirtschaftsuniversität Wien. Wien: Kammer für Arbeiter und Angestellte Wien & MA 23 – EU-Strategie und Wirtschaftsentwicklung, Dezernat Arbeit und Wirtschaft. [online] https://www.wu.ac.at/bildungswissenschaft/aktuelles/forschungsprojekte/ [08.11.2018].

OECD (2017): Education at a Glance 2017: OECD Indicators. Paris: OECD Publishing.

Radinger, Regina/Ernst, Dominik/Gussenbauer, Johannes/Maldet, Adrian/Reif, Manuel/Kowarik, Alexander/Nachtmann, Gerhard (2017): Hochschulprognose 2017. Hg. v. Statistik Austria. Wien.

Reay, Diane (2017): Miseducation. Inequality, education and the working classes. Bristol: Policy Press (21st Century Standpoints).

Richardson, Susan (2007): What is a skill shortage? Hg. v. NCVER. Flinders University.

Schlossberg, Nancy/Anderson, Mary (2006): Counseling Adults in Transition. Linking Practices with Theory: Springer Publishing Company LLC.

Solga, Heike (2011): Bildungsarmut und Ausbildungslosigkeit in der Bildungs- und Wissensgesellschaft. In: Rolf Becker (Hg.): Lehrbuch der Bildungssoziologie. 2., überarbeitete und erw. Aufl. Wiesbaden: VS Verlag für Sozialwissenschaften/Springer Fachmedien Wiesbaden: Wiesbaden, S. 411–448.

Statistik Austria (2018): Aus- und Weiterbildungsquote von Erwachsenen erreicht 2016/17 mit 59,9% den Höchstwert. Pressemitteilung 11.755-066/18 der Statistik Austria. [online] http://www.statistik.at/web_de/presse/116623.html [07.10.2018].

Tinto, Vincent (1993): Leaving College. Rethinking the Causes and Cures of Student Attrition. 2. Aufl. Chicago, London: The University of Chicago Press.

Vogtenhuber, Stefan; et al. (2017): Arbeitskräfteangebot und Nachfrage. Verdrängung durch Bildungsexpansion? Unter Mitarbeit von D. Baumegger und Lorenz Lassnig. Hg. v. IHS. Arbeiterkammer Wien. Wien.

Watermann, Rainer/Daniel, Annabell/Maaz, Kai (2014): Primäre und sekundäre Disparitäten des Hochschulzugangs: Erklärungsmodelle, Datengrundlagen und Entwicklungen. In: Zeitschrift für Erziehungswissenschaft 17 (S2), S. 233–261.

Weiss, Christoph T. (2015): Education and regional mobility in Europe. In: Economics of Education Review 49, S. 129–141.

WIFO; Statistik Austria (2018): BIP und Wirtschaftswachstum. WIFO; Statistik Austria. Wien.

WKO (2018a): AGENDA2018 Umsetzungsprioritäten Arbeitsprogramm der WKO. WKO. Wien.

WKO (2018b): Lehrlinge in Österreich 2017. Unter Mitarbeit von U. Oschischnig. WKO. [online] http://wko.at/statistik/jahrbuch/lehrlinge17.pdf, [25.05.2018].

WKO (2018c): Lehrlingsstatistik. Lehrlinge nach Sparten und Bundesländern 1980- 2017. WKO. Wien.

Gabriele Khan-Svik

MigrantInnenstatus = Bildungsbenachteiligung?

Eine Einladung dahinter zu blicken[1]

Im Abstand von drei Jahren werden international vergleichbare Daten zu den Leistungen der SchülerInnen österreichischer Schulen publiziert – z. B. PIRLS/IGLU[2]- bzw. TIMSS[3]- oder PISA[4]-Studien. Darin findet man u. a. Auswertungen nach den Kategorien „MigrantIn versus NichtmigrantIn" und fast reflexartig erscheinen in der Tagespresse Meldungen – hier mit Bezug auf PIRLS/ILGU 2016 – wie „Migrantenkinder fallen zurück" (Krone 5.12.2017) oder „Zuwandererkinder deutlich schlechter" (Heute 5.12.2017). Damit wird ein Bild in der Öffentlichkeit kolportiert, das es leicht macht, das Denken in Stereotypien unreflektiert beibehalten zu können – und in weiterer Folge zu instrumentalisieren (siehe z. B. Nationalratswahlkampf 2017).

Betrachtet man die Gruppe der Kinder mit Migrationshintergrund als Gesamtes und reduziert sie auf eben dieses *eine* gemeinsame Merkmal, dann lassen sich allerdings die Meldungen bestätigen, wie im Folgenden vorerst sowohl für die Primar-, die Sekundarstufe wie auch auf den frühen Bildungsabbruch belegt werden soll.

---

1   Vorgestellt werden ausschließlich österreichische Studien, deren es mittlerweile ausreichend viele gibt.

2   PIRLS = Progress in International Reading Literacy Study; IGLU = Internationale Grundschul-Lese-Untersuchung.

3   TIMSS = Trends in International Mathematics and Science Study.

4   PISA = Programme for International Student Assessment.

Internationale Leistungsstudien und Schulkarriere – eindimensional und oberflächlich betrachtet

Primarstufe

Die Ergebnisse der PIRLS/IGLU-Studie 2016 zeigen ein altbekanntes Bild: Die Leistungsdifferenz im Lesen zwischen den Kindern ohne Migrationshintergrund (552 Punkte) und jenen mit Migrationshintergrund (500 Punkte) beträgt 52 Punkte (siehe Abbildung 1); doch haben sich beide Gruppen im Vergleich zu dem Erhebungszeitpunkt 2006 verbessert (Salchegger et al. 2017).

Die zuletzt veröffentlichten Daten der TIMSS-Studie (2011) zu Mathematik und Naturwissenschaft vermitteln einen etwas anderen Eindruck (siehe Abbildung 1): Die Leistungen der Kinder ohne Migrationshintergrund fallen hinter die 1995 erhobenen Daten zurück, jene der Kinder mit Migrationshintergrund schwanken in Mathematik zwischen 471 und 483 Punkten und erhöhen sich in der Naturwissenschaft. Sowohl in den Mathematik- als auch den Naturwissenschaftsergebnissen fällt auf, dass sich die Leistungsdifferenz zwischen den Kindern ohne und jenen mit Migrationshintergrund reduziert – allerdings noch immer hoch ist[5].

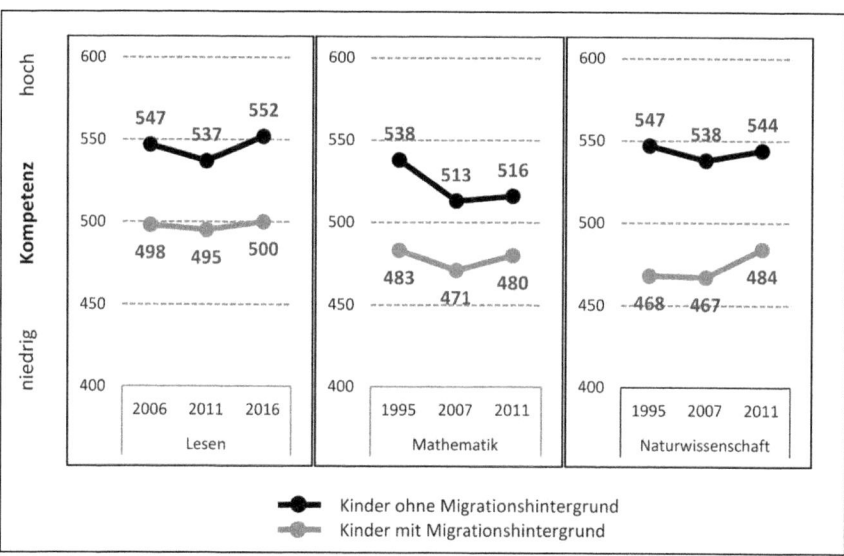

Abbildung 1: Kompetenzen der Kinder mit und ohne Migrationshintergrund im Zeitvergleich (Lesen PIRLS 2006–2016: Salchegger et al. 2017, S. 79; Mathematik TIMSS 1995–2011 – Naturwissenschaft TIMSS 1995–2011: Bergmüller/Herzog-Punzenberger 2012, S. 52; BIFIE 2012); eigene Darstellung

---

5 Die Angaben zur Umrechnung von Differenzpunkten in Lernjahre schwankt in den diversen wissenschaftlichen Publikationen: Salchegger et al. (2017, S. 78) geben für die PIRLS-Studie 2016 an, dass 51 Punkte Differenz fast zwei Lernjahren entsprechen.

Sekundarstufe

Auch die Ergebnisse der PISA-Studie aus 2015 belegen die Leistungsunterschiede zwischen den beiden Gruppen: z. B. in Naturwissenschaft 70 Punkte oder in der Lesekompetenz 64 Punkte (Salchegger et al. 2016, S. 98). Da die PISA-Daten für Mathematik derzeit in dieser Form nicht vorliegen, sei hier ein Ergebnis aus den Standardüberprüfungen Mathematik des Jahres 2012, 8. Schulstufe, genannt: SchülerInnen mit Migrationshintergrund erreichten um 67 Punkte weniger als solche ohne Migrationshintergrund (Schreiner/Breit o. J., S. 35).

Abbruch und Schulversagen

Mario Steiner betrachtet drei verschiedene Ebenen des Schulversagens, den Austritt aus der Sekundarstufe ohne Abschluss, den Abbruch einer mittleren oder höheren Schule und die BildungsabbrecherInnen im Alter von 15 bis 24 Jahren[6]:

- Eine Gegenüberstellung der Jugendlichen nach Umgangssprache Deutsch versus einer anderen Sprache als Deutsch (Schuljahr 2011/12) zeigt, dass 2,7 % der deutschsprachigen, aber mehr als dreimal so viele Jugendliche mit einer anderen Umgangssprache als Deutsch (9,6 %) die Pflichtschule nicht positiv abschließen (Steiner 2014, S. 9).
- Ein Vergleich der Verlustraten in der Sekundarstufe II zeigt ein differenziertes Bild: Die meisten Jugendlichen verlassen Schulen des Typs BMS, ein Drittel davon bereits während des ersten Jahres; die wenigsten SchülerInnen gehen von einer AHS ab (siehe Abbildung 2). Zwischen den beiden Gruppen (deutschsprachig – nicht-deutschsprachig) gibt es große Unterschiede: Vergleichsweise gering ist die Differenz in den Abschlussklassen in den BMS (12,8 %) und den AHS (15,2 %), sehr groß hingegen in den BHS (23,9 %) (Steiner 2014, S. 38 ff).
- Jugendliche und junge Erwachsene, die in Österreich geboren wurden, brechen zu 9,7 % ihre Bildungslaufbahn ab, im Vergleich zu MigrantInnen, die dies zu 30,2 % tun (Steiner/Pessl/Bruneforth 2016, S. 187; siehe dazu auch Beck/Jäpel/Becker 2010).

Wie diese wenigen Daten belegen, stimmt oberflächlich betrachtet, und wenn der Fokus nur auf einen Einflussfaktor gelegt wird, die Aussage, dass *die* MigrantInnen auf allen Ebenen schlechtere (Schul-)Leistungen erbringen als Kinder und Jugendliche, die (meist) deutschsprachige ÖsterreicherInnen sind. Doch das ist zu kurz gedacht.

---

6   Während sich der Begriff „Early School Leavers" europaweit auf die Gruppe der 18- bis 24-Jährigen bezieht, erweitert Steiner die Alterskohorte um die 15- bis 17-Jährigen, da die österreichische Schulpflicht früher endet als in den anderen europäischen Staaten (Steiner 2014, S. 14). Seit 2017 gilt allerdings die Ausbildungspflicht bis zum 18. Lebensjahr (Ausbildungspflichtgesetz 2017), was ermöglicht zukünftig den europäischen Begriff der „Early School Leavers" anzuwenden.

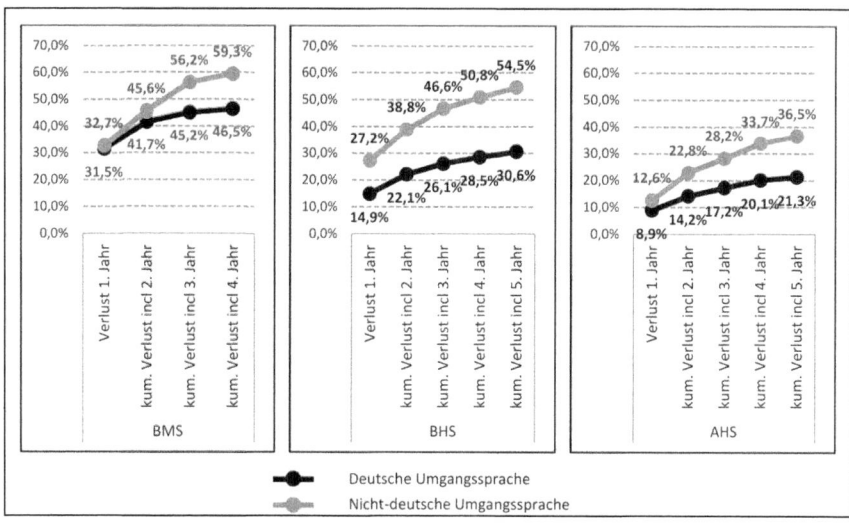

Abbildung 2: Verlustraten der NeueinsteigerInnen im Jahr 2006/07 bis zum Schuljahr 2011/12 nach Umgangssprache und Schultyp (Steiner 2014, S. 38 ff); eigene Darstellung

Eine differenzierte Betrachtung

Vorweggeschickt seien zwei Statements, die ob ihrer Klarheit das Problem sehr deutlich umreißen:

> „Beginnen möchte ich mit der banal anmutenden Feststellung, dass es den/ die Migrantenjugendliche/n schlicht und einfach nicht gibt. Die Einordnung von Personen in scheinbar ‚einfache' bzw. selbstverständliche Kategorien beinhaltet die Gefahr der Homogenisierung durchaus heterogener Bevölkerungsgruppen" (Unterwurzacher 2012, S. 258).

> „Eine Person mit Migrationshintergrund kann mit einer anderen Person mit Migrationshintergrund in einem gegebenen Land – etwa Österreich – (…) potentiell recht wenig gemeinsam haben. Denken wir an Personen mit Migrationshintergrund in Österreich so fallen darunter Personen aus den ehemaligen Anwerbeländern Jugoslawien und Türkei, sowie Personen aus den EU-Mitgliedstaaten, aus Afrika oder Lateinamerika. Es fallen darunter Asylsuchende und UnternehmerInnen und DiplomatInnen. Sie können muslimischen, israelitischen, protestantischen oder buddhistischen Glaubensvorstellungen folgen oder Religion als gänzlich unwichtig betrachten. Es werden bei diesen Menschen bei Weitem mehr als 100 unterschiedliche Sprachen gesprochen und Dutzende unterschiedlicher Schriften verwendet. Die kulturelle, religiöse, sprachliche und soziale Vielfalt in dieser einen Kategorie ‚Personen mit Migrationshintergrund' umfasst also potenziell die ganze Welt – außer dem Land, in dem diese

Kategorie gerade verwendet wird, zum Beispiel Österreich" (Herzog-Punzenberger 2014, S. 132).

Da der Begriff „Migrationshintergrund" aus diesem Grund nicht geeignet erscheint, als alleiniges Kriterium für Bildungsbenachteiligung herangezogen zu werden, sollen nachfolgend andere Differenzkategorien vorgestellt werden, die teilweise isoliert betrachtet werden können, meist aber in Kombination miteinander wirksam werden.

- *Nationalität*
  Vielfach wird in Studien darauf hingewiesen, dass Angehörige bestimmter Nationalitäten größere Schwierigkeiten während der Schullaufbahn haben als andere. So kann man z. B. dem jährlich erscheinenden Statistischen Jahrbuch „Migration & Integration" entnehmen, dass Kinder türkischer Nationalität bzw. von Staatsangehörigen aus dem ehemaligen Jugoslawien (ohne EU-Staaten) in Sonderschulen überrepräsentiert und beim Besuch höher qualifizierender Schultypen unterrepräsentiert sind (Statistik Austria u. Kommission für Migrations- und Integrationsforschung 2017, S. 46).
- *Sozioökonomischer Status und Migrationsgeneration*
  Am Beispiel der Ergebnisse der PISA 2012-Testungen lässt sich, stellvertretend für alle bisher durchgeführten Studien in Österreich, belegen, dass die Leistungsdifferenz zwischen SchülerInnen ohne und mit Migrationshintergrund geringer wird, wenn der sozioökonomische Status Berücksichtigung findet: in Mathematik von 60 Punkten Mittelwertunterschied auf 42, in Lesen von 51 Punkten auf 31 (Pareiss/Schwantner 2013, S. 49).
- *Staatsbürgerschaft und Migrationsgeneration*
  Barbara Herzog-Punzenberger hat die Volkszählungsdaten 2001 von jungen Erwachsenen der zweiten Generation, deren Eltern aus der Türkei oder aus Jugoslawien nach Österreich gekommen waren, in Hinblick auf die höchsten Bildungsabschlüsse verglichen: Bei beiden Gruppen zeigte sich, dass jene Angehörige der zweiten Generation, die die österreichische Staatsbürgerschaft erworben hatten, häufiger höher gebildet sind. Sie spricht in diesem Zusammenhang vom „Staatsbürgerschaftsbonus" (Herzog-Punzenberger 2007, S. 244).
- *Herkunftsregion und Migrationsgeneration*
  Die Analyse von frühem Abbruch belegt, dass es einen großen Unterschied macht, woher jemand zugewandert ist und ob er/sie der ersten oder zweiten Generation angehört. Im Vergleich zu Jugendlichen ohne Migrationshintergrund haben Jugendliche der ersten Generation aus EU-15- oder EWR-Staaten ein 211 % höheres Risiko, die Schulbildung abzubrechen; die Jugendlichen der 2. Generation brechen hingegen seltener ab (91 %). Besonders gefährdet sind hingegen jene, die aus Drittstaaten zugewandert waren: Die erste Generation hat ein Risiko von 407 %, die zweite Generation immer noch eines von 254 % (Steiner/Pessl/Bruneforth 2016, S. 198).
- *Staatsbürgerschaft, Umgangssprache und Schultyp*
  Erweitert man die Kategorie „Staatsbürgerschaft" noch um die Umgangssprache in Hinblick auf den jeweils besuchen Schultyp, dann zeigt sich ein differenziertes Bild (siehe Tabelle 1).

Tabelle 1: Relativer-Risiko-Index der SchülerInnen nach Staatsbürgerschaft, Umgangssprache und Schultyp, 2016; Referenzgruppe sind deutschsprachige österreichische SchülerInnen[7] (Statistik Austria); eigene Berechnungen

		Die Wahrscheinlichkeit dieser Schüler/innen den jeweiligen Schultyp zu besuchen, ist im Vergleich mit den deutschsprachigen österreichischen Schüler/innen ... mal so groß									
Staatsbürgerschaft	%-Wert Österreich	Österreich	Türkei	Türkei	Österreich	YU Nachfolgestaaten	YU Nachfolgestaaten	Polen	China	Iran
Umgangssprache	deutsch	türkisch	deutsch	türkisch	BKS	deutsch	BKS	and. Sprache	and. Sprache	and. Sprache
Volksschulen	29,1	1,3	0,4	1,3	1,0	0,5	1,8	1,5	1,2	1,0
Sonderschulen	1,1	2,0	--	2,6	0,9	1,7	1,5	1,1	--	--
HS/NMS	18,2	1,5	0,6	1,5	1,2	1,0	1,2	0,9	0,8	1,1
AHS-Unterstufe	11,3	0,6	--	0,3	0,9	1,3	0,8	1,0	1,0	0,6
AHS-Oberstufe	8,7	0,5	--	0,3	0,6	1,0	0,6	0,8	1,7	1,3
Berufsschulen	12,0	0,5	2,9	0,9	0,5	0,8	0,7	0,5	0,3	0,4
BMS	3,9	1,4	3,3	1,4	1,3	1,8	1,3	0,8	0,8	1,3
BHS	13,3	0,7	0,8	0,6	0,9	1,1	0,9	0,6	0,8	0,9

Legende: BKS = Bosnisch – Kroatisch – Serbisch; and. Sprache = andere Sprache (in den Tabellen der Statistik Austria können nur vier Sprachkategorien gewählt werden: Deutsch, BKS, Türkisch, andere Sprache – vermutlich handelt es sich in den hier angeführten Fällen der polnischen bzw. chinesischen bzw. iranischen StaatsbürgerInnen vor allem um Polnisch bzw. eine der chinesischen Sprachen oder eine der iranischen Sprachen); -- zu kleine Fallzahlen, daher nicht angegeben

Die seit Jahren diagnostizierte Überrepräsentanz von türkischen Schüler-Innen in Sonderschulen (Unterwurzacher 2012, S. 25) lässt sich auch 2015 feststellen – sie sind zwischen 2-mal und 2,6-mal häufiger in diesem Schultyp anzutreffen. Jene mit österreichischer Staatsbürgerschaft etwas weniger als jene türkischer Nationalität. Auch SchülerInnen mit einer Staatsbürgerschaft aus den Nachfolgestaaten Jugoslawiens sind 1,5- bis 1,7-mal häufiger in sonderschulischen Betreuungseinrichtungen als die Referenzgruppe.[8] Ein Blick auf die Sekundarstufe II zeigt anderes: In der AHS-Oberstufe finden sich vergleichsweise wenige SchülerInnen türkischer Herkunft und solche, die BKS als Umgangssprache haben, aber viele SchülerInnen mit chinesischer (1,7-mal häufiger)[9] oder iranischer Nationalität (1,3-mal häufiger). BMS besuchen eher SchülerInnen mit türkischer Herkunft und jene, die Migrationshintergrund

---

7   Die in der Tabelle angegebenen Prozentwerte beziehen sich auf die SchülerInnen aller Schultypen ab der 1. bis zur 12./13. Schulstufe – ohne Statutschulen und Angebote für Berufstätige.

8   Eine genauere Analyse der bundesländerspezifischen Zuerkennungspraktiken eines SPF im Schuljahr 2006/07 zeigt, dass diese eher nach Bundesländern differieren als nach der Nationalität der SchülerInnen: Als Beispiel: türkische (inkl. kurdische) SchülerInnen bekommen ihn in Wien 1,6-mal häufiger als deutschsprachige SchülerInnen – in Niederösterreich 2,9-mal häufiger (Herzog-Punzenberger/Unterwurzacher 2009, S. 171). Es handelt sich anscheinend weniger um eine Zuteilung nach individueller (Nicht-)Leistungsfähigkeit als um systemische Praktiken.

9   Seit vielen Jahren zeigt sich, dass chinesische SchülerInnen zu den BildungsgewinnerInnen zählen, zu mindestens im Vergleich zu den meisten SchülerInnen mit einer anderen Erstsprache als Deutsch (Khan-Svik 2003).

aus den Nachfolgestaaten Jugoslawiens haben – ebenso wie chinesische und iranische SchülerInnen. Die sehr kleine Stichprobe der deutschsprachigen türkischen SchülerInnen (n=295) zeigt eine Affinität zur Berufsausbildung in Berufsschulen bzw. BMS.

- *Staatsbürgerschaft, Umgangssprache, Geschlecht und Schultyp*
  Nachfolgend sind jene Schultypen und ausgewählte SchülerInnengruppen dargestellt, die bereits in Tabelle 1 besonders unterschiedliche Ergebnisse zeigten. In Tabelle 2 wird zusätzlich das Geschlecht berücksichtigt.

Tabelle 2: Relativer Risiko-Index der SchülerInnen nach Staatsbürgerschaft, Umgangssprache, Geschlecht und ausgewählten Schultypen, 2016; Referenzgruppe sind deutschsprachige österreichische Schüler und Schülerinnen (Statistik Austria); eigene Berechnungen

			Die Wahrscheinlichkeit dieser Schüler/innen den jeweiligen Schultyp zu besuchen, ist im Vergleich mit den deutschsprachigen österreichischen Schüler/innen ... mal so groß										
Staatsbürgerschaft	%-Wert Österreich		Österreich		Türkei		Polen		China		Iran		
Umgangssprache	deutsch		türkisch		türkisch		and. Sprache		and. Sprache		and. Sprache		
	M	W	M	W	M	W	M	W	M	W	M	W	
Sonderschulen	1,4	0,8	1,9	2,1	2,4	3,1	1,2	0,9	--	--	--	--	
HS/NMS	18,2	17,9	1,5	1,4	1,5	1,5	1,0	0,9	0,8	0,8	1,2	1,0	
AHS-Unterstufe	10,4	12,1	0,6	0,6	0,3	0,3	1,1	1,1	1,2	0,9	0,5	0,7	
AHS-Oberstufe	5,0	6,7	0,4	0,6	0,2	0,4	0,8	1,1	1,4	1,9	1,1	1,5	

(Schultyp)

Legende: and. Sprache = andere Sprache (in den Tabellen der Statistik Austria können nur vier Sprachkategorien gewählt werden: Deutsch, BKS, Türkisch, andere Sprache – vermutlich handelt es sich in den hier angeführten Fällen vor allem um Polnisch bzw. eine der chinesischen Sprachen oder eine der iranischen Sprachen); -- zu kleine Fallzahlen, daher nicht angegeben

Die verhältnismäßig hohe Zahl an türkischsprachigen SchülerInnen in sonderschulischer Betreuung (siehe Tabelle 2) ergibt sich auch dadurch, dass weit mehr Mädchen in dieser Art betreut werden. Des Weiteren finden sich – im Vergleich zu den anderen Nationalitäten – türkischsprachige SchülerInnen überzufällig oft in NMS-Klassen (bzw. in den 2016 auslaufenden Hauptschulklassen). Im umgekehrten Fall gehen beide Geschlechter weit weniger oft in die AHS-Unterstufe (wobei hier ein Unterschied in Hinblick auf die Staatsbürgerschaft auszumachen ist) als z. B. polnische SchülerInnen oder chinesische Knaben. Kinder iranischer Nationalität sind an der AHS-Unterstufe geringer als erwartet vertreten.

Die niedrige Rate der türkischsprachigen SchülerInnen in der AHS-Oberstufe lässt sich abermals auf die Staatsbürgerschaft und das Geschlecht zurückführen – die geringsten Chancen dafür haben Knaben mit türkischer Nationalität. Überrepräsentiert sind hingegen polnische Mädchen, ChinesInnen und IranerInnen beiderlei Geschlechts, wobei die Bildungsgewinnerinnen chinesische Mädchen sind (fast doppelt so häufig wie deutschsprachige Österreicherinnen in der AHS-Oberstufe).

Ursachen für Benachteiligungen und Erfolge – multidimensional und intersektional

Die Darstellungen der unterschiedlichen Einflussfaktoren auf die Bildungskarrieren von Kindern und Jugendlichen mit Migrationshintergrund zeigen, dass nicht *ein* Aspekt, z. B. eben die Tatsache, dass die SchülerInnen oder ihre Eltern migrierten, als alleinige Ursache betrachtet werden kann. Daher muss die im Titel dieses Beitrages formulierte Frage, ob der MigrantInnenstatus identisch sei mit Bildungsbenachteiligung, in dieser einfachen Formulierung verneint werden. Er *kann* Einfluss haben, *aber nur* in einem Bündel weiterer Einflussfaktoren, ebenso wie auch Kinder benachteiligt sein können, die keinen Migrationshintergrund haben.

Einige dieser Faktoren haben Barbara Herzog-Punzenberger und Anne Unterwurzacher überblicksmäßig zusammengestellt.

Tabelle 3: Erklärungsansätze zur Bildungsbenachteiligung (nach Herzog-Punzenberger/Unterwurzacher 2009, S. 173–178; Herzog-Punzenberger/Schnell 2012, S. 251–255); eigene Darstellung

Mikroebene	Mesoebene	Makroebene
Art und Dauer des Aufenthaltes	Sozioökonomischer Status der Familie	Strukturmerkmale von Bildungssystemen (Schuleintrittsalter, Selektivität, Halbtagsschulen versus Ganztagsschulen, Übergänge zwischen Schultypen, ...)
Kindergartenbesuch	Kulturelles Kapital der Familie	
Kenntnisse der Schulsprache (nicht eindeutig geklärt ist, ob und in welcher Form die Erstsprache wirksam ist)	Wohnnachbarschaft	Gesellschaftliches Selbstverständnis
Schulsprachliches Selbstvertrauen	Stereotypisierung und gruppenbasierte Diskriminierung	
Lernmotivation	Schule: "Kompetenzen und Persönlichkeitsmerkmale der Lehrpersonen, (...) Lehrer-Schüler-Interaktionen, (...) allgemeine Didaktik und Fachdidaktik, (...) Zusammensetzung der Klasse (,...) Ausstattung der Schule sowie deren Elternarbeit" (Herzog-Punzenberger u. Schnell 2012, S. 254)	

Nur eine gemeinsame Betrachtung dieser Erklärungsansätze, Marianne Krüger-Potratz und Helma Lutz nennen sie (im Zusammenhang mit der Konstruktion von Identität) Differenzlinien, kann helfen, das Phänomen des Schulversagens oder des Schulerfolgs zu verstehen. Diese Differenzlinien dürfen aber nicht als Oppositionen interpretiert werden, sondern sind „als Spannungsverhältnis zu fassen und zu theoretisieren" (Krüger-Potratz/Lutz 2002, S. 89).

Ein in der Bildungsforschung relativ neuer theoretischer Ansatz, die Intersektionalität, ursprünglich aus dem US-amerikanischen Feminismusdiskurs unter Einbeziehung der Kategorie „race"[10] entstanden, legt den Zusammenhang und die

---

10   Die Kategorie „race" ist inhaltlich falsch, da es keine biologischen Menschenrassen gibt, daher wird in der englischsprachigen Literatur häufig von „ethnicity" (dt. Ethnizität) gesprochen. Wird er auf Deutsch übersetzt, dann entspricht „Rasse" nicht der Bedeutungsvielfalt des englischen Begriffes. Außerdem leidet der Begriff „Rasse" in der deutschsprachigen Literatur an der schweren historischen Bürde – wenn er verwendet wird, dann meist unter Anführungszeichen gesetzt, als Symbol für die Distanzierung von diesem Begriff.

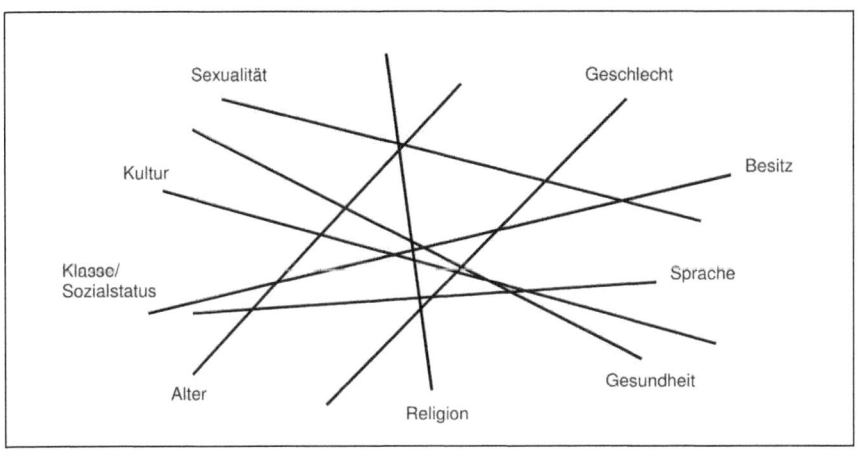

Abbildung 3: Beispiel: Differenzlinien im sozialen Raum (eigene Darstellung nach Krüger-Potratz/Lutz 2002, S. 89)

gegenseitigen Beeinflussungen dieser Differenzlinien als Inhalt und Methode der Forschung zugrunde:

> „Unter Intersektionalität wird dabei verstanden, dass soziale Kategorien wie Gender, Ethnizität, Nation oder Klasse nicht isoliert voneinander konzeptualisiert werden können, sondern in ihren ‚Verwobenheiten' oder ‚Überkreuzungen' (*intersections*) analysiert werden müssen. Additive Perspektiven sollen überwunden werden, indem der Fokus auf das *gleichzeitige Zusammenwirken* von sozialen Ungleichheiten gelegt wird. Es geht demnach nicht allein um die Berücksichtigung mehrerer sozialer Kategorien, sondern ebenfalls um die Analyse ihrer *Wechselwirkungen*" (Walgenbach 2012b, S. 81; zit. n. Walgenbach 2012a, S. 1 – Hervorhebung im Original).

Werden Einflussfaktoren in ihrer Wechselwirkung untersucht, dann kann daraus möglicherweise abgeleitet werden, ob bestimmte Faktoren mehr oder weniger wirken. Zum Beispiel konnte in der internationalen TIES-Studie[11] gezeigt werden, dass je nach dem Ort, an dem türkische MigrantInnen der zweiten Generation leben, die Chancen auf höhere Bildung unterschiedlich sind: besonders hoch in Stockholm und Paris, besonders niedrig in Wien, Berlin und Frankfurt (Herzog-Punzenberger/Schnell 2012, S. 251) – in Kurzfassung: Möglicherweise wirken gesellschaftlich rechtliche Bedingungen mehr als die oft in Österreich gerne als Erklärung herangezogenen Kategorien der Mikroebene (individuelle Ebene). Aber auch diese sollten differenziert betrachtet werden, wie mehrere Studien zu bildungserfolgreichen MigrantInnen nahelegen.

Die bisherig rezipierten österreichischen Studien waren eher darauf fokussiert, Benachteiligungen in ihrer Komplexität zu identifizieren (und spiegeln wider, was

---

11   TIES = The Integration of the European Second Generation.

in den letzten dreißig Jahren im deutschsprachigen Raum dazu geforscht wurde). Neuere wissenschaftliche Untersuchungen beschäftigen sich zunehmend mit jenen Faktoren, die einen Bildungserfolg für SchülerInnen mit Migrationshintergrund ermöglichen, wie z. B. die Pilotstudie „Hebel zu einer kompensatorischen Bildung". Im Rahmen von ExpertInneninterviews und Gruppengesprächen mit Jugendlichen aus dem Migrationsmilieu konnten einige Faktoren festgestellt werden, die Unterstützung gewähren können: z. B. das kontinuierliche Interesse der Familien (kombiniert mit deren Systemkenntnis), die gute Beherrschung der Schulsprache – „Wesentlich sei dabei vor allem das Erlernen des Werkzeugcharakters von Sprache, was durch gute Erstsprachkenntnisse deutlich gefördert würde" (Perchinig/Schmid 2012, S. 4) – und die Stärkung der Resilienz der Jugendlichen. Deutlich wurde auch die Bedeutung von stabilen sozialen Kontakten hervorgehoben. Aus diesen Ergebnissen abgeleitet empfehlen die Autoren „als zentrale Rahmenmaßnahme (…) den Aufbau eines individualisierten Coachings durch erfolgreiche (…) Peers" (ebd., S. 7) aus einem ähnlichen sozialen Kontext. Dieser könnte begleiten und fördern, aber auch vor dem Eintreten massiver Ereignisse (z. B. Schulschwänzen) eingreifen und gemeinsam mit anderen Institutionen deviantem Verhalten vorbeugen. Darüber hinaus schlagen sie vor, den Wiedereinstieg einmal abgebrochener Bildungsverläufe zu erleichtern, die Ausbildungsangebote zu modularisieren, (auch) informelle Qualifikationen anzuerkennen, eine institutionelle „gendersensible Vernetzung mit MigrantInnenorganisationen" (ebd., S. 8), eine Stärkung der interkulturellen Kompetenz sowie der (mehr-)sprachigen Kompetenzen und schließlich einen Förderansatz, der die Stärken in den Vordergrund stellt und nicht die Defizite.

Literatur

Ausbildungspflichtgesetz (2017) [online] https://www.ris.bka.gv.at/Geltende Fassung.wxe?Abfrage=Bundesnormen&Gesetzesnummer=20009604 [13.12.2017].

Beck, Michael/Jäpel, Franziska/Becker, Rolf (2010): Determinanten des Bildungserfolgs von Migranten. In: Quenzel, Gudrun/Hurrelmann, Klaus (Hrsg.): Bildungsverlierer. Neue Ungleichheiten. Wiesbaden: VS Verlag für Sozialwissenschaften, S. 313–337.

Bergmüller, Silvia/Herzog-Punzenberger, Barbara (2012): Kompetenzen und Charakteristika von Kinder mit und ohne Migrationshintergrund im Zeitvergleich. In: Suchań, Birgit/Wallner-Paschon, Christina/Bergmüller, Silvia/Schreiner, Claudia (Hrsg.): PPIRLS & TIMSS 2011. Schülerleistungen in Lesen, Mathematik und Naturwissenschaft in der Grundschule. Erste Ergebnisse. Graz: Leykam, S. 52–53.

BIFIE (2012): Vortragsfolien zu „PIRLS & TIMSS 2011. erste Ergebnisse", Arbeiterkammer. [online] https://www.bifie.at/wpcontent/uploads/2017/05/PT11_AK_Wien_20121205_Druckvorlage.pdf [10.12.2017].

Herzog-Punzenberger, Barbara (2007): Gibt es einen Staatsbürgerschaftsbonus? In: Fassmann, Heinz (Hrsg.): 2. Österreichischer Migrations- und Integrationsbericht 2001–2006. Klagenfurt/Celovec: Drava, S. 242–250.

Herzog-Punzenberger, Barbara (2014): Migration, Hintergrund und Schule. Intersektionalitätsforschung – warum und wie? Erziehung & Unterricht, Jg. 164., H. 1-2, S. 129–139.

Herzog-Punzenberger, Barbara/Schnell, Philipp (2012): Die Situation mehrsprachiger Schüler/innen im österreichischen Schulsystem – Problemlagen, Rahmenbedingungen und internationaler Vergleich. In: Herzog-Punzenberger, Barbara (Hrsg.): Nationaler Bildungsbericht Österreich 2012, Band 2. Fokussierte Analysen bildungspolitischer Schwerpunktthemen. Graz: Leykam, S. 229–267.

Herzog-Punzenberger, Barbara/Unterwurzacher, Anne (2009): Migration – Interkulturalität – Mehrsprachigkeit. Erste Befunde für das österreichische Bildungswesen. In: Specht, Werner (Hrsg.): Nationaler Bildungsbericht Österreich 2009. Band 2. Fokussierte Analysen bildungspolitischer Schwerpunktthemen. Graz: Leykam, S. 161–182.

Khan-Svik, Gabriele (2003): Chinese Schools in Austria. A pilot study. In: Kaminski, Gerd (Ed.): China's Traditions: Wings or Shackles for China's Modernization? Wien: Österreichische Gesellschaft für Chinaforschung, pp. 163–173.

Krüger-Potratz, Marianne/Lutz, Helma (2002): Sitting at a crossroad – rekonstruktive und systematische Überlegungen zum wissenschaftlichen Umgang mit Differenzen. Tertium Comparationis, Journal für International und Interkulturell Vergleichende Erziehungswissenschaft, Jg. 8., H. 2, S. 81–92.

Pareiss, Manuela/Schwantner, Ursula (2013): Schüler/innen mit Migrationshintergrund. In: Schwantner, Ursula/Toferer, Bettina/Schreiner, Claudia (Hrsg.): PISA 2012. Internationaler Vergleich von Schülerleistungen. Erste Ergebnisse. Mathematik, Lesen, Naturwissenschaft. Graz: Leykam, S. 48–49.

Perchinig, Bernhard/Schmid, Kurt (2012): Hebel zu einer kompensatorischen Bildung. Pilotstudie. Wien: Institut für Bildungsforschung der Wirtschaft. ibw-Forschungsbericht Nr. 173.

Salchegger, Silvia/Höller, Iris/Pareiss, Manuela/Lindemann, Romana (2017): Kompetenzentwicklung im Kontext familiärer Faktoren. In: Wallner-Paschon, Christina/Itzlinger-Bruneforth, Ursula/Schreiner, Claudia (Hrsg.): PIRLS 2016. Die Lesekompetenz am Ende der Volksschule. Erste Ergebnisse. Graz: Leykam, S. 67–81.

Salchegger, Silvia/Wallner-Paschon, Christina/Schmich, Juliane/Höller, Iris (2016): Kompetenzentwicklung im Kontext individueller, schulischer und familiärer Faktoren. In: Suchań, Birgit/Breit, Simone (Hrsg.): PISA 2015. Grundkompetenzen am Ende der Pflichtschulzeit im internationalen Vergleich. Graz: Leykam, S. 77–99.

Schreiner, Claudia/Breit, Simone (o. J.): Standardüberprüfung 2012. Mathematik, 8. Schulstufe. Bundesergebnisbericht. Salzburg: BIFIE. [online] https://www.bifie.at/wp-content/uploads/2017/05/BiSt-UE_M8_2012_Bundesergebnisbericht.pdf [14.12.2017].

Statistik Austria/Kommission für Migrations- und Integrationsforschung der Österreichischen Akademie der Wissenschaften (2017): Statistisches Jahrbuch „Migration & Integration". Wien. [online] https://www.integrationsfonds.at/publikationen/zahlen-fakten/statistisches-jahrbuch-2017/ [12.12.2017].

Steiner, Mario (2014): Abbruch und Schulversagen im österreichischen Bildungssystem. Projektbericht. Wien: Institut für Höhere Studien (IHS). [online] https://media.arbeiterkammer.at/wien/PDF/studien/bildung/IHS-Bericht_Mario_Steiner_2014.pdf [12.12.2017].

Steiner, Mario/Pessl, Gabriele/Bruneforth, Michael (2016): Früher Bildungsabbruch – Neue Erkenntnisse zu Ausmaß und Ursachen. In: Bruneforth, Michael/Lassnigg, Lorenz/Vogtenhuber, Stefan/Schreiner, Claudia/Breit Simone (Hrsg.): Nationaler Bildungsbericht Österreich 2015, Band 1, Das Schulsystem im Spiegel von Daten und Indikatoren. Graz: Leykam, S. 175–219. DOI:10.17888/nbb2015-2-5.

Unterwurzacher, Anneliese (2012): Vom Kindergarten bis zur Matura. Bildungsstationen von Kindern und Jugendlichen mit Migrationshintergrund. Universität Wien: unveröffentlichte Dissertation.

Walgenbach, Katharina (2012a): Intersektionalität als Analyseperspektive heterogener Stadträume. In: Scambor, Elli/Zimmer, Fränk (Hrsg.): Die intersektionelle Stadt. Geschlechterforschung und Medien an den Achsen der Ungleichheit. Bielefeld: transcript.

Walgenbach, Katharina (2012b): Intersektionalität – eine Einführung. [online] www.portal-intersektionalität.de [01.01.2018].

Doris Landauer

Perspektiven für unentdeckte Talente – Prävention und Intervention bei frühzeitigem Bildungsabbruch

Vorbemerkungen

Im zweiten Halbjahr des Jahres 2010 wurde die Autorin vom damaligen Bundesminister für Arbeit, Soziales und Konsumentenschutz damit beauftragt, sich mit bildungsbenachteiligten Jugendlichen zu befassen. Schwerpunkte der Auseinandersetzung mit diesem komplexen Themenbereich sollten sein, mehr über die Jugendlichen zu erfahren, um auch Anregungen zu geben, gezielte Hilfestellungen und Angebote seitens der Arbeitsmarktpolitik zu kreieren und zu entwickeln. Als primärer Wirkungsort wurde Wien gewählt, zumal Studien auch damals schon empirisch nachgewiesen hatten, dass früher Bildungsabbruch vor allem ein städtisches Phänomen zu sein schien und Wien sich damit als einzige Millionenstadt Österreichs anbot.

Angesichts der in der Zwischenzeit immer stärker in den politischen und wissenschaftlichen Fokus rückenden Thematik wird in diesem Artikel der damals gewählte pragmatische Zugang zu diesem Thema näher beschrieben, um auf dem Hintergrund fundierter arbeitsmarktpolitischer Kenntnisse Anregungen für praktische Lösungsansätze zu geben, eventuell auch Interesse für spezifische Projekte zu wecken und vielleicht auch Sackgassen aufzuzeigen.

Was ist Thema? Frühzeitiger Bildungsabbruch hat immense Folgen – für die Betroffenen, für die Wirtschaft, für das Sozialsystem, für die Gesellschaft. Und das sind nur einige wesentliche Aspekte. Jede vertiefende Beschäftigung mit den Auswirkungen frühzeitigen Bildungsabbruchs bringt weitere gravierende Fakten ans Licht, sodass der Eindruck entsteht, die Problematik spitze sich eher zu, als dass sie sich – trotz entgegenwirkender Bemühungen – entspannen würde.

Die europäische Politik hatte die Problematik des frühen Bildungsabbruchs bereits Ende des abgelaufenen Jahrtausends erkannt und entsprechende Vereinbarungen getroffen. Damals wollte Europa zur innovativsten Wirtschaftsmacht der Welt werden, Bildung wurde als einer der wesentlichsten Schlüssel dafür erkannt und folglich früher Bildungsabbruch als Hemmschuh. Die EU hatte daher zum einen eine neue statistische Kennzahl, die Early-School-Leaver-Quote, festgelegt, die nunmehr das Niveau der frühen BildungsabbrecherInnen aller Länder innerhalb der EU vergleichbar macht. Zum Zweiten wurde auch eine quantitative Zielgröße vereinbart. Der ursprüngliche ehrgeizige Vorschlag der Europäischen Kommission, bis 2010 sollte jedes EU-Land seine Early-School-Leaver-Quoten halbieren, wurde dann durch Beschluss des Rates der Staatschefs abgeschwächt. Demnach sollte EU-weit die Early-School-Leaver-Quote bis 2010 auf maximal 10 % gesenkt werden. Aber auch diese von der EU beschlossene Zielgröße wurde bei weitem verfehlt.

Nahezu zeitgleich wurden mit PISA, PIRLS und TIMMS einheitliche Tests für alle OECD-Länder vereinbart, die einen Vergleich des Erfolges der verschiedenen Bildungssysteme der Länder ermöglichten. Die ersten Ergebnisse lagen Ende des letzten Jahrtausends vor. Die Reaktionen der Länder auf diesen erstmaligen Vergleich der verschiedenen Bildungssysteme fielen höchst unterschiedlich aus. Bis heute liefern die regelmäßig veröffentlichten Ergebnisse dieser Tests Anlass zu vielfältigen Diskussionen über die Bildungssysteme und die Konsequenzen von Veränderungen und Entwicklungen.

Unter diesen Aspekten wurde und wird das in der Folge beschriebene Projekt „Perspektiven für unentdeckte Talente – Prävention und Interventionen bei frühzeitigem Bildungsabbruch" entwickelt und gestaltet.

Projektanliegen

Aus bildungspolitischer Sicht war immer schon klar, dass höhere Bildung sowohl aus individueller als auch aus gesamtgesellschaftlicher Sicht einer niedrigeren Bildung der Vorzug zu geben war und ist.

Im Rahmen dieses Projektes sollte unter anderem
- verstärktes Problembewusstsein nicht nur bei ohnehin höher Gebildeten, sondern auch bei den Betroffenen selbst erzeugt und auch
- konkrete Schritte aufgezeigt und gesetzt werden, durch welche Maßnahmen dieses Ziel erreicht werden kann, sowie erarbeitet werden,
- inwiefern bzw. ob es sich tatsächlich um eine homogene Gruppe von Personen handelt, die infolge kognitiver Defizite über keine oder zu niedrige Bildungsabschlüsse verfügen oder aus anderen Gründen von Bildungsarmut betroffen sind.

Datengrundlagen

Messung der kognitiven Leistungsfähigkeiten

Die Bildungssysteme in den verschiedenen Ländern sind höchst unterschiedlich und ein direkter Vergleich war und bleibt daher schwierig. PISA, PIRLS und TIMMS bieten daher erstmals die Möglichkeit, nicht nur das Niveau des kognitiven Wissens der BildungsteilnehmerInnen festzustellen, sondern auch die verschiedenen Systeme miteinander zu vergleichen. TIMMS und PIRLS setzen bei den 10-jährigen Kindern an und sollen die Lesefähigkeit, Kenntnisse in den Naturwissenschaften und Mathematik messen, PISA deckt neben anderen auch die drei in TIMMS und PIRLS getesteten Fachdimensionen ab und wird am Ende der Pflichtschulzeit eingesetzt, also im Alter von etwa 15 Jahren.

Early-School-Leaver-Quote – früher AusBildungsabbruch[1]

Die Early-School-Leaver-Quote gibt den Anteil der Jugendlichen zwischen 18 und 24 Jahren an, die über keinen Sekundarabschluss II verfügen (Steiner 2009a, S. 141). Damit werden die europäischen Länder verglichen und festgestellt, inwieweit die vereinbarte Zielgröße erreicht bzw. verfehlt wurde. Da die meisten Länder nur schulische Ausbildungen kennen und die Schulpflicht in vielen Ländern bis 18 Jahre dauert, ist sowohl die Definition als auch der verwendete Begriff nachvollziehbar. Österreich ebenso wie Deutschland und die Schweiz sowie einige wenige andere Länder haben neben der schulischen Ausbildung auch ein duales Ausbildungssystem etabliert, das zu einem Sekundarlevel II führen kann. Daher wäre die einfache Übersetzung mit „SchulabbrecherInnen" zu kurz gegriffen. In Österreich hat sich in den letzten Jahren – vor allem im Zusammenhang mit der Einführung der Ausbildung bis 18 (Ausbildungspflicht) – der Begriff der „frühen AusBildungsabbrecherInnen (FABA)" neben dem der „Early-School-Leavers" etabliert. Die FABA-Quote gibt den Anteil der Jugendlichen zwischen 15 und 24 Jahren ohne Sekundarabschluss II an. Für beide Definitionen (Early-School-Leavers und FABA) gilt, dass die Jugendlichen NICHT gleichzeitig in irgendeiner AusBildung stehen (BibEr 2015, S. 2).

NEETs – Not in Employment, Education or Training

Zu Beginn des Projektes war der Indikator NEETs noch wenig empirisch erforscht. Es handelt sich um Jugendliche zwischen 18 und 24 Jahren, die, unabhängig von ihrem bereits erreichten AusBildungsniveau, weder in Ausbildung, Arbeit oder in

---

[1] Die Schreibweise „AusBildung" soll die beiden Möglichkeiten von Bildung und Ausbildung besonders hervorheben, nämlich der schulischen und der dualen Ausbildung. In diesem Artikel werden die Begriffe Bildung und Ausbildung synonym verwendet. Diese Schreibweise hat sich im Zusammenhang mit der Einführung der AusBildungsPflicht etabliert.

einer Weiterbildung stehen. Auch dabei geht es um eine international vereinbarte Messgröße, die für Ländervergleiche gut geeignet ist und auch gewisse Aussagen zur Arbeitsmarktperformanz eines Landes zulässt. In späteren Studien zeigte sich, dass der harte Kern der NEETs jene Jugendlichen umfasst, deren höchster Bildungsabschluss nicht über das Pflichtschulniveau hinausreicht (Bacher et al. 2013, S. 114).

Problemausmaß

Neben den statischen Daten der oben beschriebenen Quoten gilt es abzuschätzen, welche Konsequenzen früher Bildungsabbruch im weiteren Leben für die Betroffenen, für die wirtschaftliche Entwicklung eines Landes und für die Gesellschaft hat. In den periodischen Veröffentlichungen über den Arbeitsmarkt wird seit Jahren angegeben, wie hoch das Arbeitslosigkeitsrisiko für Personengruppen nach ihrem höchsten Bildungsabschluss ist. Da Arbeitslosigkeit ein sehr guter Indikator für Probleme – sowohl individuell als auch sozial, gesellschaftlich und wirtschaftlich – ist, muss daher für die frühen BildungsabbrecherInnen der Fokus auf das Problemausmaß gelegt werden.

Demnach waren im Jahresdurchschnitt 2016 in Österreich 26 % aller Personen, deren höchster Bildungsabschluss nicht über Pflichtschulniveau liegt, arbeitslos. In Wien waren es fast 40 %, also 4 von 10 Personen mit maximal Pflichtschulbildung waren arbeitslos (siehe Abbildung 1).

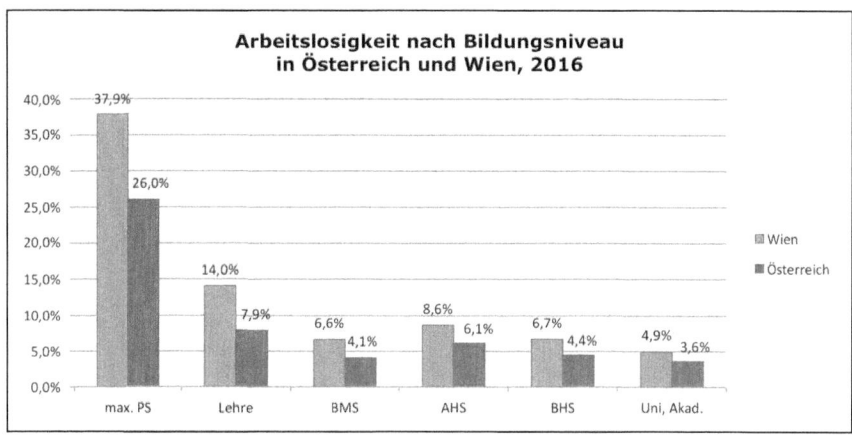

Abbildung 1: Arbeitslosigkeit nach Bildungsniveau in Österreich und Wien, 2016;
Quelle: AMS Österreich

Betrachtet man die Entwicklung über viele Jahre hinweg, dann wird deutlich, dass Arbeitsmarktpolitik allein dieses Problem nicht kompensieren kann. Wie aus Abbildung 2 hervorgeht, ist die Arbeitslosigkeit seit dem Jahr 1990 auf allen höheren Bildungsniveaus moderat gestiegen, bei Personen allerdings, die maximal über einen Pflichtschulabschluss verfügen, ist sie stark gestiegen. Selbst die im Jahr 2016 beobachtbare Abflachung kann aufgrund des sehr hohen Niveaus keine Entspannung signalisieren. Auch wenn aufgrund des allgemeinen Anstiegs des Bildungsniveaus seit vielen Jahrzehnten die Zahl der Betroffenen mit maximal Pflichtschulniveau kontinuierlich sinkt, stellen sie nach wie vor 45 % aller in Österreich arbeitslosen Personen (AMS 2017, S. 10). Die Zahl der Beschäftigungsmöglichkeiten für Personen auf diesem Qualifikationsniveau ist in dieser Zeitspanne noch rasanter und dramatisch zurückgegangen.

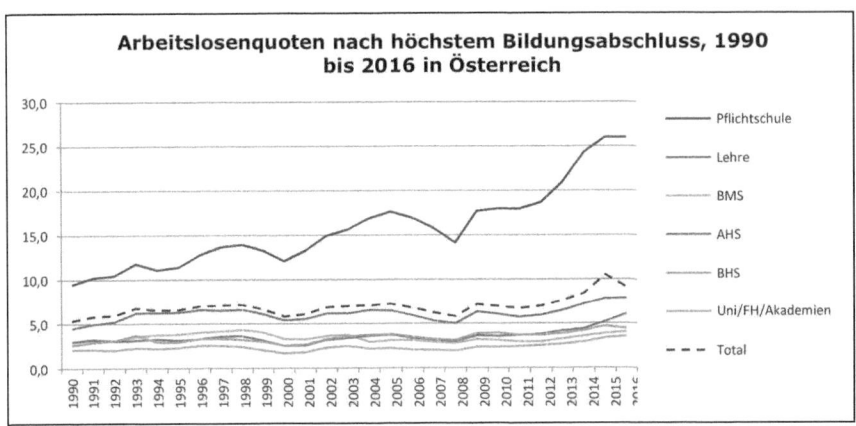

Abbildung 2: Arbeitslosenquoten nach höchstem Bildungsabschluss, 1990 bis 2016 in Österreich; Quelle: AMS Österreich

Erste Annäherung an die Thematik des frühen Bildungsabbruchs

Mit dem Projekt „Perspektiven für unentdeckte Talente – Prävention und Interventionen bei frühzeitigem Bildungsabbruch" oder kurz „Unentdeckte Talente", das für insgesamt 10 Jahre anberaumt ist (2010 bis 2020), sollte und soll dieses Thema umfassend bearbeitet werden. Kreativität und Innovation sollten die Projekttreiber sein, die Umsetzung der Projektideen eher in den jeweiligen Politikbereichen erfolgen, wie etwa in der Arbeitsmarkt- oder aber auch in der Bildungspolitik.

Will man sich also mit dem Thema früher Bildungsabbruch beschäftigen, gilt es zunächst abzuschätzen, welche Ursachen diesem Problem zugrunde liegen, wo die eigenen Handlungskompetenzen liegen oder auch liegen könnten und welche Datenbasen zur Verfügung stehen. Zudem ist zu berücksichtigen und vor allem auch aufzuzeigen, welche Ursachen und Begleiterscheinungen beeinflussbar sind. Überdies gilt es zu überlegen, inwiefern die Veränderung der Ursachen auch tatsächlich das Problem löst.

Bildungspolitisch wurden zur Begegnung des frühen Bildungsabbruchs auf EU-Ebene eine Reihe von Maßnahmen in den drei Handlungsfeldern Prävention, Intervention und Kompensation vereinbart (BMB 2016, S. 28). Schon zu Beginn des Projektes „Unentdeckte Talente" war bekannt, dass etwa die soziale und regionale Herkunft sowie die Wohnumgebung Stadt/Land maßgeblichen Einfluss auf das Ausmaß von Bildungsabbrüchen haben. Dass die Verhinderung von frühem Bildungsabbruch wirkungsvoller, effektiver und vor allem auch effizienter ist als die nachträgliche Kompensation, liegt aber außerhalb des Einflussbereiches der Projektleiterin. Auch wenn den Kompensationsaktivitäten der österreichischen Arbeitsmarktpolitik zur Reduktion des Ausmaßes frühen Bildungsabbruchs auch zu Projektbeginn schon ein gutes Zeugnis ausgestellt wurde (vgl. etwa Steiner et al. 2016, S. 7), liegt das Handlungsfeld für Interventionen im Rahmen des Projektes jedoch wieder eher im „Kompensationsbereich"[2]. Ungeachtet dessen sollten aber auch Grundlagen erarbeitet werden, die durch andere Stellen aufgegriffen werden könnten, um Interventionen in anderen Politikbereichen zu setzen.

Es war daher naheliegend, die im AMS erfassten Daten so detailliert wie nur möglich zu analysieren, um auf Merkmale und Merkmalskombinationen zu stoßen, die Hinweise für konkrete Handlungsfelder liefern sollten. Daraus gingen die ersten Forschungsberichte hervor, die als Grundlage für die Erarbeitung von Hypothesen zu nächsten Schritten und Analysen herangezogen werden konnten (Landauer 2011; 2012a; 2012b).

Erfassung des Themenspektrums sowie der anzusprechenden Gruppen von Jugendlichen

In Workshops mit ForscherInnen, ExpertInnen und AkteurInnen wurde zunächst erarbeitet, was die Personen neben dem frühen Bildungsabbruch sonst noch auszeichnen könnte. Gemeint war damit, welche Zugänge, Ressourcen, Möglichkeiten könnten zusätzlich bei den Jugendlichen angesprochen und genutzt werden. Würde man es mit einer homogenen, bildungsfernen, kognitiv und sozial benachteiligten Klientel zu tun haben oder würde man durchaus unterschiedliche strukturelle Merkmale entdecken? Wer also gehört zu den frühen BildungsabbrecherInnen? Und sind sie auch individuell erfasst, also prinzipiell ansprechbar, zum Beispiel für Angebote des AMS oder andere Bildungsangebote? Für alle Personengruppen gilt, dass sie dann individuell ansprechbar sind, wenn sie sich beim AMS vormerken lassen. Erst im Laufe des Projektzeitraumes wurde die Bildungsstatistik soweit elaboriert, dass die individuellen Bildungsströme der SchülerInnen auch abgebildet werden können, doch sind diese Daten der Öffentlichkeit weitgehend nicht zugänglich. Die zweite Frage ist, ob diese Kriterien auch statistisch auswertbar erfasst sind, sodass die jeweilige Gesamtzahl eruiert werden kann. Die Gesamtzahl wiederum ist notwendig, um die Größenordnungen abschätzen und somit gezielte Maßnahmen planen zu können.

---

2 Dass in der Projektbezeichnung auch der Begriff „Prävention" genannt wird, bezieht sich auf den Umstand, dass aktuell – sprich im Alter der Jugendlichen zwischen 15 und 24 Jahren – auf individueller Ebene ein endgültiger AusBildungsabbruch durch geeignete Maßnahmen noch verhindert werden kann. Im Bildungsbereich innerhalb der EU werden unter „Prävention" systemische Maßnahmen verstanden, die Bildungsabbrüche im Vorfeld verhindern sollen. Der hier verwendete Begriff „Kompensation" bezieht sich auf diese EU-Systematik.

SchülerInnen, die an der Matura gescheitert sind
Jugendliche, die eine höhere Schule besucht haben und an der Matura scheitern. Die Zahl der betroffenen Personen ist nicht bekannt[3]. Das Kriterium „an der Matura gescheitert" bzw. „höhere Schule bis zur Matura absolviert" ist beim AMS nicht erfasst.

Lehrlinge, die an der Lehrabschlussprüfung gescheitert sind
Die Anzahl der Jugendlichen, die trotz absolvierter Lehre nicht zur Lehrabschlussprüfung antraten oder diese nicht bestanden und nicht mehr zu einer Wiederholungsprüfung angetreten waren, waren zum damaligen Zeitpunkt schon bekannt. Die Zahl der nicht bestandenen Lehrabschlussprüfungen lag 2016 in Wien insgesamt bei 23,6 %, beispielsweise in Körperpflege/Schönheit bei 34,5 %, bei Maschinen/Fahrzeuge/Metall bei 31,4 %. Zudem sind in Wien im Jahr 2016 6,2 % der AnwärterInnen nicht zur Lehrabschlussprüfung angetreten (WKW 2017, S. 17 ff). Das Kriterium „Lehre ohne Abschluss" ist im AMS nicht erfasst.

AbbrecherInnen mittlerer und höherer Schulen
Die Anzahl der Jugendlichen, die ihre Bildungslaufbahn irgendwann während der Dauer von mehrjährigen mittleren oder höheren Schulen abbrechen und in keine andere AusBildung wechseln, sei es Schule oder Lehre, war zu Projektbeginn nicht bekannt. Sofern sie sich beim AMS vormerken lassen, sind sie jedoch erfasst und können individuell betreut werden. Ihre Gesamtzahl war zu Beginn nicht auswertbar, mittlerweile ist dieses Kriterium in der Bildungsstatistik auch statistisch auswertbar abgebildet.

Jugendliche, die nach dem positiven Pflichtschulabschluss keine weitere AusBildung begannen
Das AMS erfasst den höchsten Bildungsabschluss. Jugendliche, die nach der Pflichtschule keine weitere Ausbildung in Angriff nahmen, wenden sich mit großer Wahrscheinlichkeit früher oder später an das AMS, insofern ist die Gesamtzahl der Menschen mit maximal Pflichtschulabschluss, die sich an das AMS wandten, bekannt. Doch lässt dies keine Differenzierung zu den anderen hier angeführten Personengruppen zu.

Jugendliche, die keinen positiven Pflichtschulabschluss haben
Die Zahl derer, die keinen positiven Pflichtschulabschluss haben, ist nur dann bekannt, wenn sie sich an das AMS wenden. All jene, die beim AMS nicht vorstellig werden, sind nicht bekannt, daher auch nicht deren Gesamtzahl. Das AMS erfasst diesen Faktor im Unterschied zu anderen Statistiken gesondert und kann somit eine Aussage dazu hinsichtlich aller Vorgemerkten treffen.

---

3   Alle hier und im Folgenden getätigten Aussagen zu fehlenden Daten konnten aus den Empfehlungen des IHS an das Bildungsministerium abgeleitet werden (Steiner 2009b, S. 16).

Jugendliche, die aufgrund der Absolvierung der Allgemeinen Sonderschule keinen positiven Pflichtschulabschluss erreichen konnten

Die Anzahl der AbsolventInnen Allgemeiner Sonderschulen haben – so sie nicht anschließend erfolgreich eine Polytechnische Schule besucht haben – im ersten Bildungsweg keinen positiven Pflichtschulabschluss erworben. Die Anzahl dieser Jugendlichen ist im AMS nicht gesondert ausgewiesen, in der Bildungsstatistik allerdings schon.

Jugendliche, die eine Lehre abgebrochen haben

Die duale Ausbildung hat eine Besonderheit, die sie von anderen AusBildungswegen unterscheidet: Eine Lehre kann unabhängig von einem positiven Pflichtschulabschluss begonnen und absolviert werden. Sofern sie sich an das AMS wenden, werden sie mit Pflichtschule (PS) bzw., wenn der Pflichtschulabschluss fehlt oder negativ ist, mit „ohne positivem Pflichtschulabschluss" (PO), als höchstem Bildungsabschluss vorgemerkt, nicht aber als LehrabbrecherInnen. Dies bedeutet, dass Jugendliche mit begonnener, aber abgebrochener Lehre nicht gesondert in der Statistik ausgewiesen sind.

Jugendliche, die ihre AusBildung im Ausland absolviert oder abgebrochen haben

Jugendliche, die kein österreichisches Zeugnis haben, haben zusätzlich zu anderen möglichen Problemen auch das Problem der Anerkennung oder Gleichhaltung ihrer im Ausland absolvierten AusBildung. Sofern sie sich an das AMS wenden, können sie zwar individuell betreut werden, ihre Gesamtzahl ist jedoch nicht bekannt.

Jugendliche, die nach Absolvierung der Schulpflicht einer ungelernten Beschäftigung nachgehen

Jugendliche, die nach der Schulpflicht keine AusBildung machen, sondern unmittelbar in den Arbeitsmarkt eintreten, sind in der Beschäftigungsstatistik erfasst und somit ist – sofern das Bildungsniveau ausgewiesen ist – ihre Gesamtzahl bekannt, sie sind aber für allfällige Maßnahmen des AMS individuell nicht ansprechbar.

Jugendliche, die nach Absolvierung der Schulpflicht in keiner Statistik erfasst sind

Jugendliche, die nach der Schulpflicht weder zum AMS gehen, noch eine andere AusBildung machen, noch eine Beschäftigung aufnehmen, waren zu Projektbeginn nirgendwo erfasst. Ihre Größenordnung war daher auch nicht bekannt, wiewohl es aber unterschiedliche Schätzungen dazu gab. Dieses Problem wird seit Einführung der „AusBildung bis 18" mit jedem Jahr kleiner und sollte Mitte 2018 für die Unter-18-Jährigen nicht mehr bestehen. Die Jugendlichen müssen eine AusBildung machen oder zumindest gemeinsam mit einem Jugendcoach einen AusBildungsplan vereinbaren (APflG 2016).

Jugendliche im Alter zwischen 18 und 24 Jahren, die nicht beschäftigt oder in Ausbildung stehen und sich nirgends vormerken lassen und auch keine AusBildung abgeschlossen haben, sind individuell nicht erreichbar und ihre Gesamtzahl kann auch in Zukunft nur geschätzt werden.

Zusammenfassend heißt dies, dass frühe BildungsabbrecherInnen schon allein aufgrund der kognitiven Potenziale und unterschiedlicher biografischer Voraussetzungen eine durchaus sehr differente Gruppe bilden. Diese Analyse war zu Projektbeginn hilfreich, um besser abschätzen zu können, ob alle frühen BildungsabbrecherInnen in gleicher Weise durch das bestehende AMS-Angebot erreicht werden oder aber erreicht werden können. Ausgangsbasis aus Sicht der Arbeitsmarktpolitik war es auch, dass Österreich zwar einen stark akzentuierten Schwerpunkt auf die Arbeitsmarktpolitik Jugendlicher setzte und setzt, diese oftmals aber die angebotenen Maßnahmen damals wie heute nicht bis zum vorgesehenen Abschluss absolvieren. Auch die anfänglichen Studien, die genau darauf abzielten herauszufinden, was der Grund für die Kursabbrüche war und durch welche Maßnahmen dieses Phänomen zu beheben wäre, gaben nur unzureichende Antworten (Landauer 2012a; 2012b).

Was sind die Handlungsfelder und was wurde bislang realisiert?

Aus den Analysen ging hervor, dass einige unterschiedliche Handlungsfelder abzudecken sind, die einander jedoch durchaus ergänzen, vielleicht sogar bedingen.

Forschung
Die zu Beginn des Projektes verfassten Studien (Landauer 2011; 2012a; 2012b) zeigten, dass etliche Aspekte des Phänomens des frühen AusBildungsabbruchs mit zunehmender Beschäftigung mit den vorhandenen Daten unter dem Gesichtspunkt des höchsten Bildungsabschlusses durchaus ergiebige Informationen ans Licht brachten. Forschung würde also auch im weiteren Projektverlauf eine Rolle spielen und spielen müssen. Schon allein das Ergebnis, dass es sich bei dieser Personengruppe keineswegs um eine auch nur annähernd als homogen zu bezeichnende Gruppe handelt, war einigermaßen überraschend. Das hieß für die weiteren Forschungsfragen aber auch, sich damit zu beschäftigen, inwiefern sich einzelne Personengruppen „zusammenfassen" ließen, für die es galt, passgenaue Interventionsmaßnahmen zu konzipieren.

In diesem Zusammenhang wurden zunächst die 2011 analysierten Daten früher BildungsabbrecherInnen 2015 in einer Langzeitstudie einer neuerlichen Untersuchung hinsichtlich der weiteren Ausbildung dieser Jugendlichen unterzogen (Landauer 2016b). Dabei zeigte sich, dass 4 von 10 Personen, die 2011 noch keinen Pflichtschulabschluss hatten, zumindest diesen nachholen konnten. Von jenen Jugendlichen, die 2011 die Pflichtschule schon absolviert hatten, konnten 27 % ihr Bildungsniveau heben – 66 % der untersuchten Personen hatten eine Lehre begonnen, 20 % waren zwischenzeitlich bei der Lehrabschlussprüfung erfolgreich, andere 20 % haben ihre Lehre nach Absolvierung der Hälfte der Lehrzeit abgebrochen und könnten auch zu einer außerordentlichen Lehrabschlussprüfung antreten.

Als größter singulärer Hemmfaktor für eine höhere AusBildung erwies sich nach vier Jahren seit der ersten Studie eigene Elternschaft: Sowohl junge Väter als auch junge Mütter konnten ihr ursprüngliches AusBildungsniveau seit 2011 erheblich seltener verbessern als Jugendliche, die noch keine Kinder hatten.

Die Beschäftigung mit frühen BildungsabbrecherInnen hat auch nahegelegt, sich mit den Auswirkungen von Bildungsarmut zu beschäftigen, die in einer eigenen Studie thematisiert wurden (Landauer 2016a).

Alle dazu veröffentlichen – auch hier nicht erwähnten – Studien sind auf der Projektwebsite (http://www.unentdecktetalente.at/dasprojekt/) und im Forschungsnetzwerk des AMS (http://www.amsforschungsnetzwerk.at/deutsch/publikationen/amspub.asp?first=1) publiziert. Jüngste Aktivität ist die begleitende Evaluierung des Ausbildungsprojektes für junge Mütter „Job Navi", deren erste Ergebnisse in Buchform auch online ebendort veröffentlicht sind.

Information

Informationsmangel und Desinformation der betroffenen Personengruppen erschienen schon zu Beginn des Projektes als weit verbreitet. Das Nichtwissen etwa über die Tatsache, dass es keine rechtliche Beschränkung für die Anzahl der Wiederholungen von Lehrabschlussprüfungen gibt, zeigte die Notwendigkeit, dass diese und andere Informationen sehr gezielt an den Mann/an die Frau gebracht werden müssten. Daneben sollten auch jene Jugendlichen erreicht werden, deren Eltern vielleicht keine oder unzureichende Ressourcen haben, ihre Kinder bei diesen Fragen zu unterstützen. Es war also bald klar, dass es eine Website geben sollte, die möglichst viele der frühen BildungsabbrecherInnen erreichen kann, um sie gezielt mit nützlichen Informationen zu versorgen. Hinsichtlich der Usability sollten sowohl die kognitiv weniger Begabten erreicht werden als auch jene, die mit Alphabetisierung und Lesefähigkeit keine Probleme haben. Es galt dem Anspruch zu entsprechen, die Fülle von Informationen so aufzubereiten, dass diese auch ohne Informationsverlust auch von leseschwächeren Jugendlichen leicht erfasst werden kann. Ein strukturelles Informationsdefizit wurde überdies aufgrund der Größe Wiens und der damit zusammenhängenden Vielzahl an Beratungseinrichtungen geortet, eine Unübersichtlichkeit, der auch mit dieser Homepage begegnet werden sollte. In diesem Zusammenhang wurde angenommen, dass der Zugang zu digitalen Medien für die hier angesprochenen Zielgruppen grundsätzlich kein Problem darstellte.

Unter diesen Aspekten wurde die Homepage für Jugendliche www.unentdecktetalente.at realisiert und wird regelmäßig aktualisiert. Die Navigation zu einem Ergebnis erfolgt über jeweils eine (einfache) Frage, deren Beantwortung zur logisch nächsten Frage führt, die nach 2 bis 5 Fragen in einer individuell „richtigen" Empfehlung mündet, was als nächster Schritt am besten zu tun wäre und welche Beratungseinrichtung – auf das individuelle Problem spezialisiert – in Wien kostenlos und auch von Minderjährigen ohne Hilfe der Erziehungsberechtigten in Anspruch genommen werden kann. Adresse, Wegbeschreibung sowie ein Ausdruck als Art Empfehlungsschreiben sollen die Schwelle zur jeweiligen Beratungseinrichtung möglichst niedrig halten. Zusätzlich wird mittels geschriebener Texte und Videos auch generell zu mehr Bildung animiert. Die Website ist in 13 Sprachen verfügbar. Die Anzahl der „qualifizierten Zugriffe" – es werden nur Zugriffe gezählt, bei denen mindestens eine Frage beantwortet wird – lässt Luft nach oben. Derzeit lässt sich nicht endgültig beurteilen, ob die Website bei der Zielgruppe so wie beabsichtigt ankommt.

Interventionen

Ursprünglich war geplant zu prüfen, ob bei den AMS-Kursen die gesamte Palette an möglichen – und sinnvoll einsetzbaren – Methoden zum Einsatz kam, die die Betroffenen befähigen könnten und sollten, einen höheren Bildungsabschluss zu erreichen oder ob in verwandten Anwendungsbereichen Gesundheit, Therapie, Unternehmensberatung, Organisationsentwicklung, Wissenschaft und Forschung, etc. zusätzliche Methoden bekannt sind, die im Feld der arbeitsmarktpolitischen Maßnahmen noch nicht erprobt waren. Im tatsächlichen Projektverlauf ging es dann jedoch vorrangig eher um die Konzeption von Maßnahmen für spezifische Personengruppen aus der gesamten Gruppe der frühen BildungsabbrecherInnen.

Zu Aktivitäten im Feld der Interventionen wird alles gezählt, was sich mittelbar oder unmittelbar auf die Zielgruppe auswirken kann.

In einem spezifischen Projekt, das „Nützliche Netzwerke" genannt wurde, wurden die konkreten sozialen Kontakte und Personen im Lebensumfeld der Jugendlichen in einem Hauptschulabschlusskurs unter wissenschaftlicher begleitender Unterstützung und Beobachtung für deren Karrierepläne als Ressource genützt. Weitere gezielte Beschäftigung mit Ansätzen der sozialen Netzwerke würde sich lohnen.

Es wurde ein Spiel „Der große Wurf" entwickelt, bei dem Geschicklichkeit und Bewegung gefragt sind und das auf einer jährlich stattfindenden Jugendmesse für 14-Jährige eingesetzt wird und die Jugendlichen zu einer über die Pflichtschule hinausgehenden AusBildung animieren soll. „Der große Wurf" wird von den Jugendlichen mit großem Interesse und Spaß angenommen und gespielt.

Als bislang letzte Aktivität auf diesem Gebiet wurde das Konzept für ein umfassendes mehrjähriges Ausbildungsangebot „Job Navi – Ausbildungswege für junge Mütter" erarbeitet, das derzeit als Pilot umgesetzt wird. Eine begleitende Evaluierung läuft.

Alle hier beschriebenen Aktivitäten sind auf der Projektwebsite abrufbar.

ExpertInnen

Zu Beginn des Projektes gab es nur wenige ForscherInnen (wie Mario Steiner, IHS oder Erna Nairz-Wirth, WU Wien), die sich in Österreich mit diesem Thema schon vor 2010 beschäftigt hatten. Dementsprechend schien es notwendig zu sein auch ExpertInnen aus dem Ausland einzuladen, um entsprechendes Know-How in Österreich aufzubauen. Da sich im weiteren Verlauf des Projektes herausstellte, dass sich die Forschungslandschaft dieses Thema betreffend in gravierender Veränderung befand, und auch andere Stellen (wie etwa die Arbeiterkammer) sich diesem Thema gewidmet hatten, wurde innerhalb des Projektes darauf verzichtet, eigene Konferenzen zu veranstalten. Vielmehr wurde Augenmerk auf die Entwicklungen und Datenbasen in Österreich und den europäischen Ländern gelegt.

Zu thematisch relevanten Fragen wurden Workshops mit ExpertInnen abgehalten. Die meisten davon dienten als Vorarbeit für die oben skizzierten Aktivitäten. Manche davon dienten zur Informationsverbreitung und Diskussion, wie etwa das Thema „Vielsprachigkeit". Anlässlich der ersten Studie (Landauer 2011) stellte sich heraus, dass eine große Zahl von jugendlichen BildungsabbrecherInnen angaben, etliche Sprachen zu beherrschen. Im Rahmen eines EU-Projektes wurde dazu ein Workshop abgehalten. Die dort gehaltenen Referate sind ebenfalls auf der Projektwebsite nachlesbar.

Andere Workshops widmeten sich etwa den Themen „Verlorene Jugendliche" (die der Statistik verloren gehen) oder der Drop-out-Prophylaxe in AMS-Kursen.

Transfer

Schließlich kristallisierte sich eine zentrale Aufgabe heraus, nämlich Erkenntnisse aus der einschlägigen Literatur in thematisch spezifizierten Studien so aufzubereiten, dass die jeweiligen Organisationen – allen voran natürlich die des AMS Österreich – damit auch etwas anfangen können. Gemeint ist damit, Grundlagen zur Verfügung zu stellen, die ermöglichen sollen, für die unterschiedlichen Zielgruppen „maßgeschneiderte" Angebote zu entwickeln. In den ursprünglichen Überlegungen war aber durchaus auch an die Schulorganisation und andere interessierte öffentliche Institutionen und Nichtregierungsorganisationen gedacht.

In diesem Zusammenhang wurden alle Forschungsergebnisse sowie Problemstellungen, die von Seiten der AkteurInnen des AMS an das Projekt herangetragen werden, nach verschiedenen Schwerpunkten aufbereitet und präsentiert. Auf Basis der Studienergebnisse wurden Workshops mit Stakeholdern abgehalten, um auch neue Sichtweisen zu etablieren. Es gab eine Reihe von Einladungen zu Referaten, Präsentationen, Diskussionen und Artikeln. Inwieweit die intendierten und nicht intendierten RezipientInnen auf die Erkenntnisse der Studien zurückgreifen, kann leider nicht nachvollzogen werden.

Ausblick

In der verbleibenden Projektlaufzeit bis 2020 wird es weiterhin darum gehen, das Problembewusstsein für die Thematik des frühen Bildungsabbruchs zu schärfen und geeignete Initialzündungen zu setzen, auch wenn sich durch die Ausbildungspflicht ein Teil des Problems teilweise entschärft haben mag. Ein lohnendes Betätigungsfeld wäre allemal, Einfluss auf das Bildungssystem zu nehmen, dass es zumindest jene Jugendlichen, die sich nach Abbruch ihrer Schullaufbahn doch zu einem Weitermachen entscheiden, wieder aufzunehmen[4] und sie mit einer einladenden Geste willkommen zu heißen und beim Wiedereinstieg wohlwollend zu begleiten und erforderlichenfalls zu unterstützen. Wichtig ist und bleibt jedenfalls die individualisierte Betrachtung der verschiedenen Handlungsfelder mit Fokus auf passgenaue Maßnahmen für die betroffenen Jugendlichen.

---

4   Nach eigenen Studien wollen 10 % der jungen BildungsabbrecherInnen die Schule fertig machen und abschließen (Landauer 2012b, S. 58), tatsächlich haben vier Jahre danach aber nur zwischen 1 % und 2 % (je nach Geschlecht und Schultyp) eine weiterführende Schule erfolgreich abgeschlossen (Landauer 2016b, S. 29).

Abkürzungen und Glossar

AHS   Allgemeinbildende höhere Schule

Akad.   Akademischer Abschluss

AMS   Arbeitsmarktservice

APflG   Ausbildungspflichtgesetz

BHS   Berufsbildende höhere Schule

BMS   Berufsbildende mittlere Schule

FABA   Frühe AusBildungsabbrecherInnen

EU   Europäische Union

FH   Fachhochschulabschluss

PIRLS Progress in International Reading Literacy Study erfasst die Lesekompetenzen der SchülerInnen in der 4. Schulstufe

PISA   Programme for International Student Assessment wird am Ende der Pflichtschulzeit eingesetzt. In den Fachbereichen – Mathematik, Lesen und Naturwissenschaften, seit 2015 auch „kollaboratives Problemlösen" – die Fähigkeit, Probleme in Kooperation mit anderen Personen zu lösen

PO   AMS-interne Codierung für fehlenden Pflichtschulabschluss

PS   AMS-interne Codierung für einen Pflichtschul- als höchsten Bildungsabschluss

SMS   Sozialministeriumsservice

TIMMS Trends in International Mathematics and Science Study erfasst das mathematische und naturwissenschaftliche Grundverständnis von SchülerInnen der 4. Jahrgangsstufe

Uni   Universitätsabschluss

WU   Wirtschaftsuniversität

Literatur

APflG (2016): Bundesgesetz, mit dem die Verpflichtung zu Bildung oder Ausbildung für Jugendliche geregelt wird (Ausbildungspflichtgesetz – APflG). StF: BGBl. I Nr. 62/2016. [online] https://www.ris.bka.gv.at/GeltendeFassung.wxe?Abfrage=Bundesnormen&Gesetzesnum mer=20009604 [20.09.2017].

AMS (2017): Geschäftsbericht des Arbeitsmarktservice Österreich 2016. Wien. [online] http://www.ams.at/_docs/001_AMS_Geschaeftsbericht_2016.pdf [7.09.2017].

Bacher, Johann/Tamesberger, Dennis/Leitgöb, Heinz/Lankmayer, Thomas (2013): NEET-Jugendliche: Eine neue arbeitsmarktpolitische Zielgruppe in Österreich. Institut für Sozial- und Wirtschaftswissenschaften. ISW. Linz. [online] http://www.jku.at/soz/content/e94921/e231672/e231673/LF_Bacher_Tamesberger_Leitgoeb_Lank mayer_lv_4_13_ger.pdf [12.09.2017].

BibEr (2015): Nach der Ausbildung …. Ergebnisse aus dem bildungsbezogenen Erwerbskarrierenmonitorin (BibEr) im Auftrag des BMASK und AMS für die

Schuljahre 2008/09 bis 2010/11. Wien. [online] http://www.forschungsnetz-werk.at/downloadpub/BibEr_Bericht_2015.pdf [13.09.2017].

BMB (2016): Nationale Strategie zur Verhinderung frühzeitigen (Aus-)Bildungs-abbruchs. Bundesministerium fürBildung. Wien. [online] https://www.bmb.gv.at/schulen/unterricht/ba/NationaleStrategieSchulabbruch2016_final_Web version.pdf?5te7cs [12.09.2017].

Landauer, Doris (2011): Frühe BildungsabbrecherInnen in Wien: Struktur, Analyse, Handlungsbedarf. Teil 1 der dreiteiligen Gesamtstudie. [online] http://www.ams-forschungsnetzwerk.at/deutsch/publikationen/BibShow.asp?id=8642 &sid=131962621&look=2&jahr=2012&gs=0&lng=0&vt=0&or=0&-w o h e r = 0 & a k t t = 0 & z z = 3 0 & m H l I d = 9 1 9 1 & m M l I d = 0 & sort=&PageM=&sort=&Page=1 [07.09.2017].

Landauer, Doris (2012a): AMS-Kursverhalten – Antritt, Abbrüche, Been-digungen. Teil 2 der dreiteiligen Studie „Frühe BildungsabbrecherIn-nen in Wien". [online] http://www.amsforschungsnetzwerk.at/deutsch/ p u b l i k a t i o n e n / B i b S h o w . a s p ? i d = 8 6 4 2 & s i d = 1 3 1 9 6 2 6 2 1 & l o o k = 2 & jahr=2012&gs=0&lng=0&vt=0&or=0&woher=0&aktt=0&zz=30&m HlId=9191&mM lId=0&sortM=&PageM=&sort=&Page=1 [07.09.2017].

Landauer, Doris (2012b): Internetbefragung an frühen Bildungsabbrecher-Innen in Wien. Teil 3 der dreiteiligen Studie „Frühe Bildungsabbre-cherInnen in Wien". [online] http://www.amsforschungsnetzwerk.at/ deutsch/publikationen/BibShow.asp?id=8642&sid=131962621&look=2&-jahr=2012&gs=0&lng=0&vt=0&or=0&woher=0&aktt=0&zz=30&m-HlId=9191&mMlId=0&sortM=&PageM=&sort=&Page=1 [07.09.2017].

Landauer, Doris (2016a): Bildungsarmut und ihre lebenslangen Folgen. Übersicht und Aufbereitung empirischer Studien. [online] http://www.ams- forschungs-netzwerk.at/deutsch/publikationen/BibShow.asp?id=11499 [07.09.2017].

Landauer, Doris (2016b): Bildungsaufstieg im zweiten Anlauf. Längsschnittana-lyse von über 20.000 frühen BildungsabbrecherInnen. [online] http://www.ams- forschungsnetzwerk.at/deutsch/publikationen/BibShow.asp?id=11499 [07.09.2017].

Steiner, Mario (2009a): Early School Leaving und Schulversagen im österreichi-schen Bildungssystem. Nationaler Bildungsbericht 2009. Wien. [online] https://www.bmb.gv.at/schulen/unterricht/ba/nbb_2009_b2_b01_24146.pdf?61ec43 [07.09.2017].

Steiner, Mario (2009b): Drop-outs und AbbrecherInnen im Schulsystem. Defini-tionen, Monitoring und Datenbasen. Wien. Endbericht der Studie im Auftrag des BMUKK. Nicht öffentlich.

Steiner, Mario/Pessl, Gabriele/Karaszek, Johannes (2016): Ausbildung bis 18; Grundlagenanalysen zum Bedarf von und Angebot für die Zielgruppe. Sozial-politische Studienreihe, Band 20, des Bundesministeriums für Arbeit, Soziales und Konsumentenschutz. Wien: Verlag des ÖGB GmbH.

WKW – Wirtschaftskammer Wien (2017): Lehrlinge in Wien. [online] https://www.wko.at/service/w/bildung-lehre/Lehrlingsstatistik_EXTERN_2016.pdf [16.10.2018].

Doris Landauer

Job Navi – Ausbildungswege für junge Mütter

Vorbemerkungen

Bereits 2011 zeigte sich in einer Studie über frühe BildungsabbrecherInnen in Wien, dass viele Jugendliche, die keine über die Pflichtschule hinausgehende AusBildung abgeschlossen hatten, schon ein Kind oder oft sogar mehrere Kinder hatten (Landauer 2011, S. 37 ff), obwohl in den dieser Studie zugrunde liegenden AMS-Daten weder das Faktum der Elternschaft noch die Anzahl der Kinder lückenlos und systematisch erfasst sind. Zunächst werden – das ist laufende Praxis im AMS – Kinder nur dann erfasst, wenn diese von den Eltern aktiv angegeben werden. Erst später und nur in dem Fall, dass sich die Betreuungspflicht eigenen Kindern gegenüber der Aufnahme einer zumutbaren Beschäftigung entgegenstellt oder finanzielle Leistungen damit verbunden wären, werden die Angaben auf ihre Richtigkeit und Vollständigkeit durch das AMS überprüft. Insofern muss davon ausgegangen werden, dass die tatsächliche Zahl der jungen Eltern und die Anzahl ihrer Kinder in Wirklichkeit höher sind als diese Ergebnisse es vermuten lassen.

Um sich ein Bild von der gesamten Größenordnung dieser Thematik für Wien machen zu können – jedoch mit derselben soeben beschriebenen systematischen Unterschätzung behaftet – soll vorweg an dieser Stelle die Gesamtzahl laut AMS-Daten genannt werden: 2013 hatten in Wien 4.029 Jugendliche und junge Erwachsene zwischen 15 und 25 Jahren schon mindestens ein eigenes Kind jedoch keine über die Pflichtschule hinausgehende AusBildung abgeschlossen und waren bereits mindestens einmal beim AMS vorgemerkt. 3.150 Personen hatten zum damaligen Zeitpunkt ein Kind, 879 hatten zwei oder mehr Kinder, manche drei oder vier und vereinzelt hatten die jungen Eltern sogar fünf

Kinder. 1.960 waren Mütter eines Kindes, 530 Mütter mehrerer Kinder[1] (Landauer 2017, S. 20).

2013 machte auch eine umfassende NEET[2]-Studie der Johannes Kepler Universität Linz auf das quantitativ und qualitativ große Problem der jungen Mütter aufmerksam, die knapp ein Viertel aller NEETs in Österreich ausmachen (Bacher et al. 2013).

Diese Ergebnisse legten nahe, dass für die Zielgruppe der jungen Eltern die Angebote und Maßnahmen des AMS auch unter diesen Gesichtspunkten beleuchtet und auch adaptiert werden sollten. Es wurde in der Folge ein Ausbildungsprojekt für junge Mütter entwickelt, das sowohl auf die Herausforderungen und Verantwortung ihrer Elternschaft als auch die weitere AusBildung auf Sekundarstufe II fokussiert. Dieses Projekt „Job Navi – AusBildungswege für junge Mütter" wird zurzeit zum ersten Mal umgesetzt und begleitend evaluiert. Die bisherigen Ergebnisse und das Projekt selbst werden hier vorgestellt und beschrieben.

Zunächst soll aber noch näher auf die dem Projekt zugrundeliegenden Daten und Erkenntnisse eingegangen werden, da es sich um ein doch erhebliches Problem handelt, das Antworten benötigt.

Analyse der Datenlage zu früher Elternschaft und Bildungsabbruch

Studien aus 2011 und 2012

Die erste Datenanalyse der AMS-Daten 2011 bezog sich auf jene frühen BildungsabbrecherInnen, die zeitnah – im konkreten Fall im letzten halben Jahr vor der Datenziehung – beim AMS waren (Landauer 2011).

Die Grundgesamtheit der untersuchten Daten bezog sich auf 28.500 Wiener Jugendliche zwischen 15 und 25 Jahren mit Pflichtschule als höchste abgeschlossene Ausbildung. Sie waren im ersten Halbjahr 2011 beim AMS mindestens einen Tag vorgemerkt, weswegen auch immer[3]. Das Forschungsinteresse bezog sich neben der strukturellen Zusammensetzung der frühen BildungsabbrecherInnen

---

1   In der zuvor genannten und auch veröffentlichten Studie – tatsächlich ist es eine Studie in drei Teilen – wurden die Daten der Jugendlichen detailliert analysiert, die in der ersten Hälfte des Jahres 2011 beim AMS vorgesprochen haben. Um aber auch abschätzen zu können, wie viele Jugendliche in Wien insgesamt von frühem Bildungsabbruch betroffen sind, über die es auch einen Datensatz beim AMS gibt, wurde 2013 eine weitere Datenauswertung gemacht, die diese Gesamtaussage zulässt. Andere Datenquellen, die sowohl den höchsten Bildungsabschluss als auch die Anzahl der Kinder ausweisen, gibt es in Österreich nicht.

2   NEETs sind Jugendliche zwischen 18 und 24 Jahren, die in keiner AusBildung stehen, nicht beschäftigt sind und an keinem Training teilnehmen. NEETS leitet sich aus den Initialen des englischen Begriffes „Not in Employment, Education or Training" ab.

3   Die drei Hauptgründe für eine Vormerkung können Arbeitslosigkeit sein, Lehrstellensuche oder in Schulung befindlich, wobei die Lehrstellensuche auch mit einem anderen Erwerbsstatus, wie etwa Schulbesuch oder Erwerbstätigkeit parallel laufen kann. Alle anderen Gründe für AMS-Vormerkungen spielen quantitativ eine untergeordnete Rolle.

auf den Antritt von AMS-Kursen und die Art der Beendigung sowie die Gründe für allfällige Abbrüche (Landauer 2012).

Obgleich aus der Datenlage nicht hervorging, ob die angegebenen Kinder zum Zeitpunkt allfälliger Kursbesuche schon geboren waren oder ob der betreffende Elternteil irgendetwas mit der Betreuung zu tun hatte, gab es auffällige Unterschiede im „Kursverhalten"[4].

Jugendliche mit einem oder mehreren eigenen Kindern traten häufiger einen Kurs an, als wenn sie noch kein Kind hatten: Jugendliche ohne Kind traten zu 73 % einen Kurs an, hatten sie schon ein Kind, waren es 79 % und schließlich traten 85 % derer, die schon mehr als ein Kind hatten, (mindestens) einen Kurs an.

Frauen ohne Kind(er) begannen zu 72 % einen Kurs, mit einem Kind zu 77 %, mit mehr als einem Kind zu 70 % (Landauer 2012, S. 40 ff).

Eigene Elternschaft hatte auch Auswirkungen auf die Art der Beendigung der angetretenen Kurse:

Die positiven Kursabschlüsse, das heißt, dass alle je begonnenen Kurse ohne vorzeitigen Abbruch plangemäß absolviert wurden, sanken mit zunehmender Kinderzahl. Kinderlose Jugendliche durchliefen zu 55 % alle je begonnenen Kurse plangemäß bis zum Kursabschluss, Jugendliche mit einem Kind zu 49 %, mit mehr als einem Kind zu 47 %. Frauen ohne Kind(er) beendeten zu 57 %, Frauen mit einem (oder mehreren) Kind(ern) beendeten zu 53 % plangemäß alle je begonnenen Kurse (Landauer 2012, S. 76 ff).

Daraus wurden zunächst folgernde Lehren gezogen:

- Jugendliche mit Kindern sind eher bereit, Kurse anzutreten, verallgemeinernd könnte man vielleicht auch annehmen, sie sind bildungswilliger (auf sehr hohem Niveau, weil auch 73 % der Jugendlichen ohne Kinder mindestens einen Kurs besuchen).
- Dies trifft auch auf junge Mütter zu, zumindest Frauen mit einem Kind, aber selbst Frauen mit zwei Kindern treten noch zu 70 % einen Kurs an.
- Jugendliche, die schon Eltern sind, brechen Kurse aber auch eher ab als Jugendliche, die noch keine Kinder haben. Daraus lässt sich folgern, dass vermutlich das Angebot nicht ausreichend den Bedürfnissen, Vorstellungen und Anforderungen der jungen Eltern entspricht.

Studien aus 2015 und 2016

Die Daten derselben 28.500 Personen, die 2011 als frühe BildungsabbrecherInnen identifiziert wurden, wurden 2015 einer neuerlichen Analyse unterzogen, galt es doch herauszufinden, wie viele von ihnen in der Zwischenzeit eine AusBildung abgeschlossen haben (Landauer 2016, S. 37 ff, S. 46 ff). Auch in dieser Analyse zeigte sich wieder ein deutlicher Unterschied zwischen Jugendlichen, die bereits Eltern waren und jenen, die noch keine Kinder hatten.

---

4   In dieser Studie wird unter Kursverhalten ausschließlich Antritt und Art der Beendigung verstanden, nicht etwa Sozialverhalten im Kurs.

2011 hatten noch 20 % der insgesamt untersuchten Jugendlichen keinen Pflichtschulabschluss vorweisen können, 2015 waren es bei Personen ohne Kinder[5] „nur" noch 10 %, bei einem Kind 16 %, bei zwei Kindern 24 % und bei drei und mehr Kindern 29 %.

Anders zeigt sich das Bild bei den LehrabsolventInnen: 24 % der Jugendlichen, die 2011 noch keine Kinder hatten und auch keinen über der Pflichtschule liegenden AusBildungsabschluss, hatten bis 2015 schon eine Lehrabschlussprüfung absolviert. Bei den ehemaligen BildungsabbrecherInnen mit einem Kind waren es nur noch 10 %, bei denen mit zwei Kindern 6 %, Personen mit drei und mehr Kindern konnten nur noch in 3 % einen Lehrabschluss nachholen (siehe Abbildung 1).

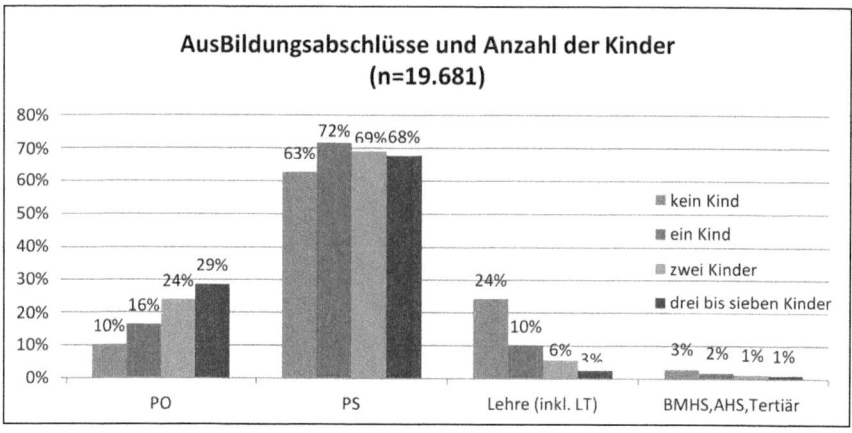

Abbildung 1: AusBildungsabschlüsse und Anzahl der Kinder (n=19.681)

Abbildung 2 zeigt die Differenz zwischen Personen mit Kindern – ungeachtet der Anzahl – und ohne Kind hinsichtlich der Veränderung ihres Bildungsniveaus zwischen 2011 und 2015: Junge Eltern, die 2011 noch keinen Pflichtschulabschluss (PO) hatten, konnten diesen weniger oft nachholen als kinderlose Personen. Eltern sind auch häufiger auf Pflichtschulniveau (PS) geblieben, wenn sie dieses 2011 schon erreicht hatten und hatten erheblich seltener einen Lehrabschluss (LE) nachgeholt als Kinderlose.

Betrachtet man diese Ergebnisse nun nach Vater und Mutter, dann zeigt sich, dass es bei den Personen, die 2011 schon PflichtschulabsolventInnen waren, keinen geschlechtsspezifischen Unterschied zwischen Müttern und Vätern gibt. Bei jenen Personen, die 2011 noch keinen Pflichtschulabschluss hatten, sind Mütter geringfügig erfolgreicher als Väter beim Erreichen des nachträglichen Pflichtschulabschlusses (siehe Abbildung 3).

---

5   Das Faktum der Elternschaft und die Anzahl der Kinder beziehen sich hier und im Folgenden – sofern nichts anderes angegeben ist – auf den Status der AMS-Daten aus 2015, daher ist ihre Gesamtzahl höher als 2011.

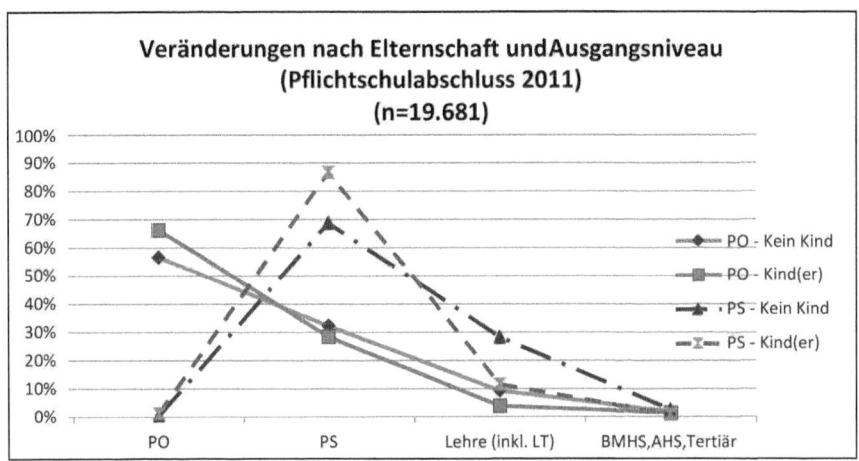

Abbildung 2: Veränderungen der AusBildungsabschlüsse nach Elternschaft und Ausgangsniveau 2011 (n=19.681)[6]

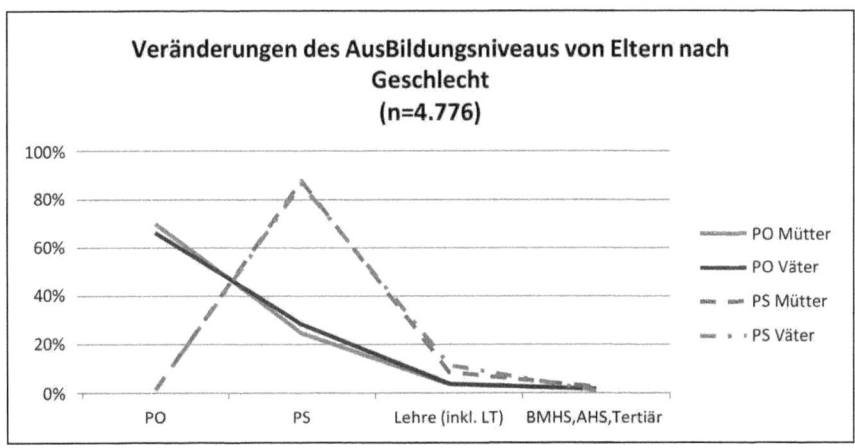

Abbildung 3: Veränderungen des AusBildungsniveaus von Eltern nach Geschlecht (n=4.776)

Aus diesen Ergebnissen wurde zunächst einmal die Erkenntnis abgeleitet, dass junge Eltern andere Kursbedingungen bräuchten als Jugendliche ohne Kinder. Dass Jugendliche insgesamt andere Kursbedingungen bräuchten als Erwachsene, wurde in der AMS-Praxis immer wieder deutlich eingefordert. In der täglichen Praxis des AMS Jugendliche Wien zeigte sich zudem, dass junge Mütter die Angebote etwa für „WiedereinsteigerInnen in den Arbeitsmarkt" erheblich weniger oft annahmen bzw. erheblich häufiger wieder abbrachen. Das bedeutet also für eine auf diese Zielgruppe besser zugeschnittene Maßnahme, dass man bei einem Pro-

---

6   In der Grafik sind die Personen, die 2011 noch keinen Pflichtschulabschluss hatten, mit durchgehenden Linien erkennbar, jene mit Pflichtschulabschluss durch unterbrochene Linien. Personen, die 2015 schon ein oder mehrere Kind(er) hatten, sind an den roten Linien erkennbar, die Kinderlosen an der blauen bzw. grünen Linie.

jektdesign als Ausgangsbasis sowohl das Alter als auch die Elternschaft in besonderer Weise berücksichtigen muss.

Wie die Analyse zeigt, bestehen zwar keine Unterschiede zwischen den Geschlechtern hinsichtlich des erfolgreichen Bildungsaufstiegs, doch muss angenommen werden, dass man demselben Problem bei Müttern und Vätern ziemlich unterschiedlich begegnen muss, soll eine entsprechende positive Entwicklung ermöglicht werden. Jedenfalls bedarf es eines eigenen maßgeschneiderten AusBildungsangebotes für die jungen Eltern. Im ersten Schritt wurde die Gestaltung eines Angebotes für junge Mütter in Angriff genommen. Für sie ist das Gesamtangebot des AusBildungsmarktes und des AMS an – aus deren subjektiver Sicht – attraktiven AusBildungen weniger divers, auch wenn ihnen prinzipiell alle AusBildungswege offen stehen[7].

Im Zuge der Vorarbeiten zur Ausbildung bis 18 wurde überdies festgestellt, dass Burschen zwar stärker vom vorzeitigen Bildungsabbruch betroffen sind, ihnen der Weg zurück ins AusBildungssystem aber zugleich etwas weiter offen steht als den jungen Frauen (Steiner et al. 2016, S. 40).

Erste Überlegungen zu einem Projektdesign für ein Angebot an die jungen Mütter

Ausgehend von diesen Analysen galt es, ein Angebot zu kreieren, das
- für junge Mütter attraktiv genug ist, dass sie es annehmen,
- niederschwellig genug ist, dass sie es durchhalten und
- anspruchsvoll genug ist, dass sie eine Sprosse auf der Bildungsleiter aufsteigen können, sodass am planmäßigen Ende der erfolgreiche Abschluss einer Lehre oder einer weiterführenden Schule steht.

So trivial diese Ansprüche scheinen und so erfahren das AMS im Maßnahmendesign auch sein mag, so hat sich doch herausgestellt, dass dies zu wissen noch lange kein Rezept für die Lösung ist. Es mussten alle möglichen Aspekte einzeln daraufhin durchdacht und überprüft werden, ob sie junge Mütter eventuell benachteiligen oder aber doch unterstützen könnten.

Tages- und Wochenstundenausmaß für die Kurszeiten im Projekt

Bei der Angebotsrecherche wurde rasch deutlich, dass in Österreich Mutterschaft gedanklich zwar fast zwangsläufig mit Teilzeitarbeit[8] – und diese auf niedrigem Stundenniveau – verknüpft wird, doch findet sich diese „Zwangsläufigkeit" im AusBildungsmarkt nicht wieder. Angebote im zweiten Bildungsweg erfordern

---

7 Noch immer wählt fast die Hälfte der jungen Frauen aus nur drei Lehrberufen aus (WKO 2017), auch die Schulwahl ist eingeschränkter als bei Burschen (Statistik Austria 2016).

8 Fast 50 % (exakt 47,7 %) der erwerbstätigen Frauen sind in Österreich teilzeitbeschäftigt. Das ist gegenüber Männern (11,8 %) und international eine sehr hohe Quote (Statistik Austria 2017).

häufig eher ein sehr viel höheres Ausmaß als 40 Wochenstunden. Auch bisherige AMS-Angebote, die zu einem Sekundarabschluss II führen, wie etwa Facharbeiter-Innen-Intensivausbildungen oder auch Kompetenz mit System[9], sind mit hohem Stundenaufwand verbunden. Für junge Mütter – und wohl auch für ältere Mütter und auch für Väter, wenn sie sich an der Kinderbetreuung angemessen beteiligen – ist das meist zeitlich kaum bewältigbar und definitiv zu viel.

Voraussetzung schien aber in jedem Fall ein qualitativ und quantitativ hochwertiges, kostengünstiges und gut erreichbares Kinderbetreuungsangebot zu sein, dessen Öffnungszeiten an die Arbeits- bzw. Ausbildungszeiten angepasst sind.

Es gab bis zur Realisierung von Job Navi kein AusBildungsangebot, das unter einem wöchentlichen Aufwand von 40 Stunden zu einem Abschluss auf Sekundarlevel II führt. Es galt also eine AusBildung in Teilzeit zu schaffen! Zu dieser Erkenntnis zu kommen war vergleichsweise leicht – bisher hatte sie nur noch niemand gewonnen bzw. aufgegriffen – aber diesen nunmehr als wesentlich erkannten Aspekt auch umzusetzen, war nicht mehr ganz so leicht.

Das AMS hat seit Jahren beste Erfahrungen mit einem modular aufgebauten AusBildungskonzept Kompetenz mit System (KmS) zur Vorbereitung auf die Lehrabschlussprüfung im Feld, das eine breite Anerkennung genießt und deren AbgängerInnen auch bei den Lehrabschlussprüfungen sehr erfolgreich sind. Der Vorteil des KmS-Konzepts gegenüber anderen Bildungsmaßnahmen ist auch, dass – wie der Name es auch ausdrückt – die unterschiedlichen Kompetenzen der TeilnehmerInnen Basis der AusBildung sind und auf diesen individuell aufgebaut wird. Ein weiterer großer Vorteil von KmS ist auch, dass die AusBildung modular erfolgt und jedes Modul mit einem Zertifikat abgeschlossen wird, auf das – sollte eine AusBildungsunterbrechung nötig sein – später aufgebaut werden kann.

Es galt also zunächst, die Idee zu vertreten, das modulare KmS-Konzept um die Dimension „Teilzeit" zu ergänzen.

Eine Voraussetzung für die Zulassung zu einer außerordentlichen Lehrabschlussprüfung ist ein Mindestalter von 18 Jahren. Bereits in dieser Konzeptionsphase war klar, dass AbgängerInnen einer AusBildung auf KmS-Basis in Teilzeit allemal dieses Mindestalter erreicht haben würden, sofern sie es nicht schon zu Beginn der AusBildung überschritten haben sollten.

Berufspalette

An die nächste Frage wurde wieder ziemlich pragmatisch herangegangen, nämlich jene nach den AusBildungsberufen, die im ersten Schritt realisiert werden sollten. Einerseits sollten es Berufe sein, die die jungen Mütter auch tatsächlich gerne erlernen wollen. Es sollten Berufe sein, die später eine einigermaßen dauerhafte Berufstätigkeit in Aussicht stellen und natürlich auch ein existenzsicherndes Einkommen ermöglichen. Aus Sicht des AMS war auch zu berücksichtigen, dass „neue" Berufe,

---

9   Kompetenz mit System (KmS) ist ein modulares Ausbildungskonzept des AMS, das mit einer außerordentlichen Lehrabschlussprüfung abschließt.

für die noch kein Konzept für die Umsetzung in KmS vorhanden war, erheblich längere Vorlaufzeiten erfordern würden als Berufe, für die es schon – wenn auch nur ganztags – ein Kms-Konzept gab. Die am liebsten gewählten Lehrberufe der Mädchen sollten jedenfalls dabei sein. Dem wurde entsprochen, indem die Berufe Einzelhandels- und Bürokauffrau angeboten werden, ergänzt durch Reinigungstechnikerin, ein Beruf, der große Aussichten auf Arbeitsplatz und Einkommen verspricht.

Annäherung zu den allgemeinen Kurs- und Rahmenbedingungen

Um an die jungen Mütter heranzukommen, wurde ein „niederschwelliger Zugang" entwickelt, der sich in anfangs niedrigen täglichen Anwesenheitszeiten sowie späteren Beginnzeiten niederschlägt und die Kurszeiten erst nach ein paar Wochen sukzessive ausgeweitet werden. In den Rückmeldungen hat sich aber auch als besonders attraktiv für die jungen Mütter herausgestellt, dass die Reihenfolge der erforderlichen Schritte für die Teilnahme „umgedreht" wurde: Den jungen Müttern wurde die Möglichkeit eingeräumt, sich zuerst das Projekt anzuschauen und erst dann im AMS Bescheid zu geben, dass sie daran teilnehmen wollen. Den Abschluss des Projektes sollte jedenfalls die positiv bewältigte Lehrabschlussprüfung bilden.

Was aber ist notwendig, um die jungen Mütter bis zu dieser AusBildung zu bringen, sie zu motivieren, eine AusBildung (wieder) anzutreten, es sich zuzutrauen, den Schritt zu wagen, in ihre eigene Zukunft zu investieren? Welche Probleme haben die jungen Mütter sonst noch zu bewältigen? Was brauchen junge Mütter anderes oder anders, um eine AusBildung anzutreten, durchzuhalten und erfolgreiche Abschlüsse zu bewältigen? Was an den bestehenden Angeboten stellen die unüberwindlichen Hürden für die jungen Mütter dar? Welche Aspekte müssen erst erarbeitet werden? Welche Frühwarnsysteme können ungeplante Drop-outs rechtzeitig erkennen, um entsprechend gegensteuern zu können?

Die ursprüngliche Idee, die Betroffenen zu fragen, lief bereits im Vorfeld ins Leere: Ein von außen diagnostiziertes Hindernis, ein unüberwindliches Problem für einen erfolgreichen Abschluss kann von den Betroffenen nicht im Vorfeld antizipiert werden und noch weniger kann eine sinnvolle Gegenstrategie entwickelt werden.

Ein durch das AMS beauftragtes Pilotprojekt gab in diesem Zusammenhang schon mehr Hinweise: Ein sozialpädagogisches Bildungsinstitut sollte eine kleine Zahl von jungen Müttern in all ihren Schritten zur Erlangung oder Wiedererlangung einer Beschäftigung oder AusBildung unterstützen, dabei alle auftretenden Probleme dokumentieren und natürlich bei der Lösung derselben behilflich sein. Es galt also auch herauszufinden, welche Unterstützung am Weg zur Lösung notwendig, nützlich und sinnvoll ist.

Eine zweite Frage war, welche persönlichen Voraussetzungen die jungen Mütter mitbringen, aber auch welche familiären und sozialen. Von welchem Niveau ist auszugehen? Können die jungen Mütter in ihrem tagtäglichen Umfeld auf ein unterstützendes Netz zurückgreifen oder ist dieses eher hinderlich? Zudem musste natürlich auf deren Motivation eingegangen werden, eine AusBildung in Angriff zu nehmen und auf ihre Zuversicht, wie viel sie sich zutrauen wollen und können.

Um das herauszufinden, wurde im Laufe des Pilotprojektes eine umfassende Anamnese bei allen jungen Müttern, die in der Mutter-Kind-Einrichtung der in Wien zuständigen Magistratsabteilung 11, dem Amt für Jugend und Familie, untergebracht waren, durchgeführt und die so erfassten Informationen in der Folge analysiert.

Das Konzept und dessen Realisierung

Diese Erkenntnisse wurden sodann in extern moderierten Workshops mit dem AMS für Jugendliche (in Wien werden Jugendliche bis zu ihrem 21. Lebensjahr in einer spezialisierten Geschäftsstelle des AMS betreut), Sprungbrett, einer seit Jahrzehnten erfahrenen Beratungseinrichtung für Mädchen, der Magistratsabteilung Jugend und Familie (MA11) und dem Wiener ArbeitnehmerInnenFörderungs-Fonds (WAFF) als VertreterInnen der Stadt Wien, dem Sozialministeriumsservice (SMS) und dem Projekt „Unentdeckte Talente" zusammengetragen, ausgewertet und ein erster Konzeptentwurf erstellt. Dieser wurde dann in einer um VertreterInnen der Magistratsabteilung Wiener Kindergärten (MA10), der Magistratsabteilung für Frauen und Frauenförderung (MA57), der Magistratsabteilung Soziales, Sozial- und Gesundheitsrecht (MA40) und der AMS-Landesgeschäftsstelle Wien erweiterten Gruppe noch einmal kritisch zur Diskussion gestellt. Alle vertretenen Einrichtungen fanden die Initiative begrüßenswert, die Maßnahme überaus notwendig und das Konzept letztendlich so ausgereift, dass es dem AMS Wien übergeben werden konnte. In der Folge wird nun nach einer Ausschreibung des AMS die Umsetzung des Konzepts durch einen Bildungsträger realisiert. Den Großteil der Kosten trägt das AMS Wien, das Bundesministerium für Arbeit, Soziales und Konsumentenschutz (BMASK) beteiligt sich durch Kostenübernahme der Kinderbetreuung.

Das Projekt ist in drei Phasen gegliedert, die jeweils unterschiedliche wesentliche Erfordernisse abdecken sollen (siehe Abbildung 4).

In den ersten beiden Phasen soll im Bedarfsfall eine Kinderbetreuung zur Verfügung stehen. Phase 1 soll der Stabilisierung der Persönlichkeit der jungen Mütter in ihrer Rolle als Mutter sowie der Entscheidungsfindung im Hinblick auf berufliche Zielvorstellungen dienen. Phase 2 ist vorgesehen für die Vorbereitung auf die jeweilige Ausbildung. In Phase 3 soll dann die berufliche AusBildung unmittelbar begonnen werden, wobei der gesamte Bildungsmarkt angeboten werden soll (Landauer 2017, S. 23).

Nach ersten Informationsveranstaltungen ab November 2016 wurde der erste Kursbeginn mit Anfang Jänner 2017 fixiert. Mit drei verschiedenen Terminen wurde insgesamt mit 96 Kursplätzen gestartet. 96 Kursplätze heißt, dass allenfalls ausscheidende Teilnehmerinnen durch andere bis zu einem sinnvollen Zeitpunkt im Projektverlauf aufgefüllt werden. Eine umfassende begleitende Evaluierung

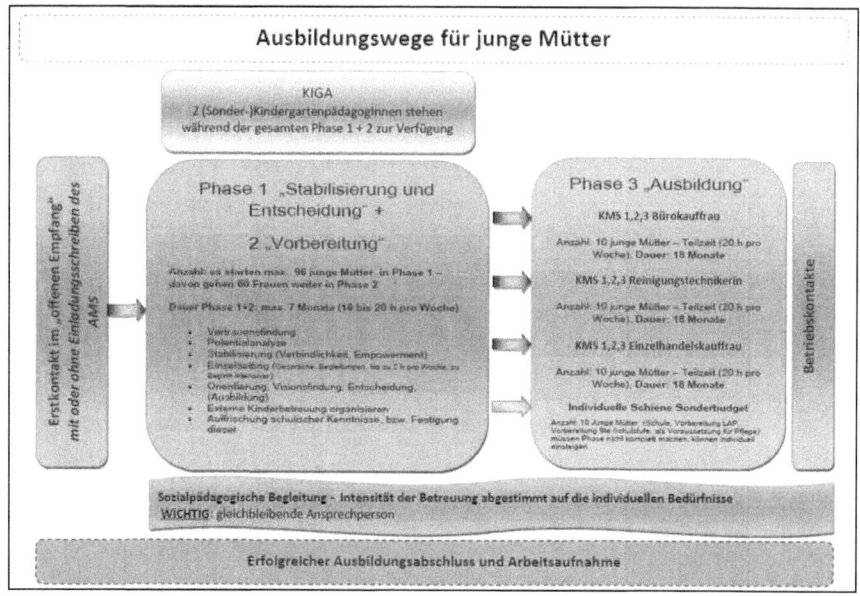

Abbildung 4: Schematische Darstellung des Projektes

wurde vorgesehen, um überprüfen zu können, ob die herausgearbeiteten Bedingungen der Realität auch standhalten. In einem ersten Schritt wurden 80 Teilnehmerinnen mithilfe teilstrukturierter Interviews persönlich befragt, ihre Angaben aufgezeichnet, transkribiert und letztendlich in Buchform eine erste Bilanz bezogen. Die Ergebnisse sind veröffentlicht und auch online verfügbar (Landauer 2017).

Was waren nun die realisierten Eckdaten, die von den Teilnehmerinnen in den Interviews als wesentlich für ihre Entscheidung und Beurteilung des Projektes genannt wurden?

- Der niederschwellige Zugang: Die jungen Mütter können sich zuerst das Projekt anschauen, sich dafür entscheiden und müssen erst dann zum AMS gehen, um sich vormerken zu lassen.
- Kinderbetreuung vor Ort: In den beiden ersten Phasen können die Kinder mitgebracht werden und werden am Standort neben den Kursräumen professionell betreut.
- Unterstützung beim Finden eines Kinderbetreuungsplatzes: Die jungen Mütter werden unterstützt, damit sie möglichst bald einen dauerhaften Kinderbetreuungsplatz bekommen.
- Durchgängige sozialpädagogische Betreuung: Persönliche Ansprache, Wertschätzung, Verständnis, Vertrauen, tatkräftige und/oder emotionale Unterstützung in allen Lebenslagen (und die sind vielfältig) werden der Sozialpädagogin attestiert.
- Mütterfreundliche Kurszeiten: Vor allem der morgendliche Kursbeginn wird an den Umstand angepasst, dass die Teilnehmerinnen ihre Kinder in der Regel zuerst zu ihrem Kindergarten, Schule, etc. bringen müssen. Erst langsam wird das Ausmaß der Anwesenheitspflicht ausgeweitet.

- Unterstützung bei der Berufsorientierung und Entscheidungsfindung: Die Teilnehmerinnen können sich theoretisch und praktisch mit verschiedenen Berufsmöglichkeiten auseinandersetzen und einzelne Arbeitsschritte erproben.
- Langsame Annäherung an die BerufsausBildung und eine individualisierte Vorbereitung: Bis zum Beginn der AusBildungsphase kann die Entscheidung noch gefestigt, aber erforderlichenfalls auch revidiert werden. Allfällige schulische Defizite werden ab Tag 1 des Projektes ins Visier genommen und kompensiert.
- AusBildungsmöglichkeiten in Teilzeit in KmS: Last but not least, die Aussicht, eine AusBildung tatsächlich in Teilzeit absolvieren zu können, wurde von den meisten Müttern als DIE Chance ihres Lebens bezeichnet. Manche haben sehr große persönliche „Sprünge" bewältigt, nur um im Projekt bleiben zu können.

Der zweite Abschnitt der Evaluierung ist in Arbeit und wird etwa zu Jahreswechsel 2017/2018 fertiggestellt werden. Insgesamt sind in diesem ersten Durchgang 104 junge Mütter in Job Navi eingestiegen. Im Herbst 2017 wurde allen Teilnehmerinnen, auch denen, die schon ausgeschieden sind, ein Online-Fragebogen übermittelt. Die Befragung ist derzeit noch nicht abgeschlossen.

Höchst erfreulich ist, dass das Projekt auch in die Verlängerung geht. Die Beauftragung für den nächsten Job Navi Kurs ist erfolgt – zwei Gruppen haben bereits gestartet, zwei Starttermine mit je zwei Gruppen sind für Beginn 2018 bereits festgelegt.

Conclusio und Ausblick

Mit dem Projekt „Job Navi – Ausbildungswege für junge Mütter" konnte ein bisher fehlendes Angebot in der Bildungslandschaft entwickelt werden – erstmals ist eine AusBildung in Teilzeit realisiert, die in weiterer Folge auch für andere Personengruppen nützlich sein könnte.

Es wurde ein umfassendes Begleitprogramm kombiniert mit AusBildungswegen für eine arbeitsmarktpolitische Zielgruppe entwickelt und realisiert, die als ganz schwer erreichbar gilt. Eventuell bestehende Vorurteile, wonach die jungen Mütter vielleicht gar nicht arbeiten wollen, konnten durch die rasche Besetzung der verfügbaren Plätze und die überaus niedrige Drop-out-Quote widerlegt werden. Auch die persönlichen Aussagen der jungen Mütter belegen, für wie wichtig und als welch große Chance dieses Angebot von ihnen selbst gesehen wird.

Allgemein muss gesagt werden, dass für die Konzeption von Maßnahmen für bildungsferne Personengruppen es nicht reicht, bisherige Angebote fortzuschreiben, es bedarf einer genauen Beschäftigung und eines vertieften Verständnisses für die Rahmenbedingungen, unter denen die jungen Mütter – und vermutlich auch andere schwer erreichbare Personengruppen – eine AusBildung in Angriff nehmen, sie sich zutrauen und durchhalten können. Auch ist für sie sehr wertvoll, dass auf sie zugegangen wird, dass ihre Probleme ernst genommen werden und ihnen bei der Lösung derselben geholfen wird – und sie erleben schon allein diese Chance bekommen zu haben als besondere Wertschätzung.

Abkürzungen und Glossar

AHS   Allgemeinbildende höhere Schule
Akad.   Akademischer Abschluss
AMS   Arbeitsmarktservice
BHS   Berufsbildende höhere Schule
BMASK Bundesministerium für Arbeit, Soziales und Konsumentenschutz
BMS   Berufsbildende mittlere Schule
FH   Fachhochschulabschluss
LT   Teillehre
MA10   Magistratsabteilung Wiener Kindergärten
MA11   Magistratsabteilung für Jugend und Familie
MA40   Soziales, Sozial- und Gesundheitsrecht
MA57   Frauenabteilung
PO   AMS-interne Codierung für fehlenden Pflichtschulabschluss
PS   AMS-interne Codierung für einen Pflichtschul- als höchsten Bildungsabschluss
SMS   Sozialministeriumsservice Tertiär   Tertiäre AusBildung
Uni   Universitätsabschluss

Literatur

Bacher, Johann/Tamesberger, Dennis/Leitgöb, Heinz/Lankmayer, Thomas (2013): NEET- Jugendliche: Eine neue arbeitsmarktpolitische Zielgruppe in Österreich. Institut für Sozial- und Wirtschaftswissenschaften. ISW. Linz. [online] http://www.jku.at/soz/content/e94921/e231672/e231673/LF_Bacher_Tamesberger_Leitgoeb_Lank mayer_lv_4_13_ger.pdf [12.09.2017].

Landauer, Doris (2011): Frühe BildungsabbrecherInnen in Wien: Struktur, Analyse, Handlungsbedarf; Teil 1 der dreiteiligen Gesamtstudie. [online] http://www.amsforschungsnetzwerk.at/deutsch/publikationen/BibShow.asp?id=8642&sid=131962621&look=2&jahr=2012&gs=0&lng=0&vt=0&or=0&woher=0&aktt=0&zz=30&mHlId=9191&mMlId=0&sortM=&PageM=&sort=&Page=1 [07.09.2017].

Landauer, Doris (2012): AMS-Kursverhalten – Antritt, Abbrüche, Beendigungen; Teil 2 der dreiteiligen Studie „Frühe BildungsabbrecherInnen in Wien". [online] http://www.amsforschungsnetzwerk.at/deutsch/publikationen/BibShow.asp?id=8642&sid=131962621&look=2&jahr=2012&gs=0&lng=0&vt=0&or=0&woher=0&aktt=0&zz=30&mHlId=9191&mMlId=0&sortM=&Page M=&sort=&Page=1 [07.09.2017].

Landauer, Doris (2016): Bildungsaufstieg im zweiten Anlauf; Längsschnittanalyse von über 20.000 frühen BildungsabbrecherInnen. [online] http://www.ams- forschungsnetzwerk.at/deutsch/publikationen/BibShow.asp?id=11499 [07.09.2017].

Landauer, Doris, (Hg.) (2017): Job Navi – Ausbildungswege für junge Mütter. Die Entstehung. Die persönlichen Geschichten. Die erste Bilanz. Wien: AMS. [online] http://www.unentdecktetalente.at/dasprojekt/dorislandauerjobnavi-ausbildungswege-fuer-junge-muetter.pdf [16.10.2017].

Statistik Austria (2016): Schülerinnen und Schüler 2015/16 nach detaillierten Ausbildungsarten und Geschlecht. [online] https://www.statistik.at/web_de/statis tiken/menschen_und_gesellschaft/bildung_und_kultur/forma les_bildungswe sen/schulen_schulbesuch/index.html [17.10.2017].

Statistik Austria (2017): Teilzeitquote der Erwerbstätigen in Österreich 2016. [online] https://www.statistik.at/wcm/idc/idcplg?IdcService=GET_NATIVE_FILE& RevisionSelectionMethod= LatestReleased&dDocName=062882 [17.10.2017].

Steiner, Mario/Pessl, Gabriele/Karaszek, Johannes (2016): Ausbildung bis 18. Grundlagenanalysen zum Bedarf von und Angebot für die Zielgruppe. Sozialpolitische Studienreihe, Band 20, des Bundesministeriums für Arbeit, Soziales und Konsumentenschutz. Wien: Verlag des ÖGB GmbH.

WKO 2017: Lehrlingsstatistik 2016, Wirtschaftskammer Österreich. [online] https://www.wko.at/service/zahlen-daten-fakten/daten-lehrlingsstatistik.html [16.10.2017].

Norbert Jäger

„Ich kann das, ich mache das jetzt!" Die Integration von bildungsbenachteiligten jungen Menschen ins Berufsleben

Einleitung

Wir leben in einer Zeit, in der unser Bildungssystem ständigen Veränderungen unterworfen ist. Bildungspolitische Maßnahmen wie die Einführung des verpflichtenden Kindergartenjahres, die Einführung der Neuen Mittelschule, der Ausbau der Ganztagsschulen, die Einführung der Modularisierten Oberstufe sowie der Standardisierten Reife- und Diplomprüfung, die PädagogInnenbildung Neu, die Ausbildungspflicht bis 18 und zuletzt die Digitalisierungsstrategie Schule 4.0 sollen helfen, das Wissen und die Kompetenzen der SchülerInnen zu steigern, um nicht zuletzt bei internationalen Vergleichstests wie der PISA-Studie so gut wie möglich abzuschneiden.

Trotz aller Reformen und Veränderungsmaßnahmen zeigt sich unser Bildungssystem jedoch im höchsten Maße selektiv und Bildungsabschlüsse sind immer noch an die soziale Herkunft geknüpft. In Österreich haben ca. 13 % der jungen Menschen keine Lehre oder Schule der Sekundarstufe II abgeschlossen und befinden sich auch in keiner weiteren Ausbildung (vgl. Landauer 2016, S. 59). Jährlich verlassen in Österreich ca. 7.500 Jugendliche unser Bildungssystem, ohne die erforderlichen Mindestqualifikationen für einen erfolgreichen Einstieg ins Berufsleben erworben zu haben (vgl. Linde/Linde-Leimer 2014, S. 13).

Die Gründe von Bildungsbenachteiligung sind vielfältig. Sie kann einerseits durch soziale Ungleichheiten verursacht werden, andererseits können schwierige

Lebenssituationen und (Aus-)Bildungsabbruch die Ursache von Bildungsbenachteiligung sein (vgl. Linde/Linde-Leimer 2014, S. 28).

Dennoch gelingt es jungen Menschen immer wieder, den scheinbar vorgezeichneten Pfad zu verlassen und trotz ihrer Benachteiligung erfolgreich zu sein. Die hier dargestellte Studie wurde im Studienjahr 2016/17 im Rahmen einer Masterarbeit am Institut für Erziehungswissenschaft und Bildungsforschung, Abteilung für Erwachsenen- und Berufsbildung an der Alpen-Adria-Universität Klagenfurt, durchgeführt. Sie beschäftigt sich mit jenen jungen Menschen, die es geschafft haben, ihre Bildungsbenachteiligung und Ausbildungsabbrüche zu überwinden und bereits konkrete Schritte für eine erfolgreiche Integration ins Berufsleben gesetzt haben. Sie zeigt auf, welche internen und externen Ressourcen ihnen dabei geholfen haben (vgl. Jäger 2017, S. 2).

Ausgangssituation

Junge Menschen im Alter zwischen 18 und 24 Jahren, die keine Lehre oder Schule der Sekundarstufe II abgeschlossen haben und sich auch in keiner weiteren Ausbildung befinden, werden als frühe BildungsabbrecherInnen bezeichnet (vgl. Linde/Linde-Leimer 2014, S. 13). In Österreich liegt die Quote derzeit bei rund 7 % (2014). Dabei ist der Anteil bei Frauen bei 7,6 %, bei Männern bei 6,5 % (vgl. Landauer 2016, S. 58). Mit diesen Zahlen liegt Österreich im europäischen Vergleich grundsätzlich gut. Der EU-27 Schnitt beträgt derzeit 11,3 %. Das Ziel der EU-Strategie „Europa 2020" ist eine Senkung der BildungsabbrecherInnen auf unter 10 %. Österreich hat dieses Ziel bereits 2010, also vor dem Zeitpunkt der Zielsetzung, erreicht. In seiner nationalen Strategie zum lebensbegleitenden Lernen hat sich Österreich einen Wert von 6 % als Ziel gesetzt. Die Erreichung dieses Wertes bis 2020 erscheint bei Betrachtung der derzeitigen Entwicklung durchaus realistisch (vgl. Bruneforth et al. 2016, S. 136).

Diese Zahlen beruhen auf Befragungen in österreichischen Haushalten. Wenn man zusätzlich jene jungen Menschen berücksichtigt, welche nicht in Haushalten, sondern in anderen Einrichtungen leben, betrifft dies ca. 13 % der Bevölkerung. Laut Landauer beläuft sich daher die Zahl auf ungefähr 130.000 junge Menschen, die keine über die Pflichtschule hinausgehende Ausbildung absolviert haben und derzeit in keiner Ausbildung stehen (vgl. Landauer 2016, S. 59). Es besteht Handlungsbedarf. Die Daten zeigen, dass jährlich in Österreich ca. 7.500 Jugendliche das Bildungssystem verlassen, ohne die erforderliche Minimalqualifikation, welche essentiell für einen erfolgreichen Einstieg in die Berufslaufbahn ist, erworben zu haben (vgl. Linde/Linde-Leimer 2014, S. 13).

Bereits 1999 vermerkte dazu das Europäische Zentrum für die Förderung der Berufsbildung, dass heutzutage die Geringqualifizierten nicht, wie früher noch ihre Eltern, nach dem Abschluss der Pflichtschule in die Arbeitswelt eintreten können. Als Schulversager bleibt ihnen der Zugang zu einer Ausbildung oft verwehrt, da die Auswahl der Lehrlinge nach Kompetenzen erfolgt, welche geringqualifizierte Jugendliche oft nicht haben (vgl. CEDEFOP 1999, S. 14 f).

Bei der PIAAC Studie (Programme for the International Assessment of Adult Competencies) werden die Kompetenzen von Erwachsenen im Alter von 16 bis 65 Jahren in den Bereichen Lesen, Alltagsmathematik und Umgang mit Informations- und Kommunikationstechnologien erhoben und international verglichen. Die Erhebung 2011/12 hat für Österreich ergeben, dass 11,4 % der 16- bis 65-Jährigen in allen drei getesteten Kompetenzen nicht über die unteren Kompetenzstufen hinaus gelangt sind. Dieser Prozentsatz entspricht der Anzahl von rund 640.000 Personen. Diese Gruppe von bildungsbenachteiligten Erwachsenen stellt die Zielgruppe für Alphabetisierungs- und Basisbildungsmaßnahmen dar (vgl. Kastner/ Schlögl 2014, S. 257 ff).

Bildungsbenachteiligung bedeutet, dass Personen oder Gruppen weniger Partizipationschancen haben und weniger Möglichkeiten an Bildung teilzuhaben. Dies hat zur Folge, dass das Erreichen des Bildungsziels erschwert bis gar nicht möglich ist. Vor allem die soziale Herkunft ist ein wesentlicher Grund der Bildungsbenachteiligung, welcher in industrialisierten westlichen Ländern auftritt. Die Folgen sind eine schlechtere Ausstattung mit Bildung und im Extremfall tatsächlicher Ausschluss. Abwesenheit von Bildung wird auch als Bildungsdefizit bezeichnet (vgl. Kastner 2011, S. 68 f). Bildungsbenachteiligung in jungen Jahren verursacht auch Weiterbildungsabstinenz im Erwachsenenalter. Dieses Phänomen bezeichnet man als „Matthäus-Effekt" – „Wer hat, dem wird gegeben" (vgl. Kastner 2011, S. 70).

Bildungsbenachteiligung stellt sich als Kompetenzarmut und Zertifikatsarmut dar. Kompetenzarmut bedeutet, dass ein Mensch über unzureichende Kompetenzen für eine erfolgreiche gesellschaftliche Teilhabe und eine erfolgreiche Erwerbstätigkeit verfügt. Von Zertifikatsarmut spricht man, wenn jemand maximal über einen Pflichtschulabschluss verfügt. In der PIAAC-Erhebung wird der starke Zusammenhang zwischen Zertifikatsarmut und Kompetenzarmut sichtbar. So sind 41,6 % der Early School Leavers in der Altersgruppe der 16- bis 24-Jährigen im Bereich Lesen von Kompetenzarmut betroffen (vgl. Lentner/Bacher 2014, S. 280 ff).

Junge Menschen haben also aufgrund unterschiedlichster Ursachen weniger Chancen, am Erwerbsleben und am sozialen Leben teilzuhaben. Verantwortlich für Bildungsbenachteiligung sind eine Vielzahl von Ursachen und komplexen Wechselwirkungen verschiedener Einflüsse. Die soziale Ungleichheitsforschung hat dazu festgestellt, dass schlechtere soziale Startbedingungen zu Bildungsbenachteiligung und Bildungsabbrüchen führen. Der Bildungsstand ist ein wesentlicher Grund für etwaige Risikolagen und erweist sich als Indikator für die soziale Herkunft und soziale Lage eines Menschen. Ein niedriges Bildungsniveau der Herkunftsfamilie führt zu einer schlechten sozialen Lage und ist verantwortlich dafür, dass auch die Kinder nur ein niedriges Bildungsniveau erreichen. Dies führt zu schlechteren Chancen am Arbeitsmarkt und zu einem höheren Risiko von Armut betroffen zu sein, was wiederum eine geringere gesellschaftliche Partizipationsmöglichkeit nach sich zieht (vgl. Lentner/Rigler/Niederberger 2015, S. 20).

In ihrer Studie „Bildungsarmut und ihre lebenslangen Folgen" (2016) beschäftigt sich Doris Landauer mit dem Einfluss von Bildung auf alle Lebensbereiche von Menschen. Im Besonderen wird die Situation von Menschen, die keine über die Pflichtschule hinausgehende Ausbildung abgeschlossen haben, betrachtet. In dieser Studie werden die vielfältigen Folgen von Bildungsarmut aufgezeigt. Neben der Tatsache, dass mangelhafte Bildung den Lebensstandard drückt und Menschen mit maximal Pflichtschulbildung wesentlich weniger verdienen, ist ihre Beteiligung am Erwerbsleben geringer und sie sind in überdurchschnittlichem Maße von Arbeitslosigkeit betroffen. Damit sind sie auch in überdurchschnittlichem Maße auf Sozialleistungen angewiesen und von Armut betroffen. Diese Situation wirkt sich oft negativ auf die Gesundheit von Menschen aus. Dics kann zu einer massiven Verkürzung der Lebenserwartung führen. Eine fehlende Erstausbildung reduziert in Folge lebenslang die Weiterbildungsbeteiligung. Die Menschen beteiligen sich erheblich weniger an demokratischen Prozessen, was besonders bei der Wahlbeteiligung sichtbar wird. Sie sind auch überproportional häufig in Gefängnissen vertreten (vgl. Landauer 2016, S. 1 ff).

Es besteht also ein deutlicher Zusammenhang zwischen höherer Bildung aller Bevölkerungsschichten und dem Wohlstand eines Landes. Dabei sollte aber nicht nur die Quantität der Bildungsjahre, sondern vor allem die Qualität des Ergebnisses der Bildung im Vordergrund stehen (vgl. Landauer 2016, S.1 ff).

Untersuchung

Gegenstand der Untersuchung ist die Frage, was bildungsbenachteiligte Jugendliche und Jugendliche in schwierigen Lebenssituationen nach einer abgebrochenen Schul- oder Berufsausbildung benötigen, um einen Weg ins Berufsleben zu finden.

Dazu werden junge Menschen befragt, denen es gelungen ist, ihre Bildungsbenachteiligung zu überwinden bzw. trotz (Aus-)Bildungsabbruchs konkrete Schritte ins Berufsleben zu setzen. Die konkrete Forschungsfrage lautet:

„Welche internen und externen Ressourcen werden von bildungsbenachteiligten Jugendlichen und Jugendlichen nach (Aus-) Bildungsabbrüchen als unterstützend empfunden, um konkrete Schritte zur Integration ins Berufsleben zu setzen?"

Als Erhebungsmethode wurde das narrative Interview gewählt, da es vermeidet, im Voraus zu definieren, was zum Thema gehört und was nicht. Durch die offene Erzählsituation wird den InterviewpartnerInnen die Gestaltung der Erzählung überlassen, ganz unabhängig davon, welche Themen den/die ZuhörerIn unter welcher Perspektive interessieren (vgl. Rosenthal/Loch 2002, S. 222). Das narrative Interview ist ein prozessanalytisches Verfahren, das einen Einblick in soziale und biographische Prozesse der Lebensgeschichten möglich macht. Diese Forschungsmethode eröffnet dem Forschenden die Möglichkeit, die subjektiven Sichtweisen der Befragten sowie deren soziale Wirklichkeit sichtbar zu machen, zu rekonstruieren und zu analysieren (vgl. Jakob 2013, S. 221). Die InterviewpartnerInnen werden dazu eingeladen, den/die ZuhörerIn an ihren erlebten biographischen Ereignissen teilhaben zu lassen. „Stegreiferzählungen", welche von Jakob als

„unvorbereitete Erzählungen, die auch in der alltäglichen Kommunikation immer wieder entstehen" (Jakob 2013, S. 224) können interpretiert werden und in Form zusammenhängender und nachvollziehbarer Schilderungen wiedergegeben werden (vgl. Jakob 2013, S. 224).

Zur Beantwortung der Forschungsfrage wurden junge Menschen befragt, die ihre Bildungsbenachteiligung und/oder ihren Ausbildungsabbruch überwunden haben. Dabei waren für die Auswahl der InterviewpartnerInnen folgende Kriterien leitend:

- (Aus-)Bildungsabbruch
- Arbeitslosigkeit
- Erfolgreiche Lehr- und/oder Arbeitsstellensuche

Als InterviewpartnerInnen wurden vier weibliche und zwei männliche Jugendliche befragt. Sie nahmen als im Feld agierende ExpertInnen am Forschungsprozess teil.

Die Auswertung der narrativ-biografischen Interviews erfolgte mittels biografischer Fallrekonstruktion nach Rosenthal (2014). Dabei werden die einzelnen Segmente eines Interviews nicht unter Kategorien subsumiert, sondern die Funktion und Position dieser Segmente in der Gegenwart des Erzählens herausgearbeitet. Dazu werden die Teile des Textes in der Ordnung ihrer Abfolge interpretiert (vgl. Rosenthal 2014, S. 514).

Eine wesentliche Rolle bei dieser Methode spielt dabei die Unterscheidung von erzähltem und erlebtem Leben. Die Erzählungen haben zwei unterschiedliche Bedeutungsebenen, die differenziert werden müssen. In der erzählten Lebensgeschichte untersucht man die Bedeutung in der Gegenwart, in der erlebten Lebensgeschichte ist die Bedeutung zum Zeitpunkt des Geschehens wichtig. Diese beiden Ebenen werden miteinander verglichen, um die Bedeutung der einzelnen Sequenzen zu verstehen (vgl. Rosenthal 2014, S. 515).

Darstellung der Ergebnisse

Persönliche Eigenschaften und Einstellungen

Um sein Leben zu verändern, neue Herausforderungen anzunehmen und Begonnenes erfolgreich zum Abschluss bringen zu können, spielen die eigenen Einstellungen und persönliche Fähigkeiten eine wichtige Rolle. Fünf der sechs InterviewpartnerInnen geben an, dass es ihre persönlichen Eigenschaften waren, die ihnen dabei geholfen haben, im Berufsleben Fuß zu fassen.

Klara spricht vom eigenen Willen, vom Glauben an sich selbst, von der Bereitschaft Hilfe zu suchen und dann auch anzunehmen. Sie sieht dies als eine wichtige Voraussetzung für ein gutes Gelingen.

Für Bernhard sind in diesem Zusammenhang der eigene Antrieb, die intrinsische Motivation und das Setzen von Zielen wichtig, um erfolgreich zu sein. Für ihn sind persönliche Eigenschaften wie Selbstdisziplin und Pünktlichkeit entscheidend.

Mit anderen reden zu können war für Matthias hilfreich für das Finden einer Lehrstelle. Der Umgang mit anderen ist für ihn sehr wichtig. Er fasst dies unter dem Begriff des Menschlichen zusammen, was für ihn schon immer ein wichtiger Charakterzug war.

Für Lea waren nach eigener Einschätzung ihr Aussehen, ihre Ausstrahlung und Persönlichkeit eine wichtige Hilfe bei der erfolgreichen Lehrstellensuche.

Bei Alina war es der eigene Ehrgeiz, der dabei geholfen hat, ihre Benachteiligung zu überwinden und in ihrem Beruf erfolgreich zu sein.

Beziehungen

Jugendliche müssen ihre eigenen Fähigkeiten und Ressourcen durch Hilfe von Außen weiterentwickeln können, um erfolgreich zu sein. Sie müssen Chancen und Möglichkeiten erhalten, diese Fähigkeiten auch zeigen zu können. Sie brauchen jemanden, der sie dabei unterstützt sich bei Firmen zu bewerben und jemanden, der an sie glaubt und ihnen eine Chance gibt. Alle sechs InterviewpartnerInnen erzählen von Personen, die letztendlich dafür ausschlaggebend waren, dass sie es geschafft haben, eine Ausbildung anzufangen, abzuschließen und in ihrem Beruf gerne zu arbeiten und in weiterer Folge erfolgreich zu sein.

Klara wird, nachdem sie sich dazu entschlossen hat, Hilfe beim Kampf gegen die Drogen anzunehmen, von ihrer Therapeutin motiviert und ermutigt, die letzte Klasse der Berufsschule zu wiederholen und zur Lehrabschlussprüfung anzutreten. Diese kann sie dann mit Auszeichnung absolvieren. In ihrer derzeitigen Situation wird sie von ihrer Mutter bestärkt und von ihrem Freund dabei unterstützt, wieder eine Arbeit zu finden und gänzlich von den Drogen wegzukommen.

Bernhard fasst in der Zeit, in der er von Streetwork betreut wird, Vertrauen zu einer Psychologin. Sie glaubt an ihn und bietet ihm die Möglichkeit, eine Lehre im Unternehmen ihres Mannes zu beginnen und einen Beruf zu erlernen, welcher ihm noch immer viel Spaß macht. Diese Begegnung mit der Psychologin ist ausschlaggebend für die entscheidende Veränderung in seinem Leben.

Für Matthias ist es aufgrund seiner Lernschwäche oft schwierig, die technischen Zusammenhänge in seinem Beruf zu verstehen. Er erzählt, wie ihm ein Freund dabei hilft, mit ihm lernt und ihn auf dem Weg zu einem erfolgreichen Lehrabschluss unterstützt. Durch die Hilfe seines Freundes ist es ihm möglich, die zweite Klasse der Berufsschule positiv abzuschließen und in seinem Beruf weiterzukommen.

Als Tatjana fast zwei Jahre zu Hause ist, motiviert ihr Lebensgefährte sie dazu, wieder initiativ zu werden und Hilfe bei der Arbeitssuche in Anspruch zu nehmen. Gemeinsam mit ihren Eltern und Geschwistern wirkt er so lange auf sie ein, bis sie diesen Schritt macht. Ihr Trainer bei Jugend am Werk muss sie fast dazu zwingen, zu einem Vorstellungsgespräch für einen Lehrplatz zu gehen, der nicht ihrem Wunschberuf entspricht. Der Erfolg gibt ihm Recht, sie erhält die Stelle und ist glücklich in ihrem Beruf.

Lea wird von ihren Eltern während ihrer Arbeitslosigkeit zwar finanziell unterstützt, jedoch ist es nie so viel, dass sie keine Arbeit benötigt. Sie lassen nicht zu, dass Lea nicht aktiv wird, um eine Lehrstelle zu finden. Erfolgreich wird sie ab dem Zeitpunkt, wo sie sich von ihrem Freund, der keiner Arbeit nachgehen will, trennt. Obwohl sie einen anderen Beruf lernt, als sie zuerst vorhatte, ist sie sehr glücklich und kommt jetzt auch gut mit Vorgesetzten und KollegInnen aus.

Alina findet Unterstützung durch ihre Mutter. Obwohl sie anfangs die Entwicklung zur Selbstständigkeit ihrer Tochter hemmt, hat sie dann jedoch einen wesentlichen Einfluss darauf, dass Alina trotz ihrer Unsicherheiten nach dem Schulabbruch aktiv wird und Hilfe bei der Lehrstellensuche annimmt. Ihre Trainer bei Jugend am Werk helfen ihr dabei, ihr Selbstbewusstsein durch das Üben von Bewerbungssituationen zu steigern und Alina kann dadurch ihren Traumberuf finden. Bei ihrer Arbeit mit ihrer Chefin ist sie nun zu einer selbstbewussten und erfolgreichen jungen Frau gereift.

Strukturen

Je länger jemand ohne Erwerbstätigkeit lebt, desto schwieriger wird auch die Eingliederung in den Arbeitsprozess. Die Betroffenen leben ohne geregelten Tagesablauf und ohne klare Strukturen. Alle InterviewpartnerInnen betonen in ihren Erzählungen die Wichtigkeit eines geregelten Lebens.

Da Klara bereits längere Zeit auf Arbeitssuche ist, gibt sie an, dass ihr genau diese Struktur fehlt, es entstehen Langeweile und Frustration, dies macht es ihr sehr schwer, endgültig von den Drogen wegzukommen.

Bernhard kennt seit seiner Kindheit geregelte Tagesabläufe und ein streng strukturiertes Leben. Als er nach dem Abbruch der Lehre auf der Straße lebt, fehlt ihm genau diese Strukturiertheit. Die Mitarbeit an einem Projekt von Streetwork bringt wieder Rhythmus in sein Leben mit geregelten Arbeits- und Essenszeiten. Dies führt dann letztendlich auch dazu, dass ihm eine Lehrstelle angeboten wird, was sein Leben ändert.

Matthias, Lea und Alina hat es in der Zeit der Arbeitslosigkeit sehr geholfen, einen Platz bei Jugend am Werk zu bekommen. Hier gibt es einen geregelten Tagesablauf mit fixen Arbeits- und Trainingszeiten, in denen man bei der aktiven Arbeitssuche unterstützt wird. Matthias war sehr froh darüber, da er weiß, wie negativ sich Untätigkeit und Langeweile auf die Stimmung auswirken.

In ihrer langen Zeit zu Hause verliert das Leben von Tatjana völlig an Struktur.

Auch ihr gibt erst der Platz bei Jugend am Werk wieder den geregelten Tagesablauf, welcher für sie für eine Eingliederung ins Arbeitsleben wichtig ist.

Selbstbewusstsein

Menschen, die negative Erlebnisse in der Schule und Abbrüche hinter sich haben, die keinen Arbeitsplatz finden und ständig Absagen bekommen, verlieren ihr Selbstbewusstsein und das Vertrauen in die eigenen Fähigkeiten und Talente. Vier der Interviewpartnerinnen erzählen, wie sie sich gefühlt haben und wie sie sich verändert haben.

Klara spricht explizit an, wie sehr der positive Lehrabschluss dazu beigetragen hat, ihr Selbstvertrauen zu stärken, wie sehr sie dieser Erfolg stolz gemacht hat. Im Gegensatz dazu betont sie, wie sehr es sie frustriert, dass sie trotz ihrer Fähigkeiten und Kenntnisse in ihrem Beruf keine Arbeit findet.

Alinas Selbstbewusstsein steigert sich ab dem Zeitpunkt, wo sie durch das Training von Bewerbungs- und Vorstellungsgesprächen an Sicherheit gewinnt und den Glauben an ihre Fähigkeiten zurückbekommt.

Tatjana, Lea und Alina berichten davon, wie sehr sich ihr Selbstbewusstsein gesteigert hat, als sie positive Erlebnisse bei ihrer neuen Arbeit hatten. Sie konnten dadurch gute Arbeit leisten, wurden gelobt und gewannen weiter an Selbstvertrauen.

Selbsteinschätzung

Bei einigen Interviewpartnerinnen entsprechen Selbstwahrnehmung und Einschätzung ihrer eigenen Leistungsfähigkeit nicht der objektiven Realität. Manchmal bestehen vor allem im beruflichen Bereich konkrete Vorstellungen über unrealistische Zukunftspläne.

Zeitpunkt der Berufswahl

Die Entscheidung für einen Beruf, welchen man möglicherweise sein ganzes Erwerbsleben ausüben soll, fällt vielen im Alter von 15 Jahren schwer. Vier der sechs Interviewpartnerinnen gaben an, zu früh die falsche Berufswahl getroffen zu haben.

Bei Bernhard war die Tatsache, dass sein Vater einen Beruf für ihn aussucht, der ihm nicht gefällt, verantwortlich für den Abbruch und seine Zeit auf der Straße.

Auch Tatjana hat sich anfangs für den falschen Beruf entschieden, auch hier waren wohl die Einflüsse ihrer Eltern mitentscheidend.

Lea und Alina geben an, dass sie sich zu früh für einen Beruf entschieden haben und dadurch gescheitert sind.

Tatjana, Lea und Alina konnten durch die Beratung der Trainer von Jugend am Werk dazu gebracht werden, ihren Berufswunsch zu überdenken und etwas anderes auszuprobieren. Durch diese Unterstützung ist es ihnen gelungen, Tätigkeiten zu finden, die ihnen Spaß machen und Arbeitsstellen, wo sie sich wohlfühlen und angenommen werden.

Resümee und Ausblick

Aus den Interviews geht deutlich hervor, dass alle Interviewpartnerinnen es geschafft haben, ihre Benachteiligung zu überwinden bzw. ins Erwerbsleben einzusteigen und sich weiterzuentwickeln. Die Auswertung hat ergeben, welche Ressourcen betroffenen Jugendlichen dabei helfen, erfolgreiche Schritte zur Integration ins Berufsleben zu setzen:

Als interne Ressourcen können die persönlichen Eigenschaften, Einstellungen und Fähigkeiten sowie das nötige Selbstbewusstsein genannt werden.

Bei den externen Ressourcen sind positive Beziehungen zu Menschen, welche ihnen etwas zutrauen sowie Strukturen und Regeln von entscheidender Bedeutung.

Des Weiteren zeigt sich, dass die in der Pflichtschule angebotenen Berufspraktika oft zu kurz sind. Viele Jugendliche brauchen eine umfangreichere Berufsorientierungsphase, um ihre Lebenssituation aktiv beeinflussen zu können und ihre Verhaltensweisen zu verändern.

Um aus einer Benachteiligung ausbrechen zu können und Erfolg bei der Integration ins Berufsleben zu haben, bedarf es eigener Ressourcen und Fähigkeiten der Jugendlichen. Die InterviewpartnerInnen sprechen in diesem Zusammenhang von der persönlichen Einstellung und dem Willen, am Leben etwas ändern zu wollen. Der eigene Antrieb und Ehrgeiz sind für sie entscheidend, um erste wichtige Schritte setzen zu können. Selbstdisziplin ist für sie eine entscheidende Charaktereigenschaft, um auch wirklich durchhalten zu können. Es wurde auch angegeben, dass manchmal das negative Beispiel anderer ausschlaggebend dafür war, seine eigene Situation zu überdenken und den ersten Schritt zu setzen, da einem bewusst wird, wie man nicht werden will.

Neben den eigenen Fähigkeiten braucht es auch jemanden, der diese jungen Menschen dabei unterstützt, dass sie sich weiter entwickeln. Sie brauchen Personen, denen sie vertrauen können und die an sie glauben. Diese Bezugspersonen können aus dem eigenen Umfeld kommen, wie Eltern, Lebensgefährten oder auch Freunde. Wie in den Interviews mehrmals beschrieben, sind es aber auch oft TherapeutInnen und TrainerInnen, die in Einrichtungen wie Streetwork oder Jugend am Werk eine wichtige Mentorenrolle für die Betroffenen einnehmen. Diese Beziehungen können einen entscheidenden Einfluss auf den weiteren Lebensweg haben, da auch oft Berufswünsche und Einstellungen auf objektiver Ebene korrigiert werden. Das gegenseitige Vertrauen ist dafür die wichtige Basis. Bei zwei InterviewpartnerInnen zeigt es sich, dass Beziehungen auch negative Einflüsse haben und eine positive Entwicklung hemmen oder verhindern können. In diesen Fällen kann eine Veränderung erst gelingen, wenn diese Beziehungen beendet werden.

Wenn junge Menschen länger ohne Aufgabe und Arbeit zu Hause waren, dauert es oft länger, sie an einen geregelten Tagesablauf zu gewöhnen. Dies gelingt nur in kleinen Schritten mit Tätigkeiten von wenigen Stunden, welche die Betroffenen wieder an die Arbeit heranführen. So kann es gelingen, Erfolgserlebnisse zu verschaffen. Organisationen wie Streetwork oder Jugend am Werk können mit ihren Programmen wieder Strukturen im Leben der Jugendlichen schaffen.

Die Biographie der InterviewpartnerInnen ist meist geprägt von Misserfolgserlebnissen in der Schule sowie Frustrationen bei der Suche nach einer Lehrstelle oder einem Ausbildungsplatz. Oft werden nur negative Erfahrungen gemacht und die Jugendlichen weisen eine Biographie des Scheiterns auf. Sie kommen aus der

Schule und niemand wartet auf sie, es gibt keine Arbeit. Durch die Hilfe beim Verfassen von Bewerbungen, beim Trainieren von Bewerbungsgesprächen und einer sinnvollen Betätigung in den genannten Einrichtungen werden den jungen Menschen wieder Erfolgserlebnisse verschafft. Dies wirkt sich positiv auf ihr Selbstbewusstsein aus und sie können sich ihrer Persönlichkeit und ihrer Talente wieder bewusst werden.

Die Auswertung der Interviews hat des Weiteren ergeben, dass Jugendliche im Alter von 15 Jahren oft überfordert mit der Berufswahl sind und Probleme beim Übergang zwischen Schule und Beruf haben. Manche fühlen sich zu jung zum Arbeiten, andere wieder treffen die falsche Berufswahl. Erst durch gezielte, länger anberaumte Berufsorientierungsphasen mit längeren Praktika in verschiedenen Bereichen konnten diese Menschen den für sie passenden Beruf finden. Deshalb wird es in Zukunft wichtig sein, dem Thema Berufsorientierung einen größeren Stellenwert als bisher einzuräumen.

Vor diesem Hintergrund bietet die durch die Neugestaltung der PädagogInnenbildung in Österreich notwendig gewordene Neustrukturierung der Ausbildung der LehrerInnen an Polytechnischen Schulen eine Möglichkeit, die Organisation dieser Schulform zu überdenken und zu reformieren.

Von den InterviewpartnerInnen wurden auch Faktoren angesprochen, welche an ihrer Entwicklung hinderlich waren. Dazu zählen z. B. die hohen Erwartungen von Eltern an das zu erreichende Bildungsniveau der Kinder. Diese können dem dadurch entstehenden Druck nicht standhalten und scheitern. Auch eine falsche Berufswahl kann der Auslöser für Abbruch und darauffolgende Orientierungslosigkeit sein. In den Interviews kamen die jungen Menschen auch darauf zu sprechen, dass der negative Einfluss falscher Bezugspersonen ihre Entwicklung hemmte und erst eine Trennung von diesen Personen es ermöglichte, aktiv an einer Änderung der Lebenssituation zu arbeiten.

Abschließend kann festgestellt werden, dass es in Österreich eine Vielzahl von arbeitsmarktfördernden Maßnahmen gibt, welche darauf abzielen, Jugendliche aufzufangen und diese bei der Integration ins Berufsleben zu unterstützen und zu begleiten. Wie in den Interviews deutlich wurde, leisten Institutionen wie Jugend am Werk, Berufsförderungsinstitut u. a. wertvolle Arbeit, wenn es darum geht, benachteiligte Jugendliche aufzufangen und ihnen beim Übergang ins Berufsleben zu helfen. Wenn man allerdings davon ausgeht, dass der Ursprung von Bildungsbenachteiligung oft im sozialen und familiären Kontext zu finden ist, müssen Maßnahmen so früh wie möglich angesetzt werden, um späteren Benachteiligungen und Problemen am Arbeitsmarkt präventiv entgegenzuwirken.

Literatur

Baur, Nina/Blasius, Jörg (Hrsg.): Handbuch Methoden der empirischen Sozialforschung. Wiesbaden: VS Springer Verlag für Sozialwissenschaften.

Bruneforth, Michael/Lassnigg, Lorenz/Vogtenhuber, Stefan/Schreiner, Claudia/Breit, Simone (Hrsg.) (2016): Nationaler Bildungsbericht Österreich 2015, Band 1. Das Schulsystem im Spiegel von Daten und Indikatoren. Graz: Leykam.

CEDEFOP (1999): AGORA – IV Gering qualifizierte Personen am Arbeitsmarkt: Ausblick und politische Optionen. Auf dem Weg zu einer allgemeinen Mindestlernplattform. Thessaloniki.

Flick, Uwe/Kardoff, Ernst von/Steinke, Ines (Hrsg.): Qualitative Forschung – Ein Handbuch. Reinbek bei Hamburg: Rowohlts.

Frieberthäuser, Barbara/Langer, Antje/Prengel, Annedore (Hrsg.): Handbuch Qualitative Forschungsmethoden in der Erziehungswissenschaft. 4. Auflage. Weinheim. Basel: Beltz Juventa Verlag.

Jakob, Gisela (2013): Biographische Forschung mit dem narrativen Interview. In: Frieberthäuser, Barbara/Langer, Antje/Prengel, Annedore (Hrsg.): Handbuch Qualitative Forschungsmethoden in der Erziehungswissenschaft. 4. Auflage. Weinheim. Basel: Beltz Juventa Verlag, S. 219–233.

Jäger, Norbert (2017): „Ich kann das, ich mache das jetzt!" Die Integration von bildungsbenachteiligten jungen Menschen ins Berufsleben. Institut für Erziehungswissenschaft und Bildungsforschung an der Alpen-Adria-Universität Klagenfurt. Klagenfurt.

Kastner, Monika (2011): Vitale Teilhabe: Bildungsbenachteiligte Erwachsene und das Potenzial von Basisbildung. Wien: Eduard Löcker GesmbH.

Kastner, Monika/Schlögl, Peter (2014): Fundamente gesellschaftlicher Teilhabe. Neues empirisches Wissen aus der PIAAC-Erhebung zu den unteren Kompetenzniveaus. In: Statistik Austria (Hrsg.): Schlüsselkompetenzen von Erwachsenen – Vertiefende Analysen der PIAAC-Erhebung 2011/12. Wien: Statistik Austria, S. 256–278.

Landauer, Doris (2016): Bildungsarmut und ihre lebenslangen Folgen. Wien: AMS.

Lentner, Marlene/Bacher, Johann (2014): Jugendliche und junge Erwachsene mit geringen Kompetenzen. In: Statistik Austria (Hrsg.): Schlüsselkompetenzen von Erwachsenen – Vertiefende Analysen der PIAAC-Erhebung 2011/12. Wien: Statistik Austria, S. 280–295.

Lentner, Marlene/Rigler, Sandra/Niederberger, Karl (2015): Evaluierung der Angebotslandschaft für Jugendliche in Oberösterreich. Institut für Berufs- und Erwachsenenbildungsforschung an der Universität Linz. Linz.

Linde, Susanne/Linde-Leimer, Klaus (2014): „…damit niemand rausfällt". Grundlagen, Methoden und Werkzeuge für Schulen zur Verhinderung von frühzeitigem (Aus-)Bildungsabbruch. 2. Auflage. Wien: BMBF.

Rosenthal, Gabriele (2014): Biographieforschung. In: Baur, Nina/Blasius, Jörg (Hrsg.): Handbuch Methoden der empirischen Sozialforschung. Wiesbaden: VS Springer Verlag für Sozialwissenschaften, S. 509–520.

Rosenthal, Gabriele/Loch, Ulrike (2002): Das Narrative Interview. In: Schaeffer, Doris/Müller-Mundt, Gabriele (Hrsg.): Qualitative Gesundheits- und Pflegeforschung. Bern u. a.: Huber, S. 221–232.

Schaeffer, Doris/Müller-Mundt, Gabriele (Hrsg.): Qualitative Gesundheits- und Pflegeforschung. Bern u. a.: Huber.

Statistik Austria (Hrsg.): Schlüsselkompetenzen von Erwachsenen – Vertiefende Analysen der PIAAC-Erhebung 2011/12. Wien: Statistik Austria.

Roland Arrich, Birgit Albaner, Andrea Embacher, Norbert Jäger,
Elisabeth Niederer, Gerda Ogris-Stumpf, Johann Wintersteiger

„Schule ist nicht so meins" – Lebenswelten bildungsbenachteiligter Jugendlicher in Kärnten

Dieser Beitrag beruht auf dem Forschungsbericht einer mehrjährigen qualitativ-empirischen Studie, in welcher sich ein multiprofessionales Forschungsteam intensiv mit den Lebenslagen und individuellen Bildungswegen von Jugendlichen auseinandergesetzt hat. Das übergreifende Anliegen der Studie war der Versuch, kulturelle Realitäten und deren Entstehungszusammenhänge in den Blick zu nehmen und die Perspektiven von Jugendlichen darzustellen, um in einem nächsten Schritt Schlussfolgerungen zu ziehen, notwendige Konsequenzen darzulegen sowie Handlungsvorschläge zu formulieren. Nachfolgend sollen im Besonderen die qualitativ-empirischen Forschungsergebnisse präsentiert werden.

Dimensionen von Bildungsbenachteiligung

Um die Lebenslage von bildungsbenachteiligten Jugendlichen und die subjektive sowie gesamtgesellschaftliche Bedeutung von Bildung unter Berücksichtigung aktueller Bildungsdebatten angemessen einschätzen und untersuchen zu können, wird eine Explikation des Begriffs Bildungsbenachteiligung per se angestrebt, welche den Ausgangspunkt für weitere Überlegungen darstellen soll.

Zudem sollen Faktoren, welche zu Bildungsbenachteiligung und sozialer Ungleichheit führen sowie Merkmale, Risiken und Folgen näher betrachtet werden.

Als wesentlichster theoretischer Bezug wird Pierre Bourdieus kritisches Konzept von Bildung (1983) als essentielles kulturelles Kapital herangezogen. Bildung wird vor diesem Hintergrund als jene Schlüsselfunktion erachtet, die maßgeblich über die Partizipations(un)möglichkeiten von Menschen entscheidet. Bildungschancen werden nach Becker und Lauterbach (2007a) in Anlehnung an Boudon (1974) durch individuelle, schulische und familiäre Faktoren bestimmt.

Im Rahmen des Forschungsprojektes wird von Bildungsbenachteiligung im Konkreten gesprochen, wenn Kinder und Jugendliche in Relation zu anderen Kindern und Jugendlichen weniger Partizipationsmöglichkeiten im gleichen System haben. Bildungsbenachteiligte Kinder und Jugendliche können vorgegebene Bildungsziele aufgrund verschiedener Ungleichheitsdimensionen bzw. Zuordnungen zu sozialen Gruppen nicht erreichen. Es handelt sich hier konkret um junge Menschen, die über keinen Pflichtschulabschluss oder als höchste abgeschlossene Ausbildung maximal über einen Pflichtschulabschluss verfügen und sich zur Zeit der Teilnahme am Forschungsprojekt in keiner formalen Ausbildung befinden.

> „Bildungsbenachteiligung ist eine Form von Bildungsarmut, für welche ein Bildungsniveau in Form von Bildungsabschlüssen oder Kompetenzen [gilt], das in einer Gesellschaft unzureichend ist, d.h. das unterhalb des gesellschaftlich notwendigen Standards für eine gleichberechtigte soziale Teilhabe am Arbeitsmarkt und gesellschaftlichen Leben liegt" (Solga/Dombrowski 2012, S. 53).

In einer demokratischen Gesellschaft muss der Bildungszugang aber allen Menschen gleichermaßen ermöglicht werden. Beschäftigt man sich mit der Bildungssituation junger Menschen in Kärnten, erkennt man hingegen, dass auch im Jahre 2018 Bildung nicht für jeden jungen Menschen frei zugänglich ist. Wesentlich hierbei ist nach wie vor der Bildungs- und Einkommensstatus der Eltern und nicht Begabungen, Neigungen und Interessen der Kinder und Jugendlichen. Das bestehende Bildungssystem kennt diese gesellschaftliche Schieflage seit vielen Jahrzehnten, kann diese Ungleichheiten aber nicht ausgleichen, sondern verstärkt sie stattdessen.

Bildungserfolg wie auch Bildungsbenachteiligung hängen aus der Perspektive dieses Forschungsprojektes mit ungleichen Ressourcen zusammen, die in den nachfolgenden Dimensionen festzumachen sind:

- Familienstruktur
- Soziales Umfeld
- Bildungsniveau der Eltern
- Migrationshintergrund
- Geschlecht

Auch an der Eingrenzung der betroffenen Personengruppen kann man den Bildungsbenachteiligungsbegriff definieren. So sind vor allem Kinder und Jugendliche aus bildungsfernen und armutsgefährdeten Familien besonders betroffen. Häufig ist zumindest ein Elternteil arbeitslos. Kinder und Jugendliche aus Familien mit Migrationshintergrund unterliegen ebenso einem erhöhten Bildungsbenachteiligungsrisiko.

Die verschiedenen sozialen Dimensionen im Alltag der Forschungspartner-Innen, in welchen Bildungsbenachteiligung sich auswirkt, werden in Forschungsfeldern bzw. Basiskategorien dargestellt. Es ist nicht möglich, diese zu trennen und unabhängig voneinander zu analysieren, da sie wechselseitig zueinander in Beziehung stehen, sich gegenseitig beeinflussen und bedingen. Es handelt sich um durchgehend multidimensionale Lebenslagen, welche sich analytisch schwer voneinander abgrenzen lassen. Es gibt vielmehr permanente Überschneidungen der dynamischen Dimensionen, wie Abbildung 1 verdeutlicht:

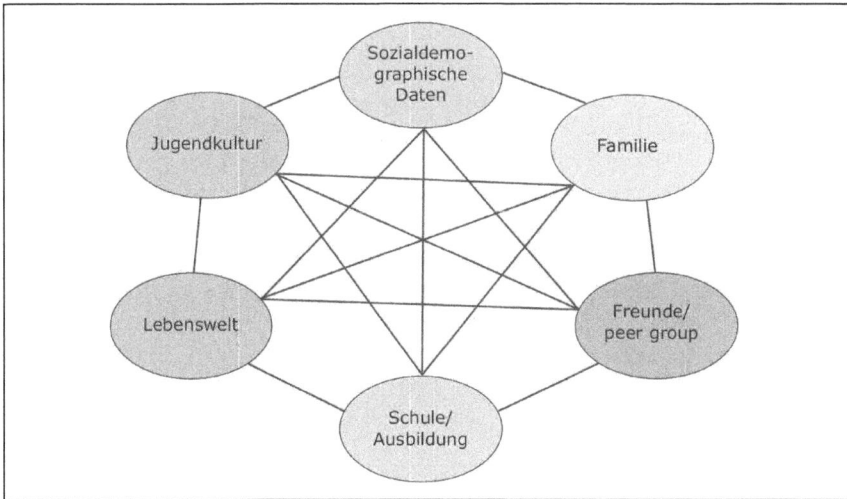

Abbildung 1: Forschungsfelder der Studie, eigene Darstellung

Die gesamten Forschungsfelder ergeben zusammen das soziale Milieu bildungsbenachteiligter Jugendlicher, welches hier anhand der Erfahrungen junger Menschen beschrieben werden soll.

Forschungsdesign und Konzeption der Studie

Ausgehend von der aktuellen Problematik sozialer Ungleichheit, welche im Bildungssystem verstärkt wird und den damit verbundenen differenziellen Zugangschancen zum Arbeitsmarkt, sollen die sozialen und kulturellen Kontexte von Bildungsbenachteiligung sowie konkrete Entstehungszusammenhänge mithilfe eines innovativen Forschungsdesigns untersucht werden. Vor allem das soziale Milieu und die Perspektive der betroffenen Jugendlichen werden im Rahmen einer Lebensweltanalyse im Detail beleuchtet.

Die für das Forschungsprojekt gewählte methodologische Vorgehensweise entspricht aktuellsten Ansätzen der qualitativen Methoden einer postmodernen Sozialforschung, welche Bildungsbenachteiligung als ein Forschungsfeld sozialer

Ungleichheit betrachtet, das durch eine neue interpretative und performative Ethnographie dargestellt und analysiert werden kann (Winter/Niederer 2008).

Dabei stehen innovative, vornehmlich aus den USA stammende Methoden und Konzepte zur Erforschung sozialer Ungleichheit und Dynamisierung von sozialer Gerechtigkeit im Zentrum (Denzin 2009). Dementsprechend wird das „Sensitive Research-Modell" (Liamputtong 2007) einer sensiblen Sozialforschung zur Anwendung gebracht, welches bildungsbenachteiligte Jugendliche als gesellschaftlich verletzliche, verwundbare junge Menschen begreift und mit größtem Einfühlungsvermögen und Respekt behandelt.

In der Forschungspraxis kommt die methodologische Triangulation von teilnehmender Beobachtung, Gruppendiskussion und reflexivem Interview zur Anwendung.

Der wissenschaftliche Gewinn entfaltet sich in diesem Projekt im Rahmen einer Kontextualisierung von drei wesentlichen Bereichen: Theorien, Methoden und qualitative Empirie, welche insgesamt zur Artikulation eines angemessenen Bildes der sozialen und kulturellen Realitäten von bildungsbenachteiligten Jugendlichen, die gewissermaßen als ExpertInnen dieser Lebenslage fungieren, beitragen.

Durch diese Vorgangsweise werden umfassende und detaillierte Einblicke in die Welt von bildungsbenachteiligten jungen Menschen gewonnen, was wiederum unabdinglich scheint, betrachtet man soziale Gerechtigkeit als Impetus einer Demokratie, in der alle Menschen über gleiche Rechte und Chancen verfügen sollen.

Forschungsergebnisse

Der wesentliche Teil des qualitativ-empirischen Forschungsprojektes setzt sich aus den empirischen Daten zusammen, was eine Innenperspektive der Lebenswelt von bildungsbenachteiligten Jugendlichen in Kärnten zeigen soll. Die Untersuchung wurde von Oktober 2013 bis Oktober 2016 durchgeführt. Es wurden sämtliche verbale Daten systematisch transkribiert, organisiert sowie aufbereitet. Sie sollen nun als aussagekräftige Ergebnisse dargestellt werden. Die verschiedenen Übereinstimmungen in Verhaltensweisen und Erfahrungen werden durch spezifische Typenbildung und gemeinsame Handlungsfelder sichtbar gemacht.

Soziodemographische Auswertung der Daten

Die hier dargestellten quantitativen Auswertungen dienen einem besseren Verständnis der Sozialstruktur sowie der persönlichen Faktoren der befragten Jugendlichen. Insgesamt wurden 42 Interviews mit bildungsbenachteiligten Jugendlichen zwischen 15 und 24 Jahren und 7 ExpertInnen-Interviews geführt.

Des Weiteren konnten folgende Merkmale und Informationen unter den ForschungspartnerInnen dieser Studie generiert werden:

33 ForschungspartnerInnen, 17 männlich und 16 weiblich, haben mindestens zwei und höchstens sechs Geschwister und stammen somit aus Mehrkind- und Vielkindfamilien.

Nur drei männliche und zwei weibliche ForschungspartnerInnen leben auf dem Land.

20 ForschungspartnerInnen, 9 männlich und 11 weiblich, haben Migrationshintergrund. Dies entspricht einem Prozentsatz von 48 % der befragten Jugendlichen im Projekt.

Es geben alle befragten Jugendlichen mit Migrationshintergrund an, dass zu Hause in ihren Familien und in ihrem Freundeskreis die Herkunftssprache der Eltern gesprochen wird.

Von 42 ForschungspartnerInnen haben 32, 13 männlich und 19 weiblich, die österreichische Staatsbürgerschaft. Trotz österreichischer Staatsbürgerschaft geben 6 männliche und 4 weibliche ForschungspartnerInnen das Herkunftsland der Eltern als ihre Nationalität an.

Andere Staatsbürgerschaften der ForschungspartnerInnen im Projekt sind: Ägypten (1m), Bosnien (1m, 4w), Kroatien (1w), Niederlande (1m), Serbien (1m), Türkei (1m).

30 ForschungspartnerInnen, 17 männlich, 13 weiblich, leben in Einrichtungen der Jugendwohlfahrt (z. B.: SOS-Kinderdorf, betreutes Wohnen, Jugendnotschlafstelle). Alle befragten Jugendlichen geben an, persönliche Rückzugsmöglichkeiten zu haben sowie über ausreichend Privatsphäre zu verfügen.

Die durchschnittliche Nutzungsdauer von Internet und sozialen Netzwerken beträgt bei den ForschungspartnerInnen dieser Studie 2,5 Stunden pro Tag.

Sofern die ForschungspartnerInnen Kenntnis davon haben, was ihre Eltern (entspricht 84 Elternteilen) arbeiten, verfügen 7 Elternteile über keinen Pflichtschulabschluss. 35 Elternteile verfügen über einen Pflichtschulabschluss (davon haben 3 Elternteile eine höhere Schulausbildung (AHS) abgebrochen, während der Vater eines Interviewpartners (1) zum Zeitpunkt der Befragung die Abendschule (HTL) besucht). Inwieweit Lehrabschlüsse gemacht wurden, konnte nur teilweise beantwortet werden. Nur 9 befragte Jugendliche konnten den Lehrberuf der Eltern benennen. 6 Elternteile haben die Matura gemacht. Weitere 6 Elternteile verfügen über einen Hochschulabschluss. Über 21 Elternteile konnten keine Angaben gemacht werden.

Typenbildung

In Anlehnung an das Konzept der Idealtypen nach Max Weber (1988, S. 191) konnten innerhalb der 42 ForschungspartnerInnen sechs verschiedene Typen[1] gebildet werden. Diese Typen weisen inhaltliche Sinnzusammenhänge und Ähnlichkeiten

---

[1] Die Bezeichnungen der einzelnen Typen wurden im Rahmen einer Gruppendiskussion mit Jugendlichen zwischen 16 und 20 Jahren entwickelt. Auf Vorschlag der Jugendlichen wurde die jeweilige englische Bezeichnung in Klammern gesetzt.

in den Aussagen auf, sind aber nicht getrennt voneinander zu betrachten, sondern überschneiden sich bzw. greifen durchaus ineinander über. Der Fokus der Typenbildung liegt auf den Aussagen in Bezug auf die Bedeutung von Schule, Ausbildung, Bildung und Arbeit. Aus den Erzählungen der einzelnen InterviewpartnerInnen konnten Gemeinsamkeiten und Übereinstimmungen festgestellt werden, was im Vergleich der Interviews zu sechs verschiedenen Typen geführt hat.

Die nachfolgenden Auswertungen beziehen sich ausschließlich auf die Bildungslage bzw. Ausbildungssituation der ForschungspartnerInnen. Durch charakteristische Aussagen der InterviewpartnerInnen werden nun die unterschiedlichen Typen dargestellt. Die Zitate aus den Interviews werden in anonymisierter Form dargestellt. Die Namen konnten von den InterviewpartnerInnen selbst gewählt werden.

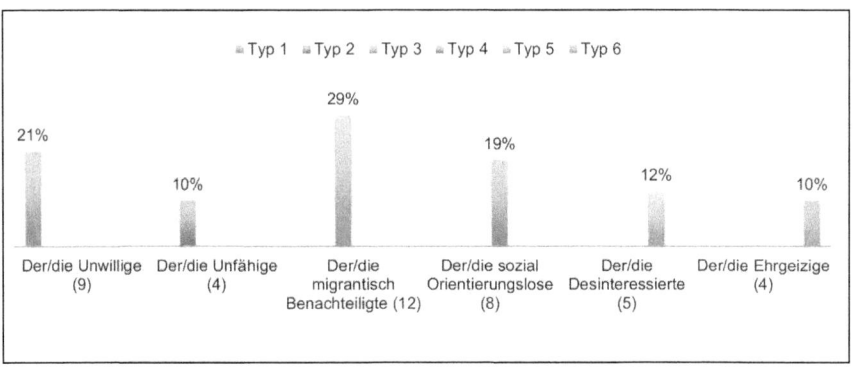

Abbildung 2: Typenbildung unter den ForschungspartnerInnen; eigene Darstellung

Typ 1: Der/die Unwillige (lazy bone)
Der bzw. die Unwillige beschreibt sich selbst als „*gelangweilt*", „*intelligent, aber ein bissi faul*", „*freiheitsliebend*", „*lustlos*" oder „*unmotiviert*". Bezeichnend für diesen Typ ist eine stark ausgeprägte Lustlosigkeit sämtlichen Aufgaben gegenüber, die mit Schule, Lehre oder Arbeit zu tun haben.

Im eigenen Selbstverständnis sehen sich die ForschungspartnerInnen als durchaus fähig, Schule oder Ausbildungen erfolgreich zu meistern.

Aus subjektiver Sicht gab und gibt es keine Lernschwierigkeiten aus Verständnismangel, sondern eher aufgrund von mangelndem Fleiß oder einer generellen Lustlosigkeit auf Schule.

Die Unwilligen (Typ 1) sehen keinen unmittelbaren Anlass, aus ihrer derzeitigen Situation der Arbeitslosigkeit herauszutreten, da es „*insgesamt eh passt*". Sie gehen davon aus, dass sie sobald sie sich „*richtig bemühen sicher leicht eine Lehre bekommen*" werden. Ihre Lebenssituation „*ist voll ok*".

Das prägendste Merkmal der Unwilligen (Typ 1) ist die grundlegende kognitive und soziale Fähigkeit zum Lernen nach objektiven Kriterien. Der/die Unwillige könnte wahrscheinlich alle gesteckten Ziele erreichen, würde sie/er den Willen dazu haben bzw. die notwendige Motivation aufbringen.

„Ich könnte schon, also lernen oder so. Ich will einfach nicht! Kann ich das so sagen? Klingt ziemlich übel... Ist aber so. Ich weiß einfach nicht so recht, wofür. Es geht immer irgendwie. Man verdient halt auch nichts mehr heutzutage. Außerdem hab ich echt keine Lust, mir von irgendeinem Horst was sagen zu lassen. Respekt bekommt man nicht von mir, wenn ich nicht respektiert werde. Das war schon in der Schule ein Problem. Aber das ist das Problem der Lehrer und so, nicht meines. Jedenfalls brauch mich nur bewerben, dann geht´s schon." (Armin, 17 Jahre)

Es fehlt bei allen ForschungspartnerInnen dieses Typus an Lernbereitschaft, Engagement und vor allem Selbstverantwortung in sämtlichen Bereichen des Alltags. Der Fokus der Erzählungen in den Interviews liegt auf der Darstellung, dass sowohl Schule als auch Lehre, Berufsausbildung oder Arbeit keine Schwierigkeit darstellen, sondern das individuelle Interesse nicht vorhanden ist. Dieses mangelnde Interesse wird Teil des Lebensentwurfes dieser Jugendlichen.

Die Noten der Unwilligen sind sehr unterschiedlich. Teilweise wurden in der Pflichtschulzeit sehr gute Leistungen erbracht. Darauf sind die Jugendlichen stolz und rühmen sich damit.

Häufig ging das Desinteresse aber ab einem gewissen Zeitpunkt so weit, dass irgendwann keine positiven Erfolge erreicht wurden.

Die Auswertung der Interviews zeigt, dass die VertreterInnen dieses Typs einfach die Lust am Lernen verloren haben. Ihre Arbeitslosigkeit stellen sie als bewusste Entscheidung dar.

Häufig wird Eltern, Lehrpersonen oder anderen SchülerInnen die Schuld am eigenen Versagen gegeben. Das eigene Verhalten wird nie in Frage gestellt. Eine Form kritischer Selbstreflexivität und eigenverantwortliches Handeln finden definitiv nicht statt.

Die Erzählungen werden dominiert von Schilderungen, warum Schule oder Ausbildung derzeit nicht das entsprechende Lebenskonzept für die ForschungspartnerInnen sind. Die Erwartungen an die Gesellschaft sind sehr hoch und stehen in Widerspruch zum eigenen Verhalten. In ihrer Selbstdarstellung zeichnen die Jugendlichen ein überaus positives Bild von sich selbst und nichts in ihrem Leben stellt ein Problem dar.

Gemeinsames Ziel der Jugendlichen ist es, „irgendwann ein normales Leben zu haben. Dafür ist aber noch lange Zeit!" (Sandra, 17 Jahre)

Typ 2: Der/die Unfähige (unable one)
Die Bewältigung des Alltags ist für die ForschungspartnerInnen dieses Typus eine große Herausforderung. Sie sind bestrebt, alles richtig zu machen und haben den ausdrücklichen Willen für ihre Ziele zu arbeiten. Dieser Wille ist bei allen ForschungspartnerInnen deutlich erkennbar und sehr stark ausgeprägt. Das Selbstwertgefühl ist aufgrund zahlreicher Rückschläge eher niedrig.

Die ForschungspartnerInnen stammen überwiegend aus stabilen Familienverhältnissen und orientieren sich stark an Bezugspersonen aus der Kernfamilie wie Vater, Mutter oder Geschwistern. Mit Ausgehen, Alkohol oder Drogen haben die Jugendlichen keine Erfahrungen. Ihre Freizeit verbringen sie zurückgezogen, meist mit Familie oder einem kleinen Freundeskreis.

> „Am Abend nach dem Kurs bin ich ca. um halb sechs zu Haus. Wenn es so schön ist wie heute, dann gehe ich ins Freie. So bis sieben, dann gehe ich hinein, schau „Kärnten heute", eigentlich nichts mehr. Am Wochenende bin ich meistens den ganzen Tag im Freien. Ich spiele mit meinem Bruder, gehe Rad fahren oder mit Freunden Fußball spielen." (Marina, 16 Jahre)

Es ist den Jugendlichen durchaus bewusst, dass sie nicht die besten kognitiven Voraussetzungen haben, um Schule, Lehre oder Arbeit erfolgreich zu bewerkstelligen. Sie gehen jedoch davon aus, dass Fleiß, Zielstrebigkeit und Engagement Benachteiligungen im kognitiven Bereich aufheben.

Die ForschungspartnerInnen dieses Typus verfügen zwar über positive Pflichtschulabschlüsse, wurden aber nach speziellen Lehrplänen unterrichtet. Sie alle könnten ausschließlich eine integrative Berufsausbildung machen. Trotz besonderer Fördermaßnahmen und Angebote für Firmen sind Kärntner Wirtschaftsbetriebe nur selten bereit, Lehrlinge im Rahmen einer integrativen Berufsausbildung aufzunehmen.

Von großer Bedeutung ist die ständige Betonung des vorhandenen Willens in Abgrenzung zur eigenen Unfähigkeit.

Hinsichtlich schwieriger Bildungsprozesse spielen durchgehend auch gesundheitliche Probleme bei den VertreterInnen dieses Typs eine große Rolle. Alle befragten Jugendlichen klagen über körperliche Leiden. Längere oder chronische Krankheiten haben in allen Fällen von schlechten Noten bis zu Schulabbrüchen geführt.

Trotz aller Rückschläge, negativer Erfahrungen in der Schule und Bewerbungsabsagen wird von den Jugendlichen ein optimistischer Blick in die Zukunft geteilt. Sie gehen davon aus, dass sie in naher Zukunft einen Lehr- oder Arbeitsplatz bekommen werden und ihr Fleiß und Willen sie voranbringen werden.

Typ 3: Der/die migrantisch Benachteiligte (immigrant)
Als migrantisch benachteiligt werden hier ausschließlich Jugendliche mit Migrationshintergrund erster und zweiter Generation verschiedener Nationalitäten eingestuft. Der Begriff ist angelehnt an die Kultur-Defizit-These, die von kulturell benachteiligten Menschen ausgeht und besagt, dass Kinder mit Migrationshintergrund bereits zu Schulbeginn benachteiligt sind (Diefenbach 2011). Sozialisations- und Integrationsprozesse sowie die Potentiale von Migration sind grundsätzlich nicht Forschungsgegenstand dieses Projekts, sollten aber hinsichtlich der Forschungsergebnisse jedenfalls als zukünftiges Forschungsdesiderat im Blick behalten werden. Denn tatsächlich stellen die Annäherung an eine gemeinsame Kultur auf persönlicher und gesellschaftlicher Ebene und das, was als „gelungene Integration von MigrantInnen" bezeichnet wird, wahrscheinlich die größten Herausforderungen der Gegenwart dar.

Der Typus der migrantisch bzw. „kulturell" Benachteiligten bedingt völlig andere soziale Realitäten als die anderen Typen. So zeigt es sich, dass die kulturell Benachteiligten aus Familien stammen, welche mit einer Ausnahme die Einstellung teilen, dass Bildung im Sinne von Schulabschlüssen bzw. Bildungszertifikaten bzw. Schulerfolg keine Bedeutung hat. Dies führt in der Bildungskarriere der kulturell Benachteiligten zu geringem Interesse an Bildung, deutlichem Motivationsmangel und einer grundlegend ablehnenden Haltung zur Schule.

> „Ich bin seit ich zehn Jahre bin in Österreich. Meine Eltern, also mein Vater, hält nicht viel von Schule. Er findet es sinnlos und so. Das sollen die anderen machen. Die, die Doktor studieren halt. Er meint, für mich und meinen Bruder ist das nichts. Wir sollen besser arbeiten gehen und Geld verdienen. Auf ehrliche Art!" (Selma, 18 Jahre)

Diese Einstellungen werden von den Jugendlichen direkt von den Eltern übernommen. Elterliche Bildungsaspirationen tragen jedoch nachweisbar maßgeblich zur Erlangung von Bildungsabschlüssen bei. Existieren diese nicht, kann man ebenfalls von Bildungsbenachteiligung sprechen.

Weitere massive Nachteile im Bildungserfolg hat dieser Typus auch durch vorhandene Sprachprobleme. Hierbei ist vor allem das Einreisealter der Jugendlichen von besonderer Bedeutung. Die Erfolgsaussicht auf eine Lehrstelle bzw. einen Arbeitsplatz wird durch die Sprachkenntnisse stark negativ beeinflusst. Diese Tatsache wird von den befragten Jugendlichen weder reflektiert noch als problematisch erachtet. Vielmehr geben alle ForschungspartnerInnen an, in ihrer Familie die Herkunftssprache zu sprechen.

Die Jugendlichen, die als kulturell benachteiligt bezeichnet werden, sehen keinen Zusammenhang zwischen ihrer Bildung und ihrer Sozialintegration. Sie teilen des Weiteren Ungleichheiten beim Zugang zu Bildung und in weiterer Folge Zugang zum Arbeitsmarkt im Vergleich zu einheimischen Jugendlichen.

Gezielte Förderung von Talenten haben die Jugendlichen dieser Studie nicht erfahren, weder im Elternhaus noch in der Schule. Auch Mankos im Bereich der sprachlichen Kommunikation und mangelnde Sprachkenntnisse im Deutschen sind Eigenschaften, welche dieser Typus teilt.

Die Einstellung, *„Familie ist etwas, das du ein Leben lang hast"* (Goran, 16 Jahre), findet sich bei allen ForschungspartnerInnen dieses Typus. Die innerfamiliäre Bindung ist sehr eng und stabil. Es bestehen, bis auf die Ausnahme einer Alleinerzieherin, durchgehend traditionelle Familien- und Arbeitsstrukturen, die Frauen der Familie sind bis auf geringfügige Beschäftigungen zuhause, während die Männer arbeiten, um für die Familie zu sorgen.

Vor allem die Mütter sprechen kaum Deutsch. Vier der befragten Mädchen sind bereits verheiratet, drei davon haben schon ein Kind. Sie verfügen über keine Berufsausbildung und haben keine konkrete Vorstellung, in welchem Beruf sie arbeiten möchten. Auch was die Zukunft ihrer eigenen Familie betrifft, gibt es keine konkreten Vorstellungen oder Pläne, wie das nachfolgende Zitat von Hanni,

24 Jahre, auf die Frage, was ihr Sohn denn einmal machen solle, zeigt: *„Das weiß ich nicht. Aber wenn er will, kann er ja Fußball spielen."*

Die kulturelle Verankerung in der Herkunftskultur ist sehr stark. Die ForschungspartnerInnen besuchen teilweise Volkstanzgruppen oder Ähnliches gemeinsam mit anderen Jugendlichen aus ihrem Herkunftsland. Der Freundeskreis stammt überwiegend auch aus dem Herkunftsland. Gemeinsam wird aber manchmal Alkohol konsumiert und geraucht. Religion spielt bei den befragten Jugendlichen keine zentrale Rolle. Diesbezüglich können also keine allgemeinen Aussagen getroffen werden.

Politisches Desinteresse ist ein weiteres gemeinsames Merkmal dieses Typus.

Soziale Medien werden überdurchschnittlich häufig genutzt. Zum einen, um mit Freunden der bestehenden Peergroup zu kommunizieren, zum anderen um zu Verwandten und Freunden im Herkunftsland Kontakt zu halten.

Die ForschungspartnerInnen dieses Typus haben häufig mehrere Wohnortwechsel hinter sich. Dies bedeutet in weiterer Folge auch diverse Schulwechsel bzw. konkrete Bildungsabbrüche.

Bildungsbenachteiligung bei kulturell benachteiligten Jugendlichen ist keinesfalls ein individuelles Leistungsmerkmal, sondern setzt sich unter anderem aus den dargestellten Bedingungen zusammen. Insgesamt kann man den Alltag der kulturell Benachteiligten als migrantische Hybridkultur bezeichnen, die Herkunftsland und Österreich verbindet. Erwerbschancen und Tätigkeitsniveau sind im Vergleich zu einheimischen Jugendlichen durch die dargestellten Faktoren deutlich herabgesetzt.

Typ 4: Der/die sozial Orientierungslose (outlaw)
Als Eigenschaften teilen die sozial orientierungslosen Jugendlichen dieser Studie, dass sie in ihrem Alltag völlig planlos und ohne Halt sind. Sie haben durchgehend massive Probleme mit sozialen Regeln, was sich in ihrem abweichenden Verhalten äußert. Teilweise sind Entwicklungsstörungen offensichtlich.

Vom Auftreten her sind die Jugendlichen scheinbar selbstbewusst, wirken intelligent und können sich überdurchschnittlich gut ausdrücken.

Die ForschungspartnerInnen dieses Typus stammen aus desolaten Familienverhältnissen bzw. sind verwahrlost und von den Eltern vernachlässigt worden. Die Eltern sind überwiegend geschieden und es gibt keine familiären Bezugspersonen, welche tatsächlich für die Jugendlichen da sind. Vielmehr werden äußerst komplexe Familienstrukturen in den Interviews dargestellt. Es werden Zerwürfnisse, Streitereien und körperliche und seelische Misshandlungen im Detail geschildert.

Häufig flüchten sie sich in eine Fantasiewelt, welche nichts mit der Realität zu tun hat. In den Interviews, die hier nicht mittels Zitaten sondern zusammenfassend dargestellt werden sollen, spielt das Lügen zur vermeintlich optimalen Selbstdarstellung eine bedeutende Rolle. Die Aussagen der ForschungspartnerInnen in Bezug auf Schule, Bildung und Arbeit sind Teil ihres Realitätsverlusts.

Besonders in Bezug auf Gewalt und Drogen neigen die ForschungspartnerInnen zu exzessiven Übertreibungen und Verharmlosungen von Straftaten, welche ihnen Allmachtsgefühle vermitteln. Diese Aussagen scheinen Bewältigungsstrategien der eigenen schwierigen Lebenssituation zu sein.

Des Weiteren teilen die ForschungspartnerInnen eine gewisse Form von Rücksichtslosigkeit und Verantwortungslosigkeit sich selbst und anderen gegenüber, Tendenzen von Gefühlskälte und das Fehlen von realistischen Zielen in der Zukunft.

Was in der Welt um sie herum passiert, ist nicht von Interesse oder Belang.

Bei ForschungspartnerInnen dieses Typus wären spezialtherapeutische Maßnahmen zu setzen, um an den Formen dissozialen Verhaltens zu arbeiten.

Typ 5: Der/die Desinteressierte (loser)
Es macht den Anschein, dass dieser Typus das geringste Interesse an Schule, Bildung und Erwerbsarbeit im Vergleich zu den anderen ForschungspartnerInnen aufweist. Zum einen fehlt es an Selbstverantwortung, Motivation und Durchhaltevermögen, zum anderen auch an den kognitiven Fähigkeiten, welche zum Erwerb von Bildungszertifikaten notwendig sind. Die Jugendlichen sind schüchtern, zurückhaltend und in sich gekehrt. Sie teilen zudem die Eigenschaft, aus Erfahrungen nicht lernen zu können und sich selbst selten ernsthaft in Frage zu stellen.

> „Poly war schwer für mich. Ich weiß den Fachbereich gar nicht mehr. (lacht) Aber ich hab dort Förderunterricht gehabt, das schon. Wie in der Hauptschule auch. Bin aber nicht oft hingegangen. Es hat aber schon was gebracht, wenn ich dort war. Hat mich derwegen nicht interessiert. Eigentlich alles egal. Ich finde so oder so keinen Job." (Dennis, 15 Jahre)

Es wird in sämtlichen Interviews mit den VertreterInnen dieses Typs darauf hingewiesen, dass kein Interesse an Schule, Ausbildung oder Arbeit besteht. Zwar hätte es durchaus Chancen und Möglichkeiten in dieser Hinsicht gegeben, diese wurden aber nicht angenommen.

Teilnahmslosigkeit und Gleichgültigkeit prägen die Lebenswelt dieses Typus. Frustration und Hilflosigkeit sind dennoch in den Gesprächen spürbar. Es scheint keine Ziele für die Zukunft zu geben.

Die Tage zeichnen sich durch wenig Struktur und keine Regeln aus.

Die Familienverhältnisse sind bei den befragten Jugendlichen sehr unterschiedlich und lassen sich nicht verallgemeinern. Reale Freundschaften sind nur oberflächlich vorhanden. Bei näherem Nachfragen geben die Jugendlichen an, kaum jemandem zu vertrauen. Das Internet, soziale Medien und Computerspiele werden überdurchschnittlich häufig verwendet bzw. gespielt.

Es ist kein Interesse an politischer, kultureller und gesellschaftlicher Partizipation vorhanden. Die gleichgültige Haltung bezieht sich auf sämtliche Bereiche des Alltags. Es gibt keine Ideale oder Vorbilder, welche die desinteressierten Jugendlichen aus ihrem gefrusteten und erfolglosen Alltag befreien könnten.

Die Jugendlichen haben kein Selbstbewusstsein, zeigen kaum Eigenverantwortung oder Engagement zur aktiven Gestaltung ihrer Zukunft. Sie haben sich mit ihrem Lebensalltag abgefunden.

Typ 6: Der/die Ehrgeizige (fighter)

Unter den 42 befragten Jugendlichen konnten auch vier Positivbeispiele ausfindig gemacht werden. Die Ehrgeizigen in dieser Studie sind ausschließlich männlich.

Die Forschungspartner dieses Typus sind verhältnismäßig ehrgeizig und wollten *„etwas im Leben erreichen".* Es ist ihnen vollkommen klar, dass für ihre Lebensziele eine gute Schulausbildung und in weiterer Folge eine entsprechende Berufsausbildung notwendig sind.

Dieser Typ besteht ausschließlich aus 16- bis 18-jährigen Jugendlichen, die konstruktiv an ihrer Zukunft arbeiten.

> „Klar, die Lage ist nicht so gut derzeit. Es gibt extrem viele arbeitslose Menschen und Jugendliche dementsprechend auch. Aber ich denke, dann muss ich halt noch mehr tun, um Erfolg zu haben. Mehr arbeiten, dann werde ich mehr erreichen. So ist das in unserer Zeit. Ob das fair ist oder gut? Weiß ich nicht, es ist aber so." (Mario, 17 Jahre)

Der pragmatische Zugang findet sich bei allen Forschungspartnern dieses Typs.

Die Familienverhältnisse sind verschieden. Von der Patchwork-Familie über Alleinerzieherinnen-Haushalte mit keinem Kontakt zum Vater finden sich verschiedenste Familien-Konstellationen. Auch was die Berufstätigkeit der Eltern betrifft, lassen sich keine Übereinstimmungen finden. Grundsätzlich aber haben die Eltern starken Einfluss auf die Jugendlichen dieses Typs.

> „Ich höre eigentlich am meisten auf meinen Vater, das einfach, weil ich so viel, ich habe so viel Respekt vor ihm, weil er sich eben alles selber aufgebaut hat und so viele Tiefen eben auch wegen der Arbeit und so durchlebt hat, und ja, da will ich auch einiges von ihm abschauen." (Chrissy, 17 Jahre)

Der Freundeskreis der Ehrgeizigen ist überschaubar. Sie haben aber *„einige richtige Freunde"*, mit welchen auch gemeinsame Aktivitäten stattfinden. Es wird gechillt, fortgegangen, Sport getrieben, gezockt und Netflix geschaut. Alkohol wird zwar manchmal konsumiert, hingegen gibt es keine Berührungspunkte mit Drogen. Auch gewalttätige Handlungen kommen im Alltag der Ehrgeizigen nicht vor.

Disziplin und Pflichtbewusstsein und ein hohes Maß an Eigenverantwortung trennen die ehrgeizigen Jugendlichen von den anderen ForschungspartnerInnen dieser Studie. Sie verfügen über eine spezielle Form der Bildungsfähigkeit und sind selbstbewusst. Es ist ihnen zwar wichtig, von ihrer Umwelt akzeptiert und geschätzt zu werden, dennoch sind sie in der Lage, sich zu wehren und Situationen durchaus kritisch zu hinterfragen. Im Umgang mit Autoritäten sind sie besonders bedacht auf respektvolle Umgangsformen. Unfaires Verhalten kritisieren sie.

Die Ehrgeizigen verbringen ihre Freizeit in Sportvereinen und haben teilweise Interesse an politischen Geschehnissen. Sie geben an, sich im Internet über aktuelle Ereignisse oder brisante Themen zu informieren. Sie nutzen Internet und digitale Medien wie die anderen Jugendlichen sehr intensiv.

Besonders auffallend ist, dass die ehrgeizigen Jugendlichen die Überzeugung vertreten, dass Bildung für ihr weiteres Leben von größter Bedeutung ist. Es gibt in Bezug auf ihren persönlichen Erfolg nichts Wichtigeres für sie.

Wie bereits erwähnt kommt es insgesamt sehr häufig zu Überschneidungen in der Typenbildung. Als Beispiel für Bildungsaspirationen ist hier Isabel anzuführen, die als Patientin eines Drogenersatzprogrammes mit ihren Aussagen im Interview als sozial orientierungslos einzustufen ist. Spricht sie aber über ihre Pläne für die Zukunft, träumt sie von einem weiteren Schulbesuch.

> „Ich will irgendwann studieren. Das will ich schon immer. Dafür tu ich alles und bringe auch gerne Opfer. Wie das mit der Finanzierung wird, weiß ich nicht. Es wird sich schon was ergeben. Also, zuerst einmal die Matura!" (Isabel, 17 Jahre)

Aufgabe eines erfolgreichen Bildungssystems, welches soziale Ungleichheiten bekämpft, muss dementsprechend die konsequente und nachhaltige Unterstützung sein, dabei zu helfen aus sämtlichen dargestellten Typen „fighter" zu machen.

Berührungspunkte zwischen bildungsbenachteiligten Jugendlichen

Der Zusammenhang zwischen den verschiedenen Typen dieser qualitativ-empirischen Untersuchung sowie ihrem Sozialverhalten, ihren Erfahrungen und ihrer Lebenswelt kann somit eindeutig gezeigt werden. Nachweislich gibt es immer wieder Überschneidungen zwischen den unterschiedlichen Typen.

Es handelt sich bei den befragten Jugendlichen um solche mit Lernproblemen und erhöhtem Förderbedarf, Jugendliche aus armutsgefährdeten Familien und Jugendliche mit sozialen Schwierigkeiten. Insgesamt kann man die ForschungspartnerInnen als marginalisierte Randgruppe und aufgrund ihres sozialen Status als benachteiligt bezeichnen. Die ForschungspartnerInnen teilen biographische Risiken in Hinblick auf Bildungsbenachteiligung durch ihre Lebenslage. Diese Risiken zeigen sich in individuellen Problemstellungen, sollten aber durchaus als strukturell bedingt bezeichnet werden.

Betreffend die häufigsten Berührungspunkte zwischen den einzelnen Typen, mit Ausnahmen der Ehrgeizigen, gibt es deutliche Tendenzen in den Überlappungen, wie die nachfolgende Auswertung zeigt:

1. Die befragten Jugendlichen der verschiedenen Typen teilen kategorienübergreifend Probleme beim Übergang zwischen Schule und Erwerbsleben.
2. Es kann eine gewisse Form der Orientierungs- und Perspektivenlosigkeit anhand der geführten Interviews eindeutig belegt werden. Die oft diskutierten gesellschaftlichen Entkoppelungsprozesse haben bereits stattgefunden und bereiten den Jugendlichen massive Probleme im Alltag. Diese artikulieren sie deutlich.
3. Daneben entsprechen Selbstwahrnehmung und Einschätzung der eigenen Leistungsfähigkeit nicht einer objektiven Realität. Vielmehr bestehen, vor allem im

beruflichen Bereich, konkrete Vorstellungen über unrealistische Zukunftspläne.

4. Verantwortung wird auf persönlicher, gesellschaftlicher und politischer Ebene nicht übernommen.
5. Die ForschungspartnerInnen machen sich keine Sorgen um die Zukunft.
6. Alle ForschungspartnerInnen wünschen sich ein geregeltes Leben, das den geltenden gesellschaftlichen Normen entspricht.

Mögliche Förderungsmöglichkeiten von Chancengleichheit

In Anbetracht der hier vorliegenden Forschungsergebnisse kann Bourdieus Annahme einer „Illusion der Chancengleichheit" (Bourdieu 2001, S. 27) bedauerlicherweise vollkommen bestätigt werden.

Die Ursachen von „relativer Bildungsarmut" (Kampshoff 2005, S. 219) und Bildungsungleichheit finden sich meistens in der sozialen Herkunft von Betroffenen, wie die Forschungsergebnisse deutlich zeigen. Kinder und Jugendliche aus armutsgeprägten Familien haben dementsprechend denkbar schlechte Voraussetzungen, eine gute (Aus)Bildung zu genießen, welche ihnen auch auf dem Arbeitsmarkt Erfolg versprechen würde.

Die Ursachen der Bildungsbenachteiligung stehen bei den ForschungspartnerInnen dieser Studie in Zusammenhang mit sozialem Milieu und strukturellen Bedingungen. Becker und Lauterbach (2007b) sehen Bildung eindeutig als Privileg mittlerer und höherer sozialer Schichten, was auch die Forschungsergebnisse dieser Studie belegen.

Vorausschauend müsste man in Bezug auf Bildungsbenachteiligung institutionalisierte und lebensweltliche Prozesse unterscheiden, um in einem nächsten Schritt Verbindungen zwischen Alltagsleben, Familie und Schule erkennen und analysieren zu können und letztendlich ungleichheitsfördernde Strukturen zu durchbrechen sowie die ineinander übergreifenden Dimensionen entsprechend zu verbinden.

Vor dem Hintergrund der Forschungsergebnisse dieser Studie wird einmal mehr der Zusammenhang von Bildungsbenachteiligung und sozialer Herkunft deutlich.

Entgegen allgemeiner Annahmen einer steigenden Bildungsbeteiligung muss hervorgehoben werden, dass die Bildungsreformen der letzten Jahrzehnte eher die untere Mittelschicht als die armutsbetroffenen oder -gefährdeten Menschen erreicht hat.

Prinzipiell wird nunmehr sogar diskutiert, ob sich „Schichtunterschiede im Bildungssystem" im Zuge der Bildungsreform generell überhaupt reduziert haben (Solga/Wagner 2007, S. 190).

Daher wird ob dieser Darlegungen einer zweifelsohne außerordentlich komplizierten Bildungsdebatte in Bezug auf strukturelle und individuelle Zugangschancen neben der bundesweiten Einführung der Neuen Mittelschule für die möglichst frühe Unterstützung von Bildungschancengerechtigkeit diskutiert, den Versuch der verstärkten Miteinbeziehung der Eltern und

„ein bildungspolitisches Gesamtkonzept, das bei der Frühförderung der Kinder in den Familien beginnt, den quantitativen und qualitativen Ausbau der Kinderbetreuungseinrichtungen (Krippen, Kindergärten, Horte) als wichtige frühkindliche Bildungsinstitution fördert und die Zusammenarbeit mit den Volksschulen (z. B. bei der sprachlichen Förderung) intensiviert, um die Kinder in ihrer Persönlichkeitsentwicklung zu unterstützen" (Knapp 2008, S. 665).

Eine aktive und sozial engagierte Bildungspolitik ist zur langfristigen und nachhaltigen Durchsetzung dieser Forderungen notwendig. In Hinblick auf Bildungs(un)gerechtigkeit wird einmal mehr deutlich, möchte man Armut, Ungleichheit und soziale Ausgrenzung auf politischer Ebene erfolgreich bekämpfen, vorbeugen und verhindern, so müssen alle bestehenden Politikressorts zur Verantwortung gezogen werden und vor allem willens sein, soziale Veränderungen tatsächlich herbeizuführen.

In Anbetracht dieser Zusammenhangsstrukturen wird Bildung zu einer der elementarsten sozialen und politischen Fragen der Postmoderne (Becker/Lauterbach 2007b, S. 9)[2].

Literatur

Becker, Rolf (2007): Soziale Ungleichheit von Bildungschancen und Chancengerechtigkeit. In: Becker, Rolf/Lauterbach, Wolfgang (Hrsg.): Bildung als Privileg: Erklärungen und Befunde zu den Ursachen der Bildungsungleichheit. Wiesbaden: VS Verlag, S. 157–185.

Becker, Rolf/Lauterbach, Wolfgang (Hrsg.) (2007a): Bildung als Privileg: Erklärungen und Befunde zu den Ursachen der Bildungsungleichheit. Wiesbaden: VS Verlag.

Becker, Rolf/Lauterbach, Wolfgang (2007b): Bildung als Privileg: Ursachen, Mechanismen, Prozesse und Wirkungen. In: Becker, Rolf/Lauterbach, Wolfgang (Hrsg.) (2007): Bildung als Privileg: Erklärungen und Befunde zu den Ursachen der Bildungsungleichheit. Wiesbaden: VS Verlag, S. 9–41.

Boudon, Raymond (1974): Education, Opportunity and Social Inequality. New York: Wiley.

Bourdieu, Pierre (1983): Ökonomisches Kapital – Kulturelles Kapital – Soziales Kapital. In: Kreckel, Reinhard (Hrsg.): Soziale Ungleichheiten, Göttingen: Schwartz, S. 183–198.

Bourdieu, Pierre (2001): Wie die Kultur zum Bauern kommt. Über Bildung, Schule und Politik. Hamburg: VSA Verlag.

Denzin, Norman K. (2008): Das reflexive Interview und eine performative Sozialwissenschaft. In: Winter, Rainer/Niederer, Elisabeth (Hrsg.): Ethnographie,

---

2   Becker (2007, S. 157) weist in Zusammenhang von sozialer Ungleichheit und Bildung zudem auf die Tatsache hin, dass „von einer Bildungsungleichheit zu Ungunsten von Jungen auszugehen ist".

Kino und Interpretation. Der Norman K. Denzin-Reader. Bielfeld: Transcript Verlag, S. 137–168.

Denzin, Norman K. (2009): Qualitative Inquiry Under Fire. Toward a New Paradigm Dialogue. Walnut Creek, CA: Left Coast Press.

Diefenbach, Heike (2011): Der Bildungserfolg von Schülern mit Migrationshintergrund im Vergleich zu Schülern ohne Migrationshintergrund. In: Becker, Rolf (Hrsg.): Lehrbuch der Bildungssoziologie. Wiesbaden: VS Verlag, S. 451–475.

Kampshoff, Marita (2005): Armutsprävention im Bildungsbereich – Ansatzpunkte für Chancengleichheit. In: Zander, Margherita (Hrsg.): Kinderarmut. Einführendes Handbuch für Forschung und soziale Praxis. Wiesbaden: VS Verlag, S. 216–234.

Knapp, Gerald/Pichler, Heinz (Hrsg.) (2008): Armut, Gesellschaft und Soziale Arbeit. Perspektiven gegen Armut und soziale Ausgrenzung in Österreich. Klagenfurt: Hermagoras Verlag.

Knapp, Gerald (2008): Bildungspolitische Aspekte zur Bekämpfung sozialer Ungleichheit, Armut und Ausgrenzung. In: Knapp, Gerald/Pichler, Heinz (Hrsg.): Armut, Gesellschaft und Soziale Arbeit. Perspektiven gegen Armut und soziale Ausgrenzung in Österreich. Klagenfurt: Hermagoras Verlag, S. 646–668.

Kuhnhenne, Michaela et al. (Hrsg.) (2012): (K)eine Bildung für Alle – Deutschlands blinder Fleck. Stand der Forschung und politische Konsequenzen. Opladen/Berlin/Toronto: Budrich Verlag.

Liamputtong, Pranee (2007): Researching the Vulnerable. A Guide to Sensitive Research Methods. London: Sage.

Solga, Heike/Dombrowski, Rosine (2012): Soziale Ungleichheit im Schulerfolg-Forschungsstand, Handlungs- und Forschungsbedarf. In: Kuhnhenne, Michaela u.a. (Hrsg.): (K)eine Bildung für Alle – Deutschlands blinder Fleck. Stand der Forschung und politische Konsequenzen. Berlin/Toronto: Opladen, S. 51–86.

Solga, Heike/Wagner, Sandra (2007): Die Zurückgelassenen – die soziale Verarmung der Lernumwelt von Hauptschülerinnen und Hauptschülern. In: Becker, Rolf/Lauterbach, Wolfgang (Hrsg.): Bildung als Privileg: Erklärungen und Befunde zu den Ursachen der Bildungsungleichheit. Wiesbaden: VS Verlag, S. 187–215.

Weber, Max (1988): Gesammelte Aufsätze zur Wissenschaftslehre. Tübingen: J.B.C. Mohr.

Winter, Rainer/Niederer, Elisabeth (2008) (Hrsg.): Ethnographie, Kino und Interpretation. Der Norman K. Denzin-Reader. Bielefeld: Transcript Verlag.

Robert Klinglmair

Mangelnde intergenerationelle soziale Bildungsmobilität? – Empirische Befunde und mögliche Lösungsansätze für Kärnten

Einleitung und Problemstellung

Der Prozess ökonomischer Entwicklung charakterisiert sich seit jeher durch – teils fundamentale – Veränderungen wirtschaftlicher Strukturen, demzufolge auch jener Bereiche, welche den Arbeitsmarkt und die Beschäftigungsseite betreffen (vgl. Foellmi/Zweimüller 2008). Neue(artige) Arbeitsstrukturen wurden geschaffen, alte zerstört (vgl. Mills/Blossfeld 2005) und damit im Zeitablauf Arbeitsplätze (vor allem im produzierenden Sektor) abgebaut, zeitgleich jedoch Beschäftigungsmöglichkeiten in anderen Bereichen eröffnet (vgl. u.a. Nagl et al. 2017, S. 3); ein Umbruch, der sich im Zuge der fortschreitenden Digitalisierung und „Industrie 4.0" weiter beschleunigen wird. Neben diesen strukturellen Adaptierungen der Arbeitsorganisation im Zuge derer das für westliche Industriegesellschaften lange Zeit prägende Normalarbeitsverhältnis durch verschiedene Formen flexibler(er) Arbeitsarrangements, die unter dem Begriff der atypischen Beschäftigung zusammengefasst werden, ergänzt und teilweise auch abgelöst wurde (vgl. Klinglmair/Kandutsch 2017), ging und geht mit dem Strukturwandel der Arbeitsgesellschaft hin zu einer Dienstleistungs- und Wissensgesellschaft ungebrochen eine veränderte Arbeitskräftenachfrage – etwa hinsichtlich formaler Qualifikationen aber auch Fähigkeiten und Kompetenzen – einher (vgl. Nagl et al. 2017, S. 1). Der Umstand, dass bis zum Ende des 20. Jahrhunderts die weit verbreitete Ansicht vorherrschend war, dass die postmoderne Gesellschaft vor allem jene Beschäftigten bedroht, die lediglich über ein geringes Bildungsniveau verfügen (sogenannte

„Low-Skilled-Workers") und entsprechende Investments in die formale Ausbildung (als Approximation des Humankapitals im Allgemeinen und von Fähigkeiten/Kompetenzen im Speziellen) sowohl individuell[1] als auch gesellschaftlich lohnend seien, führte im Zuge der anhaltenden Veränderung der Arbeitswelt zu dem Schluss, dass die Stimulierung des formalen Bildungsniveaus ein zentrales Anliegen der Wirtschaftspolitik sein müsse, um das Arbeitslosigkeitsrisiko bzw. Marginalisierungseffekte betroffener Beschäftigtenklassen zu mindern sowie negative volkswirtschaftliche Effekte[2] weitgehend zu vermeiden.

Damit wurde der in allen industrialisierten Volkswirtschaften beobachtete Trend einer *Bildungsexpansion* bzw. *„Akademisierung"* ausgelöst und so zeigt etwa Statistik Austria (2017a, S. 142f) für Kärnten, dass der Anteil der Erwerbsbevölkerung (25 bis 64 Jahre), die höchstens über einen Pflichtschulabschluss verfügen, im Jahr 1981 noch bei 44,9 % lag und bis zum Jahr 2014 auf 14,1 % gesenkt werden konnte. Gleichzeitig hat der Anteil der Bevölkerung mit Sekundarabschluss[3] auf 71,9 % zugenommen und sich der Anteil von Personen mit Tertiärbildung über diesen Zeitraum – ausgehend von einem niedrigen Niveau (3,5 %) – sogar vervierfacht (*siehe Abbildung 1*).

Die beobachtete Bildungsexpansion, die sich vor allem im Bildungsstand der jüngeren Bevölkerung niederschlägt (vgl. Statistik Austria 2017a, S. 96), hat allerdings nicht alle Bevölkerungsschichten gleichermaßen erreicht und eine Deutung der Bildungsexpansion als Verbesserung der Chancengleichheit würde die unterschiedliche Entwicklung relativer Bildungschancen einzelner Bevölkerungsgruppen verkennen (vgl. Becker 2009, S. 90). Zwar wird in der österreichischen Verfassung festgehalten, dass alle Kinder und Jugendlichen die besten Entwicklungsmöglichkeiten vorfinden sollen, um – unabhängig von Herkunft, sozialer Lage und/oder finanziellem Hintergrund – ein ihnen höchstmögliches Bildungsniveau zu garantieren und so zu verantwortungsvollen Mitgliedern der Gesellschaft heranwachsen können (vgl. Böheim/Judmayr 2014, S. 4). Trotz zahlreicher

---

1   Formale Qualifikationen haben – im Sinne der Humankapitaltheorie zurückreichend auf Schultz (1963) und Becker (1964) – maßgeblichen Einfluss auf den Verlauf der individuellen Berufskarriere und stehen in enger Korrelation mit dem Arbeitsmarktstatus aber auch der Arbeitsmarktstellung. Dies zeigen sowohl Daten der amtlichen Statistik (vgl. u.a. Arbeitsmarktservice Österreich 2018, S. 2) sowie zahlreiche empirische Untersuchungen zur Bedeutung des Bildungsniveaus in einer Wissensgesellschaft (für Österreich vgl. u.a. Steiner 2011; Altzinger et al. 2013; Klinglmair 2013a; Vogtenhuber et al. 2013a; Vogtenhuber et al. 2013b). Bildung biete demnach nicht nur den besten Schutz vor Arbeitslosigkeit (vgl. Weber/Weber 2013) und eröffne den Zugang zu qualifizierter Beschäftigung; auch knüpfen sich über den formalen Bildungsabschluss Teilhabechancen in weite gesellschaftliche Bereiche und werden zudem die privaten Lebensbedingungen maßgeblich beeinflusst (vgl. Knittler 2011, S. 253). So gilt laut Statistik Austria (2017a, S. 105) etwa hinsichtlich des Einkommens: Je höher der formale Bildungsgrad einer Person, desto besser stehen tendenziell die Chancen, ein hohes Einkommen zu erzielen (vgl. hierzu auch Vogtenhuber et al. 2013a, S. 188ff; Böheim/Judmayr 2014, S. 7f; Vogtenhuber et al. 2016, S. 230ff).

2   Die makroökonomischen Auswirkungen bzw. volkswirtschaftlichen Folgekosten reichen – u.a. von niedrigerem Wirtschaftswachstum und geringerer Wettbewerbsfähigkeit über Produktivitäts-/Innovationsverluste bis hin zu entgangenen Steuereinnahmen (vgl. stellvertretend Klinglmair 2013b, S. 345f).

3   Zum Aufbau bzw. zur Struktur des österreichischen Bildungssystems vgl. Statistik Austria (2017a, S. 16f).

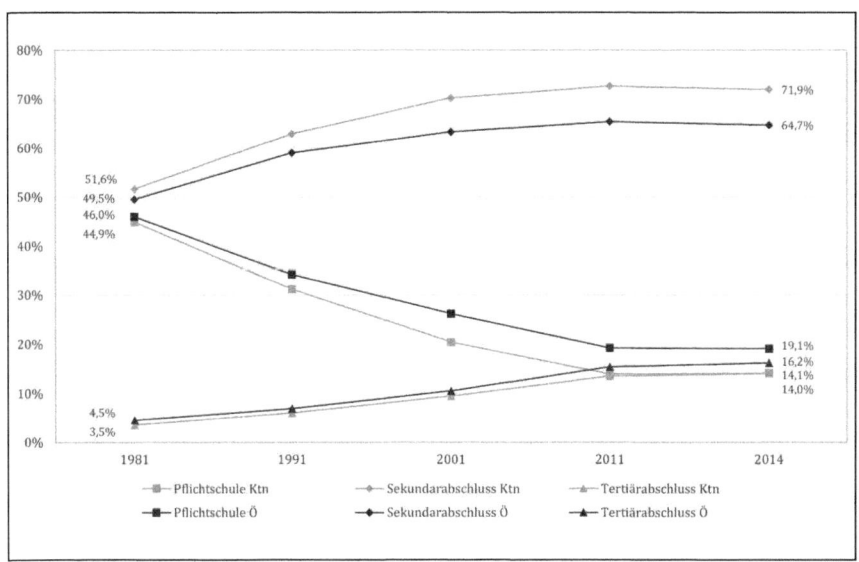

Abbildung 1: Entwicklung des formalen Bildungsniveaus (25 bis 64 Jahre) – Vergleich Kärnten und Österreich, 1981 bis 2014 (in %)
Quelle: Statistik Austria (2017a, S. 143); eigene Darstellung

Bildungsreformen sind der Zugang zu höherer Bildung und der Erwerb höherwertiger Bildungsabschlüsse jedoch weiterhin nicht für alle Sozialgruppen in gleichem Maße möglich und damit Bildungsungleichheiten ein Strukturmerkmal moderner Gesellschaften; weiterführende Bildung ist immer noch ein Privileg von ohnehin privilegierten Sozialschichten (vgl. Becker 2009, S. 85). Diesen Befunden nach zu urteilen kann einerseits zwar ein insgesamter Anstieg des Bildungsniveaus der Bevölkerung konstatiert werden, andererseits ist gerade in Österreich die soziale Bildungsmobilität zwischen den Generationen erheblich gebremst (vgl. Statistik Austria 2017a, S. 100) und präsentiert sich das österreichische Bildungssystem als äußerst selektiv: Für Kinder, deren Eltern selbst lediglich einen niedrigen Bildungsabschluss erworben haben, ist der Abschluss einer höheren Schule bzw. tertiären Ausbildung und damit ein Bildungsaufstieg vergleichsweise schwierig (vgl. ebd., S. 100).

Zudem lässt sich festhalten, dass durch die – in den Analysen zahlreicher Untersuchungen – starke Fokussierung auf den formalen Bildungsabschluss das Problemausmaß einer **mangelnden Chancengerechtigkeit** unterschätzt wird; vielmehr gelte es zusätzlich auch Kompetenzunterschiede am Ende der Pflichtschule in Abhängigkeit von der Sozialschichtzugehörigkeit zu betrachten. Diesbezüglich wird in vorliegenden internationalen Studien – wie etwa den regelmäßigen PISA-Erhebungen – offensichtlich, dass bereits die Schulleistungen in hohem Maße mit der sozialen Herkunft korrelieren (vgl. Schreiner 2007; Schwantner/Schreiner 2010; Schwantner et al. 2013; Suchań/Breit 2016). So beeinflusst in vielen OECD-Ländern der sozio-ökonomische Hintergrund die Schulleistungen der Kinder, doch zeigt sich dahingehend speziell für Österreich ein deutlich größerer

Unterschied in den erworbenen Grundkompetenzen (vgl. hierzu etwa Schwantner/ Schreiner 2010, S. 40f). Je geringer der sozio-ökonomische Status des Elternhauses (gemessen am „ISEI-Index" nach Ganzeboom et al. 1992) bzw. je geringer das Bildungsniveau der Eltern, desto geringer sind auch die schulischen Leistungen der Jugendlichen (vgl. stellvertretend Suchań/Breit 2016, S. 86f). Der vergleichsweise eingeschränkte Kompetenzerwerb zeigt sich dabei als äußerst persistent und steht zudem in engem Zusammenhang mit dem selbst erworbenen Bildungsniveau: Wie in einer internationalen Erhebung zu den Schlüsselkompetenzen von Erwachsenen (PIAAC – Programme for the International Assessment of Adult Competencies) herausgearbeitet werden konnte, wird dieser zwar von einer Vielzahl von Faktoren geprägt, jedoch stellt die höchste abgeschlossene formale Schulbildung einen der relevantesten dar (vgl. Statistik Austria 2013, S. 96; Statistik Austria 2014).

Die Gründe für diese ungleiche Verteilung von Bildung(sabschlüssen) sind dabei vielschichtig; Bruneforth et al. (2012, S. 189ff) führen etwa einen Teil der Unterschiede auf den formalen Bildungsstand der Eltern, die soziale Stellung (insbesondere Migrationshintergrund) aber auch das Geschlecht und individuelle Begabungen zurück. Zudem unterscheiden sich Schulen und Klassen in der sozialen Zusammensetzung der SchülerInnen, was darüber hinaus in unterschiedlichem Bildungserfolg resultieren dürfte; Bruneforth et al. (2012) zeigen jedoch, dass die soziale Herkunft und das soziale Umfeld die zentralsten Merkmale für unterschiedliche Bildungskarrieren darstellen (vgl. hierzu auch Oberwimmer et al. 2016, S. 178f). Auch in zahlreichen weiteren empirischen Untersuchungen konnte identifiziert werden, dass die Wahrscheinlichkeit, einen formal hohen Bildungsabschluss zu erreichen, unter anderem vom familiären Hintergrund eines Kindes abhängt (vgl. etwa Böheim/Judmayr 2014; Klinglmair/Schoahs 2015) und damit die *Bildungsaspiration* in Österreich sehr stark von der Ausbildung der Eltern abhängt (vgl. Lachmayr/Rothmüller 2009, S. 6); analoges weisen Knittler (2011), Altzinger et al. (2013) oder Klinglmair (2013a) nach.[4]

Demnach wirkt die Bildungsherkunft so stark, dass in diesem Zusammenhang häufig von einer **Bildungsvererbung** gesprochen werden muss (vgl. Oberwimmer et al. 2016, S. 140) und in Österreich die **intergenerationelle soziale Bildungsmobilitä**t als besonders niedrig einzustufen sei; im internationalen Vergleich schneidet Österreich in dieser Hinsicht lediglich unterdurchschnittlich ab (vgl. etwa OECD 2015, 2017). Zusammenfassend gilt demnach das formale Bildungsniveau der Eltern als wesentlicher Bestimmungsfaktor für die Bildungsaspiration der Kinder und jenen Ausbildungsgrad, welchen sie in ihrer Bildungslaufbahn erreichen können (vgl. Oberwimmer et al. 2016). Die innerfamiliale Situation und soziale Herkunft fungieren damit als wesentliche Bedingung konditionaler Bildungs- und Statusweitergabe und darüber hinaus auch als zentraler Entstehungsfaktor von Jugendarbeitslosigkeit (vgl. Klinglmair/Schoahs 2015, S. 319f; Hillmert 2011, S. 286; Mögling et al. 2015, S. 20), als – in der Regel – Kinder und Jugendliche aus privilegierten sozialen Klassen aufgrund des höheren Bildungsniveaus (und weite-

---

4   Zur Bildungspartizipation und Bildungswahl von Jugendlichen in Österreich vgl. auch Schlögl (2011).

rer fördernder Rahmenbedingungen wie etwa der finanziellen Anfangsausstattung etc.) eher in der Lage sind, vergleichsweise günstige Lebenschancen und eine privilegierte Lebensführung zu realisieren (vgl. Becker 2009, S. 85).

Zahlreiche empirische Untersuchungen für Österreich unterstreichen oben stehende (theoretische) Befunde eindrucksvoll im Detail: So haben laut Knittler (2011, S. 256) rund 30 % der 15- bis 34-Jährigen einen höheren Bildungsabschluss als ihre Eltern und demnach einen *Bildungsaufstieg* erreicht. Etwas mehr als die Hälfte (53 %) kann den formal gleichen Bildungsabschluss wie die Eltern vorweisen (*Bildungsvererbung*); die restlichen 17 % waren von einem *Bildungsabstieg* mit einem geringeren Bildungsniveau als ihre Eltern betroffen. Trotz der beobachteten Bildungsexpansion ist somit die Wahrscheinlichkeit, höchstens dasselbe Bildungsniveau wie die Elterngeneration zu erreichen, mit 70 % deutlich höher als einen Bildungsaufstieg zu realisieren. Differenziert man diese Analysen zusätzlich nach dem Bildungsgrad der Eltern, wird die deutlich gebremste Bildungsmobilität und starke **soziale Selektivität** des österreichischen Bildungssystems offensichtlich, da je höher der formale Bildungsabschluss der Eltern ausfällt, umso größer ist auch die Chance für die Kinder, eine höhere Schule oder universitäre Ausbildung abzuschließen (vgl. Knittler 2011, S. 252). Einen analogen Zusammenhang identifizieren Altzinger et al. (2013, S. 52): Von jenen 25- bis 44-Jährigen, deren Eltern höchstens einen Pflichtschulabschluss vorweisen können, hat ein Anteil von nahezu einem Drittel (32 %) der Kinder ebenfalls höchstens dieses Bildungsniveau erreicht; lediglich 5 % absolvieren eine Hochschulausbildung erfolgreich. Umgekehrt sind es bei Jugendlichen aus Akademikerhaushalten 53 %, die ebenfalls einen tertiären Abschluss bzw. weitere 29 %, die zumindest Maturaniveau erzielt haben; nur 5 % aus hochqualifizierten Elternhaushalten beenden ihre Bildungslaufbahn mit maximal Pflichtschulbildung (*siehe Abbildung 2*).[5]

Ein ähnlicher Befund zeigt sich auch im Rahmen der Erhebung zu den Schlüsselkompetenzen von Erwachsenen (PIAAC). Dabei erreichten ungefähr die Hälfte (47,6 %) der 25- bis 44-Jährigen aus Haushalten, in denen entweder Mutter oder Vater über einen Hochschul- oder Akademieabschluss verfügen, ebenfalls ein solches Bildungsniveau. Umgekehrt waren dies bei Personen aus Elternhaushalten mit höchstens Pflichtschulbildung lediglich 6,8 %; der Anteil der Bildungsfernen (selbst maximal Pflichtschulbildung) beträgt in dieser Gruppe allerdings nahezu ein Viertel (23,8 %; vgl. Statistik Austria 2017a, S. 100f) und belegt damit einmal mehr die **geringe soziale Durchlässigkeit** im österreichischen Bildungssystem. Dabei fällt auf, dass die gebremste Bildungsmobilität – im internationalen Vergleich – in Österreich besonders stark ausgeprägt ist und demnach ein Bildungsaufstieg vergleichsweise selten gelingt. So haben laut OECD (2017, S. 102) in der Altersgruppe der 30- bis 44-Jährigen hierzulande lediglich 10 % der Kinder von Eltern, die keinen Hochschulabschluss vorweisen können, ein Studium an einer

---

5 Ein ähnlicher Zusammenhang zeigt sich auch bei einer Erhebung über Erwachsenenbildung in Österreich (vgl. Salfinger/Sommer-Binder 2009): „Obwohl sich das Ausbildungsniveau der jungen Erwachsenen im Vergleich zu deren Eltern verbessert hat, bleibt der Zusammenhang zwischen dem Bildungsabschluss der Eltern und den Bildungschancen ihrer Kinder weiterhin bestehen" (Statistik Austria 2012, S. 90).

Universität bzw. anderen Hochschule absolviert; OECD-weit sind es mit 20 % doppelt so viele.

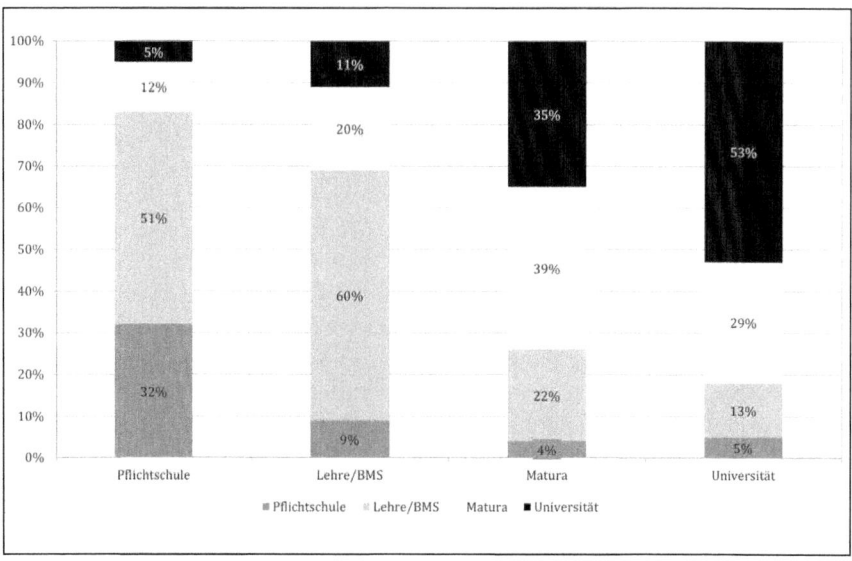

Abbildung 2: Bildungsmobilität zwischen Eltern und Kindern (25- bis 44-Jährige), 2011 (in %)
Quelle: Altzinger et al. (2013, S. 52); eigene Darstellung

Da ein vorrangiges Ziel von Bildungssystemen darin besteht, Kindern und Jugendlichen unabhängig von ihrer sozialen Herkunft gleiche Chancen für den Erwerb von Kompetenzen und höherwertigen Bildungsabschlüssen zu ermöglichen, eine solche Chancengerechtigkeit gerade in Österreich allerdings nur unterdurchschnittlich ausgeprägt ist, stellen weiterführende Analysen einen notwendigen Schritt und jene empirische Basis dar, der (regionalen) Politik umfassende Ansatzpunkte für (gesetzliche) Änderungen der Rahmenbedingungen zu liefern, um – im individuellen und gesellschaftlichen Interesse – nicht wünschenswerten Entwicklungen proaktiv begegnen zu können.

Methodische Vorgehensweise und Eckdaten der empirischen Erhebung

Vor diesem Hintergrund wurde im Verlauf des Schuljahres 2016/2017 am Institut für Volkswirtschaftslehre der Alpen-Adria-Universität (AAU) Klagenfurt eine umfassende empirische Untersuchung der (geplanten) Bildungskarrieren und Studienabsichten von Kärntner SchülerInnen initiiert, welche maßgeblich vom Landesschulrat (LSR) Kärnten sowie von der Abteilung 6 (Bildung, Wissenschaft, Kultur und Sport) des Amtes der Kärntner Landesregierung (finanziell) unterstützt und als quantitative Analyse konzipiert und umgesetzt wurde. Primäres Ziel – im Sinne einer *Forschungsfrage* – war es dabei, die weiterführenden Ausbildungspläne von Kärntner Jugendlichen der Sekundarstufe II nachzuzeichnen sowie das Ausmaß und die Motive für eine mögliche Studienwahl außerhalb Kärntens detailliert zu beleuchten.[6] Zusätzlich wurde das formale Bildungsniveau der Eltern miterhoben, um – als „Nebenprodukt" – die soziale Durchlässigkeit erstmals explizit für das Kärntner Bildungssystem untersuchen zu können. Zu diesem Zweck wurde ein modular aufgebauter Fragebogen mit insgesamt 23 Fragen entworfen (für Details vgl. Klinglmair 2017, S. 27ff); die *Zielgruppe* bzw. Grundgesamtheit der Befragung umfasste dabei alle SchülerInnen, die im Schuljahr 2016/2017 die 7. Klasse einer Allgemeinbildenden Höheren Schule (AHS) bzw. 4. Klasse einer Berufsbildenden Höheren Schule (BHS) besucht haben. Laut Auskunft des LSR Kärnten waren dies insgesamt N=2.960 Personen, die sich zu 39,9 % auf AHS- (1.181 Jugendliche) bzw. 60,1 % auf BHS-SchülerInnen (1.779 Jugendliche) verteilen. Von den insgesamt 44 Schulen der Grundgesamtheit (22 AHS und 22 BHS) wurden – sowohl nach Schultypen als auch regional geschichtet – zehn AHS bzw. elf BHS ausgewählt und im Juni 2017 eine entsprechende Erhebung direkt vor Ort (während des Unterrichts) durchgeführt. Dabei konnte ein Rücklauf von n=965 verwertbaren Fragebögen erzielt werden; dies entspricht einer Rücklaufquote von hohen 32,6 % bezogen auf die Grundgesamtheit, womit ein umfassendes Datensample für die weiteren statistischen Analysen zur Verfügung stand. Neben der hohen Rücklaufquote ist auch die Qualität der Daten hervorragend bzw. die Stichprobe in hohem Maße repräsentativ; für Details sei – aufgrund der Fülle – abermals auf Klinglmair (2017, S. 3ff) verwiesen.[7]

Ergebnisse der empirischen Analyse(n)

Auf Basis der beschriebenen Daten war es nun möglich, die (bisherigen und geplanten) Bildungskarrieren von Kärntner SchülerInnen detailliert nachzuzeichnen sowie zu überprüfen, ob sich diese in Abhängigkeit von der sozialen Herkunft maßgeblich unterscheiden und damit – aus einer anderen Perspektive als in bereits vorliegenden Untersuchungen (vgl. etwa Knittler 2011; Altzinger et al. 2013; Statistik Austria 2017a; OECD 2015, 2017) – auch für Kärnten eine eingeschränkte intergenerationelle soziale Bildungsmobilität identifizieren lässt. Als wesentliche Determinante für nachstehende Analysen fungiert dabei das formale Bildungsniveau der Eltern der befragten SchülerInnen. Wird dieses – gemäß der ISCED-2011-Klassifikation (vgl. UNESCO 2012) – auf die drei Standard-Qualifikationsstufen *„Niedrig"* (maximal Pflichtschulbildung), *„Mittel"* (Abschluss der

---

6   Zudem galt es eine Bedarfs- und Potentialerhebung für vier mögliche neue Studien(richtungen) an der AAU Klagenfurt durchzuführen. Die Ergebnisse zu diesem Teilaspekt der Untersuchung stehen jedoch nicht im Vordergrund des vorliegenden Beitrages; für Details sei auf Klinglmair (2017) verwiesen.

7   Zur Verdichtung der Ergebnisse wurde – im Sinne eines Paneldatensatzes – im Verlauf des Schuljahres 2017/2018 eine neuerliche Befragung mit identem Fragebogen in denselben Schulklassen durchgeführt; die Ergebnisse lagen zum Zeitpunkt der Endredaktion des vorliegenden Beitrags allerdings noch nicht vor.

Sekundarstufe II) und „Hoch" (Tertiärbildung) zusammengefasst, zeigt sich im Wesentlichen eine ähnliche Verteilung wie in der Grundgesamtheit. Verglichen mit der Gesamtbevölkerung im erwerbsfähigen Alter (25 bis 64 Jahre) liegen die Anteile von Hochqualifizierten mit 24,8 % (Mutter) bzw. 20,7 % (Vater) zwar über dem Wert der Grundgesamtheit (14,0 %), jene mit maximal Pflichtschulbildung (Mutter: 10,4 %; Vater: 10,3 %) dementsprechend unter dem Referenzwert von 14,1 % laut Statistik Austria (2017a, S. 143). Da sich die bereits erwähnte Bildungsexpansion jedoch vor allem im Bildungsstand der jüngeren Bevölkerung niederschlägt und die erhobenen Daten – im Durchschnitt – bei den Eltern der befragten SchülerInnen nicht das gesamte Altersspektrum der amtlichen Statistik bis 64 Jahre abdecken, reduzieren sich auf Basis eigener Berechnungen die Abweichungen von der Grundgesamtheit deutlich (vgl. Statistik Austria 2017b, S. 450). Auf Haushaltsebene aggregiert (*siehe Abbildung 3*) verfügt bei einem Anteil von 4,4 % der befragten SchülerInnen der Elternhaushalt über ein geringes Bildungsniveau, welche damit als bildungsfern klassifiziert werden können. Bei knapp zwei Drittel der Eltern (63,3 %) liegt ein mittleres und bei den restlichen 32,3 % ein hohes Bildungsniveau vor.[8]

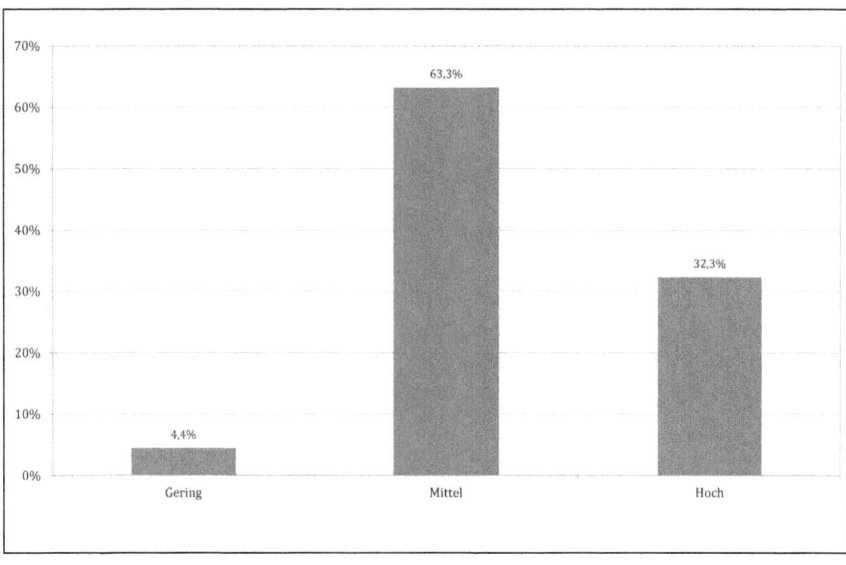

Abbildung 3: Formales Bildungsniveau der Eltern aggregiert (n=941; in %)
Quelle: eigene Berechnungen und Darstellung

Bereits im frühen Jugendalter lässt sich – in Abhängigkeit vom formalen Bildungsniveau der Eltern – der Ausgangspunkt eines deutlichen Unterschiedes in den Bildungswegentscheidungen und -karrieren der befragten Jugendlichen identifi-

---

8   In Anlehnung an OECD (2015, S. 106) meint „Gering" dabei, dass beide Eltern maximal Pflichtschulbildung vorweisen können, „Mittel", dass mindestens ein Elternteil (Mutter oder Vater) über einen Abschluss der Sekundarstufe II verfügt und „Hoch", dass mindestens ein Elternteil einen Tertiärabschluss erworben hat.

zieren. Während unter SchülerInnen aus hochqualifizierten Elternhaushalten insgesamt 70,6 % während der Pflichtschulzeit eine AHS-Unterstufe besucht haben, liegt dieser Anteil bei Jugendlichen mit vergleichsweise niedriger qualifizierten Eltern bei lediglich 51,2 % (geringes Bildungsniveau) respektive 42,3 % (mittleres Bildungsniveau); diese Unterschiede sind auf Basis einer Kontingenztafelanalyse[9] statistisch hochsignifikant (*Pearson-χ^2=66,617; p=0,000*). Demnach absolvierten rund die Hälfte der befragten SchülerInnen aus geringer qualifizierten Sozialschichten eine Hauptschule oder Neue Mittelschule (NMS), welche seit dem Jahr 2012 als gesetzlich verankerte Regelschule fungiert und bis zum Schuljahr 2015/2016 alle Hauptschulen in Österreich ersetzt hat (*siehe Abbildung 4*).

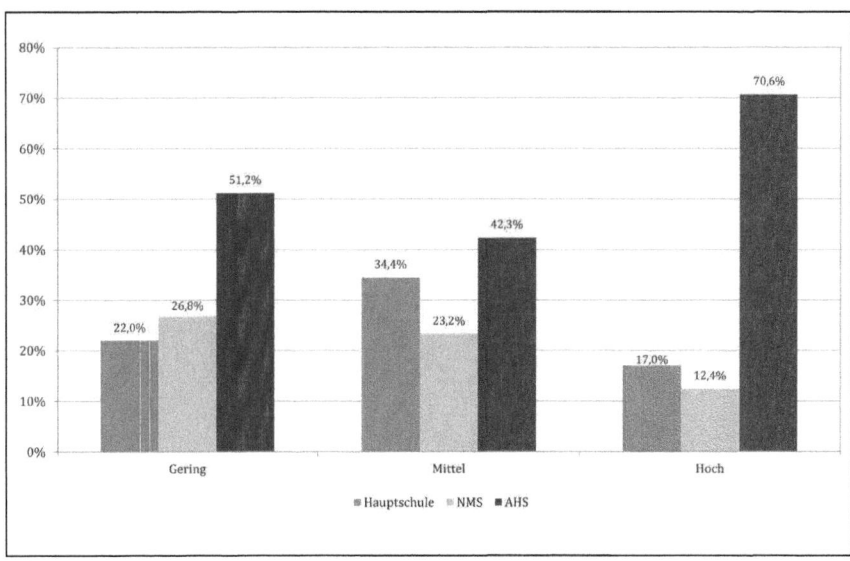

Abbildung 4: Besuchter Schultyp während der Pflichtschule (n=941; in %)
Quelle: eigene Berechnungen und Darstellung

Nach Beendigung der Pflichtschulzeit schaffen – wie ein umfassender Literaturüberblick zeigt – viele Jugendliche speziell aus ungünstiger sozialer Disposition keinen erfolgreichen Übertritt in eine weiterführende Ausbildung bzw. beenden ihre Bildungskarriere vor dem Abschluss der Sekundarstufe II; diese werden – je nach Definition – als Early School Leavers, Jugendliche mit akutem Qualifikationsbedarf und/oder NEET-Jugendliche bezeichnet (vgl. hierzu etwa Steiner 2009, 2011, 2013, 2014; Klinglmair 2013a; Klinglmair/Schoahs 2015; OECD 2017; Eurostat-Datenbank 2018, online). Mit der stufenweisen Einführung der NMS und dem „Jugendcoaching" (vgl. Steiner et al. 2013) wurden diesbezüglich zwar erste schulbezogene Interventionsmaßnahmen gesetzt, Bacher/Tamesberger (2011,

---

9   Eine Kontingenztafelanalyse oder Kreuztabellenanalyse ist ein Verfahren der schließenden Statistik (Hypothesentest) über den statistischen Zusammenhang zweier nominaler Merkmale. Zu den methodischen Grundlagen und zur Berechnung von Kontingenztafelanalysen vgl. etwa Hafner (2000, S. 164ff) oder Quatember (2014, S. 165ff).

S. 109) halten jedoch fest, dass zum Abbau des bestehenden Ungleichheitseffektes darüber hinaus die Einführung einer echten „Gesamtschule" zielführend sei (vgl. hierzu speziell Bacher 2007).

Die im Rahmen der vorliegenden Untersuchung befragten Jugendlichen haben den Übertritt in die Sekundarstufe II (in eine AHS oder BHS) vollzogen und galten – zum Zeitpunkt der Erhebung – nicht als bildungsfern, der deutlich unterschiedliche Verlauf der Bildungskarrieren nach sozialer Herkunft setzt sich jedoch fort bzw. verstärkt sich zusätzlich. So absolvieren SchülerInnen aus einem hochqualifizierten Elternhaushalt zu mehr als zwei Drittel (66,8 %) eine AHS-Oberstufe; die entsprechenden Anteile fallen bei Jugendlichen aus gering oder mittel qualifizierten Haushalten mit 40,5 % respektive 36,8 % signifikant niedriger aus (*Pearson-χ^2=74,171; p=0,000; siehe Abbildung 5*). Bei diesen Gruppen stellt umgekehrt die BHS, welche – aufgrund des berufsbildenden Charakters – bereits nach Absolvierung der Reifeprüfung einen vergleichsweise einfacheren Übertritt auf den Arbeitsmarkt ermöglicht, den dominierenden Schultyp dar.

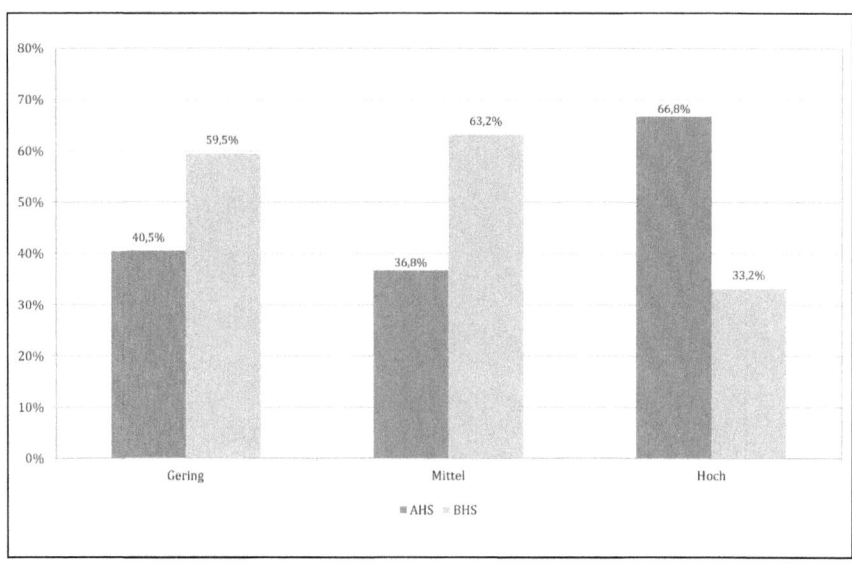

Abbildung 5: Besuchter Schultyp zum Zeitpunkt der Befragung (n=941; in %)
Quelle: eigene Berechnungen und Darstellung

Eine der zentralsten Fragen hinsichtlich der intergenerationellen Bildungsmobilität war jene, ob die Jugendlichen nach Abschluss der Sekundarstufe II eine weiterführende Hochschulausbildung anstreben. Dabei gab – bezogen auf die gesamte Stichprobe – ein Anteil von lediglich 21,5 % (207 SchülerInnen[10]) der Befragten an, keine weiterführende Tertiärausbildung absolvieren zu wollen, umgekehrt

---

10   Für all jene SchülerInnen, welche keine weiterführende Hochschulausbildung beabsichtigen, war die Befragung an dieser Stelle beendet, weswegen sich in nachfolgenden Auswertungen die Fallzahlen deutlich reduzieren.

planen hohe 78,5 % (oder 755 Personen) eine solche und bestätigen damit die – seit Jahrzehnten beobachtete – gestiegene Bildungsaspiration der jüngeren Bevölkerung.[11] Gerade hinsichtlich einer weiterführenden universitären Ausbildung konnten – im Zuge der Auswertungen – allerdings die größten Benachteiligungen und eine gebremste soziale Durchlässigkeit des Kärntner Bildungssystems identifiziert werden. Während die befragten Jugendlichen aus Akademikerhaushalten mit 89,9 % signifikant häufiger eine weiterführende Ausbildung an einer Universität, Fachhochschule (FH), Pädagogischen Hochschule (PH) oder sonstigen tertiären Bildungseinrichtung anstreben, beträgt dieser Anteil bei SchülerInnen von Eltern mit mittlerem Bildungsniveau deutlich geringere 74,4 % bzw. bei Kindern aus bildungsfernen Schichten lediglich 61,9 % (*Pearson-χ^2=43,032; p=0,000*; siehe Abbildung 6). Gemessen an der Studienabsicht zeigt sich damit eine erheblich **schwächer ausgeprägte soziale Aufwärtsmobilität** unter Kärntner Jugendlichen aus vergleichsweise schwieriger sozialer Herkunft, welche die bereits in *Abschnitt 1* beschriebenen Befunde aus einem anderen Blickwinkel für das Bundesland Kärnten untermauert.[12]

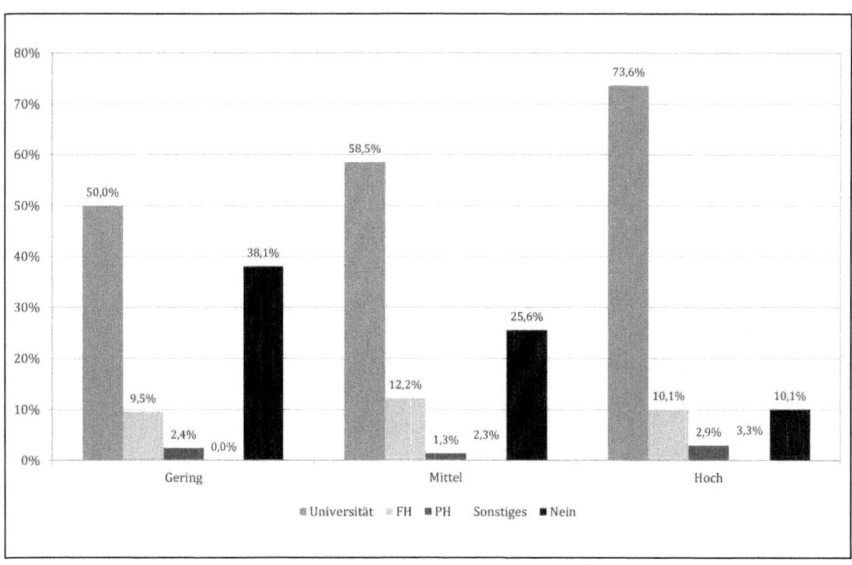

Abbildung 6: Weiterführende Tertiärausbildungspläne (n=947; in %)
Quelle: eigene Berechnungen und Darstellung

---

11 Hinsichtlich des geplanten Hauptstudiums (und der jeweiligen Studienrichtung) war das gesamte Spektrum der österreichischen Tertiärbildungslandschaft in den Antworten zu finden; für Details vgl. Klinglmair (2017, S. 12f).

12 Zusätzlich muss in diesem Zusammenhang angemerkt werden, dass es sich bei den Angaben lediglich um eine Absichtserklärung/einen Wunsch der Befragten handelt und erst ex-post überprüft werden kann, wie viele SchülerInnen tatsächlich eine Hochschulausbildung aufgenommen haben. Dabei ist zu erwarten, dass der Anteil der Jugendlichen, die tatsächlich eine Tertiärausbildung absolvieren – gerade aus bildungsfernen Schichten – noch niedriger ausfallen dürfte, als die Auswertungen der Daten zeigen.

Im Detail plant mehr als ein Drittel der Jugendlichen aus bildungsfernem Milieu (38,1 %) – u.a. aufgrund von finanziellen/ökonomischen Ressourcenbeschränkungen (im Elternhaus) und/oder *primären und sekundären Herkunftseffekten* – demnach keine weiterführende Hochschulausbildung und wird ein direkter Übertritt auf den Arbeitsmarkt angestrebt.[13] In Anlehnung an Boudon (1974) wird als primärer Herkunftseffekt dabei der Einfluss bezeichnet, den die Sozialschichtzugehörigkeit unmittelbar auf die Kompetenzentwicklung von Kindern bzw. Jugendlichen hat, der sich schließlich in schichtspezifischen Unterschieden in den schulischen Leistungen niederschlägt (vgl. Beicht/Granato 2010, S. 2). Im Unterschied dazu stellt der sekundäre Herkunftseffekt einen kurzfristigen und direkten Effekt für die Bildungschancen dar. Becker (2009, S. 107) beschreibt diesen als die nach der Sozialschicht differierende subjektive Bewertung von Kosten und Nutzen alternativer Bildungsmöglichkeiten, auf der die Entscheidung für einen bestimmten Bildungsweg basiert. „Je höher demnach der Sozialstatus des Elternhauses, desto eher wird für die Kinder eine höhere Bildungslaufbahn angestrebt. Selbst bei gleichen schulischen Leistungen der Kinder, unterscheiden sich die Bildungsentscheidungen in dieser Weise" (Beicht/Granato 2010, S. 2).

Daneben war – u.a. für eine effiziente mittelfristige Kärntner Hochschulstrategie – von Interesse, an welchem Studienort und aus welcher subjektiven Motivlage die geplante weiterführende Hochschulausbildung absolviert werden soll, da die seit Jahren beobachtete Abwanderung junger Menschen in andere österreichische Bundesländer zu tertiären Ausbildungszwecken (Stichwort: „Brain Drain"; vgl. Aigner-Walder/Klinglmair 2014, 2015), rückläufige Studierendenzahlen sowie eine dynamische und sich rasch verändernde (internationale) Bildungslandschaft stetige Adaptierungen des Hochschulangebotes erfordern, um den Bildungsstandort Kärnten im Wettbewerb um StudentInnen weiterhin optimal zu positionieren. Zunächst scheint in diesem Zusammenhang alarmierend, dass unter den befragten SchülerInnen ein hoher Anteil von 84,7 % angab, die geplante Hochschulausbildung außerhalb Kärntens absolvieren zu wollen; lediglich 15,3 % wollen ein Studium in Kärnten belegen, womit der Großteil der Jugendlichen das Bundesland zu Ausbildungszwecken verlassen wird.[14] Vor allem aber konnte aus diesen Analy-

---

13 Diesbezüglich gilt es kritisch festzuhalten, dass auch nach Abschluss der Sekundarstufe II der nahtlose und friktionsfreie Übertritt auf den Arbeitsmarkt keineswegs als selbstverständlich zu erwarten sei, da – aufgrund der Entstandardisierung und Destrukturierung von Berufsverläufen – auch die diesbezüglichen Herausforderungen gestiegen sind (vgl. Blum et al. 2010, S. 26). Im Zuge eines veränderten Beschäftigungssystems brauchen Jugendliche wesentlich länger, um den Übertritt in ihre erste Arbeitsstelle zu finden; Umwege, Warteschleifen, verlängerte Suchprozesse und Brüche in den Erwerbsbiographien müssen von immer mehr Jugendlichen in Kauf genommen werden. Diese veränderten Übergangsverläufe spiegeln – unter anderem – den Strukturwandel der Arbeitsgesellschaft wider (vgl. Knapp 2012).

14 Der überwiegende Teil der befragten Jugendlichen plant dabei eine Hochschulausbildung an den Standorten Wien oder Graz; „sonstige Studienorte" (sowohl im In- als auch im Ausland) spielen mit 13,1 % der Nennungen lediglich eine untergeordnete Rolle (vgl. Klinglmair 2017, S. 12f). Bei den zentralen Motiven handelt es sich primär um „Verselbstständigungsprozesse", also eine räumliche Distanz zum Elternhaus und das „Auf-eigenen-Beinen-Stehen", wie dies bereits in einer empirischen Untersuchung zu Wanderungsmotiven (von Jugendlichen) in Kärnten festgestellt werden konnte (vgl. Aigner-Walder et al. 2015). Diese Gründe/Motive sind seitens der Politik

sen ein weiterer Aspekt der Benachteiligung identifiziert werden: Trennt man die Daten auch diesbezüglich nach dem Bildungsniveau der Eltern, so wird offensichtlich, dass SchülerInnen aus gering- und mittelqualifizierten Haushalten mit einem Anteil von 19,7 % signifikant häufiger in Kärnten verbleiben wollen oder – u.a. aus finanziellen Beschränkungen seitens der Eltern – müssen, während der entsprechende Vergleichswert aus hochqualifizierten Familien mit 8,1 % deutlich unter dem Durchschnitt der gesamten Stichprobe (15,3 %) rangiert (Pearson-χ^2=20,497; p=0,000). Damit werden einer ohnehin privilegierten Gruppe einerseits ein deutlich breiteres Studienangebot und andererseits auch neue (großstädtische) Erfahrungen außerhalb des Bundeslandes ermöglicht.

Bevor der abschließende Abschnitt die vorliegende Untersuchung mit einer Zusammenfassung und möglichen Interventionsmaßnahmen abrundet, werden die zentralen Befunde der empirischen Analysen nochmals komprimiert dargestellt.

*Zusammenfassend lässt sich festhalten, dass sich **die bisherigen und geplanten Bildungswegentscheidungen von Kärntner Jugendlichen deutlich nach der sozialen Herkunft** (gemessen am Bildungsniveau der Eltern) **unterscheiden**: So besuchen SchülerInnen aus Akademikerhaushalten signifikant häufiger eine AHS-Unterstufe und planen nach dem Abschluss der Sekundarstufe II (ebenfalls öfters in einer AHS) zu einem überdurchschnittlichen Anteil eine Tertiärausbildung aufzunehmen, die zudem außerhalb Kärntens belegt werden soll. Bei Jugendlichen aus bildungsfernen und mittelqualifizierten Schichten stellt sich die Bildungslaufbahn deutlich ungünstiger dar: Nach signifikant häufigerem Besuch einer Hauptschule/NMS stellt in weiterer Folge die BHS den dominierenden Schultyp dar und wird bei mehr als einem Viertel (26,4 %) die Bildungskarriere vor dem Beginn einer Hochschulausbildung beendet; ein Befund, der die geringe soziale Durchlässigkeit im (Kärntner) Bildungssystem eindrucksvoll bestätigt und Handlungsbedarf seitens der (regionalen) Bildungspolitik impliziert.*

Zusammenfassung und mögliche Lösungsansätze

Wie einleitend bereits erwähnt, besteht ein wichtiges – und sogar in der österreichischen Verfassung festgehaltenes – Ziel von Bildungssystemen darin, Kindern und Jugendlichen unabhängig von ihrer sozialen Herkunft gleiche Chancen für den Erwerb von Kompetenzen und höherwertigen Bildungsabschlüssen zu ermöglichen. Bei diversen Leistungsstudien wie etwa den regelmäßig stattfindenden PISA-Erhebungen würde sich eine solche Chancengerechtigkeit in möglichst geringen Kompetenzunterschieden zwischen sozial begünstigten und benachteiligten Jugendlichen zeigen. Dieser Zusammenhang kann gerade für Österreich empirisch jedoch nicht nachgewiesen werden; die Leistungen von Pflichtschüler-

---

jedoch nur schwer steuerbar und werden den generellen Trend zur Urbanisierung nicht aufhalten können. Vor allem für jene jungen Erwachsenen, die ein großstädtisches Leben suchen, wird der ländliche Raum, unabhängig davon, welche soziokulturellen und arbeitsmarkt- bzw. bildungspolitischen Veränderungen vorgenommen werden, unattraktiv bleiben (vgl. ebd., S. 167).

Innen werden vergleichsweise stark vom sozio-ökonomischen Status des Eltern-hauses beeinflusst (vgl. stellvertretend Suchań/Breit 2016). Zusätzlich zu diesem negativen Einfluss auf den Kompetenzerwerb determiniert der Ausbildungsgrad der Eltern auch Schullaufbahnentscheidungen bis hin zur Aufnahme einer tertiä-ren Ausbildung maßgeblich und gilt als wesentlicher Bestimmungsfaktor, welches formale Bildungsniveau Kinder in ihrer Bildungskarriere erreichen können (vgl. Oberwimmer et al. 2016, S. 140f). Neben zahlreichen Analysen, die das erworbene Bildungsniveau der Eltern mit jenem der Kinder vergleichen (vgl. *Abschnitt 1*) und dabei eine gebremste Aufwärtsmobilität identifizieren, fällt bereits die Hoch-schulrekrutierungsquote (StudienanfängerInnen pro 1.000 Väter bzw. Mütter) bei Jugendlichen aus Elternhaushalten mit Pflichtschulabschluss deutlich niedriger aus als bei jenen aus Familien mit Matura bzw. Hochschulabschluss (vgl. ebd., S. 144f). Dies konnte auch in vorliegender Arbeit anhand einer vergleichsweise geringer attestierten Studienabsicht für Kärntner SchülerInnen aus schwieriger sozialer Disposition gezeigt werden, womit sich die intergenerationelle soziale Bil-dungsmobilität, also die Fähigkeit der Mitglieder einer jüngeren Generation, im Vergleich zu ihren Eltern eine andere Position in der Gesellschaft zu erreichen, in Österreich stark eingeschränkt darstellt (vgl. hierzu auch Altzinger et al. 2013, S. 48f). Demnach muss häufig von Bildungsvererbung und einer geringeren Wahr-scheinlichkeit eines Bildungsaufstieges für benachteiligte Jugendliche gesprochen werden; ein Umstand der tiefgreifende Interventionsmaßnahmen der (regionalen) Bildungspolitik erfordert, diesem Problemfeld proaktiv begegnen zu können.

Die Unterschiede beim Zugang zum Bildungssystem werden demnach bereits durch die Heterogenität der Ausgangsbedingungen (soziale Herkunft aber auch Migrationshintergrund etc.) geprägt und der formale Bildungsgrad der Eltern hat den stärksten Einfluss auf die Bildung der Kinder; dieser intergenerationelle Effekt ist laut Coneus/Spriestma (2009) wichtiger als andere schulische oder institutio-nelle Faktoren. Laut Becker (2009, S. 106) erlangen Kinder aus höheren Sozial-schichten infolge der Erziehung, (finanziellen) Ausstattung und auch gezielten För-derung im Elternhaus eher Fähigkeiten und Motivationen, die in der Schule und Ausbildung vorteilhaft sind. Dies bereits in der frühkindlichen Phase, da aktuellen Untersuchungen zufolge schon in diesem Alter eine wesentliche Weichenstellung für den weiteren Verlauf der Bildungs- sowie Berufskarriere gestellt wird und sich Unterschiede in den Fähigkeiten von Kindern zwischen Eltern mit geringerem Bil-dungsniveau und Eltern mit hohem Bildungsniveau bereits in der frühen Kindheit, noch bevor das Schulalter erreicht ist, offenbaren. Laut Pfeiffer/Reuß (2008, S. 17) werden schon im Vorschulalter (vorwiegend in der Familie) jene Kapazitäten und Fähigkeiten aufgebaut (oder eben nicht aufgebaut), die eine zentrale Voraussetzung für den Schul- und Arbeitsmarkterfolg darstellen. So weisen Kinder aus einem benachteiligten Familienumfeld, deren Fähigkeiten zu wenig Förderung erfahren haben, ein deutlich höheres Risiko auf, auf dem Arbeitsmarkt und in der Gesell-schaft zu scheitern. In der Literatur besteht weitgehend Einigkeit darüber, dass **frühkindliche Bildung** eine zentrale Bedeutung für spätere Bildungsperspektiven habe; gerade bei Kindern aus bildungsfernen Schichten hat eine solche erhebliche positive Effekte auf den Bildungsstand (vgl. Anger 2011, S. 47); eine Arbeit von

Cunha/Heckman (2007) bestätigt diesen Einfluss eindrucksvoll. Diesbezüglich zeigen auch Simulationsrechnungen, dass die zu erwartenden Erträge von Investitionen im frühen Kindesalter – gemessen am Einkommen über den Lebenszyklus – die Kosten um ein Vielfaches übersteigen, womit die ertragreichste Politik zur Steigerung des Humankapitals und zur Reduktion von Ungleichheit eine effiziente Familienpolitik sei (vgl. Pfeiffer/Reuß 2008, S. 17). Pfeiffer (2009, S. 20) kommt weiters zu dem Schluss, dass es eine vordringliche Aufgabe der Bildungspolitik sein müsse, den Zugang zu einer angemessenen emotionalen Fürsorge im Kindesalter weiter zu verbessern. Wenn aufgrund finanzieller und sozialer Einschränkungen des Elternhaushalts ein Mangel an privaten Bildungsinvestitionen vorliegt, könne dieser durch ein entsprechendes und frühzeitiges Angebot an öffentlichen Bildungseinrichtungen kompensiert werden und somit auch eine Verbesserung der Chancengleichheit erreicht werden (vgl. Altzinger et al. 2013, S. 48f).

Interventionsmaßnahmen seitens der (Bildungs-)Politik, um einerseits Bildungsabbrüche, die allerdings nicht im Fokus der vorliegenden Untersuchung stehen, präventiv zu verhindern und andererseits die soziale Durchlässigkeit zu erhöhen, müssen – zusätzlich zu frühkindlicher Förderung – auch im österreichischen Erstausbildungssystem selbst ansetzen und dabei versucht werden, fehlende Ressourcen im Elternhaus zu kompensieren. Diesbezüglich halten Bacher/Tamesberger (2011, S. 109) fest, dass zum Abbau des bestehenden Ungleichheitseffektes die flächendeckende Einführung einer echten **Gesamtschule**, die um ein entsprechendes Angebot an **Ganztagsschulen** ergänzt werden sollte, zielführend sei, da damit eine frühzeitige Segregation von Bildungs- und Erwerbsverläufen vermieden werden kann (vgl. hierzu speziell Bacher 2007 bzw. Altzinger et al. 2013, S. 61). Auch gilt es das bestehende Jugendcoaching (in adaptierter Form) konsequent fortzuführen und ergänzend dazu ist ein – etwa in Klinglmair (2013a) entworfenes – **Frühwarnsystem** (im Sinne eines „Ampelsystems") anzudenken. Um in der Sekundarstufe die geringe Studienabsicht bzw. niedrige Übertrittswahrscheinlichkeit in eine tertiäre Ausbildung für Jugendliche aus ungünstiger sozialer Disposition und somit die Durchlässigkeit am oberen Ende der Bildungslandschaft zu erhöhen, erweisen sich zudem **Informationskampagnen** (zum Nutzen und zur Finanzierung eines Studiums) für SchülerInnen UND Eltern – etwa im Sinne von kurzen Schulworkshops – als sinnvoll (vgl. Peter et al. 2016). Wie Analysen für Deutschland zeigen, werden – neben finanziellen Restriktionen und unterschiedlichen Präferenzen – gerade Informationsdefizite als Ursache für den sogenannten *„Education Gap"* (den Unterschied im Übergangsverhalten von MaturantInnen aus Elternhäusern mit und ohne Hochschulabschluss) identifiziert (vgl. ebd., S. 556). Diesbezüglich zeigen auch Beicht/Granato (2010, S. 2), dass Eltern mittlerer und höherer sozialer Schichten sehr stark in Bildung investieren, um einen Statusverlust ihrer Kinder zu vermeiden und den Nutzen dieser Bildungsinvestitionen als sehr hoch einschätzen. Für niedrigere Sozialschichten erfordert der Statuserhalt hingegen nicht unbedingt, dass die Kinder eine höhere Ausbildung erhalten; auch würden aus ihrer Sicht überproportional hohe Kosten verursacht, deren spätere Erfolgswahrscheinlichkeit und Rendite keineswegs sicher wären. Zusätzlich ist bei weniger gebildeten Eltern oftmals eine relativ große

Distanz zur Gymnasial- und Hochschulbildung zu beobachten. Sie fürchten häufig eine Entfremdung von ihren Kindern, wenn diese einen solchen Bildungsweg einschlagen (vgl. ebd., S. 2); negative Effekte, die über verstärkte Informationsbereitstellung und Beratung geschlossen werden können. Ergänzend dazu wäre ein „**Duales Orientierungspraktikum**" (DOP), eine einwöchige Hospitanz an einer Hochschule gepaart mit einem Betriebspraktikum, eine weitere mögliche Maßnahme: Best-Practice Beispiele in Modellregionen in Deutschland haben gezeigt, dass sich durch eine Teilnahme an einem solchen DOP bei Jugendlichen aus nicht-akademischen Haushalten das Selbstbild „Traue ich mir ein Studium zu?" verbessert und damit auch die Wahrscheinlichkeit, ein Studium aufzunehmen, um rund 20 % erhöht werden konnte (vgl. Matk et al. 2012). Als abschließende Maßnahme werden zudem **fördernde Rahmenbedingungen für berufstätige Studierende und „First Generation Students"** vorgeschlagen, da für eine hohe und steigende Anzahl an Studierenden (rund 63 %) Erwerbstätigkeit neben dem Studium eine Notwendigkeit und vielfach den Normalfall darstellt. Diesbezüglich fällt auf, dass gerade Studierende aus sozial schwächer gestellten Haushalten und ohne akademischen Hintergrund deutlich häufiger über 20 Stunden pro Woche bzw. in Vollzeit arbeiten (müssen), womit einerseits der Studienerfolg verzögert wird bzw. andererseits die ohnehin hohe Drop-Out-Gefahr für diese Gruppe weiter ansteigt (vgl. Eckl/Kastner 2015, online). Vor allem für First Generation Students stellt sich – aufgrund finanzieller Beschränkungen des Elternhauses – verstärkt die Frage der Studienfinanzierung durch eine eigene Erwerbstätigkeit neben dem Studium (vgl. Eckl 2014, online).

Zusammenfassend sei es laut Anger et al. (2011, S. 42) aus Chancengerechtigkeitsüberlegungen zentral, dass der Zugang zu höherer Bildung verbessert und die soziale Durchlässigkeit des Bildungssystems erhöht wird. Als diesbezügliches Kriterium wird vorgeschlagen, den Einfluss des sozio-ökonomischen Hintergrundes auf die Bildungsergebnisse zu reduzieren und gleichzeitig die Leistungen am unteren Ende der Verteilung zu verbessen, ohne dass am oberen Ende Verschlechterungen beim Zugang zu Bildung eintreten. Gelingt es *(i)* die Zahl der bildungsfernen Jugendlichen weiter zu reduzieren, *(ii)* die Schulleistungen und Kompetenzen am Ende der Pflichtschule – unabhängig von der sozialen Herkunft – zu verbessern und *(iii)* die Chancengerechtigkeit und soziale Bildungsmobilität im österreichischen Bildungssystem zu erhöhen, werden – neben den Jugendlichen selbst – auch der Hochschul- und Wirtschaftsstandort Kärnten/Österreich sowie die Gesellschaft insgesamt davon profitieren.

Literatur

Aigner-Walder, Birgit/Klinglmair, Robert (2014): Brain Drain in Kärnten – Zentrale Ergebnisse einer empirischen Untersuchung zur Abwanderung aus Kärnten. Wirtschaftspolitische Blätter – Sonderausgabe S/14, S. 107–126.

Aigner-Walder, Birgit/Klinglmair, Robert (2015): Brain Drain – Hintergründe zur Abwanderung aus Kärnten. Klagenfurt: Hermagoras/Mohorjeva.

Aigner-Walder, Birgit/Klinglmair, Robert/Leitner, Sylvia/Sting, Stephan (2015): Mobilität als gesellschaftliche Herausforderung für ländliche Regionen? – Zentrale Ergebnisse empirischer Untersuchungen zu Abwanderung, Wanderungsmotiven und Rückkehrperspektiven in Kärnten. WISO 38/4, S. 147–170.

Altzinger, Wilfried/Lamei, Nadja/Rumplmaier, Bernhard/Schneebaum, Alyssa (2013): Intergenerationale soziale Mobilität in Österreich. Statistische Nachrichten 1/2013, S. 48–62.

Anger, Christina/Konegen-Grenier, Christiane/Lotz, Sebastian/Plünnecke, Axel (2011): Bildungsgerechtigkeit in Deutschland – Gerechtigkeitskonzepte, empirische Fakten und politische Handlungsempfehlungen. IW-Analysen – Forschungsberichte aus dem Institut der deutschen Wirtschaft Köln Nr. 71. Köln: Hundt Druck.

Arbeitsmarktservice Österreich (2018): Arbeitsmarktdaten im Kontext von Bildungsabschlüssen 2017. Wien: Abteilung Arbeitsmarkt und Berufsinformation (ABI).

Bacher, Johann (2007): Effekte von Gesamtschulsystemen auf Testleistungen und Chancengleichheit. WISO 30/2, S. 16–34.

Bacher, Johann/Tamesberger, Dennis (2011): Junge Menschen ohne (Berufs-)Ausbildung. Ausmaß und Problemskizze anhand unterschiedlicher Sozialindikatoren. WISO 34/4, S. 95–109.

Becker, Gary S. (1964): Human Capital: A Theoretical and Empirical Analysis, with Special Reference to Education. 2nd edition. New York: Columbia University Press.

Becker, Rolf (2009): Entstehung und Reproduktion dauerhafter Bildungsungleichheiten. In: Becker, Rolf (Hrsg.): Lehrbuch der Bildungssoziologie. Wiesbaden: VS Verlag für Sozialwissenschaften, S. 85–129.

Beicht, Ursula/Granato, Mona (2010): Ausbildungsplatzsuche: geringere Chancen für junge Frauen und Männer mit Migrationshintergrund. BIBB Report 15/10. Bonn: Bundesinstitut für Berufsbildung.

Blum, Johanna/Kien, Christina/Paul, Verena/Wittinger, Daniela (2010): Bedarfsorientiertes Maßnahmenangebot zur Förderung der beruflichen Integration von ausgrenzungsgefährdeten und erwerbsfernen Jugendlichen in Österreich. Studie im Auftrag des Bundesministerium für Arbeit, Soziales und Konsumentenschutz. Wien: SORA Institut for Social Research and Consulting.

Böheim, Renè/Judmayr, Christina (2014): Chancengleichheit in Österreich – Bildungs- und Einkommenskorrelationen von Geschwistern. Materialien zu Wirtschaft & Gesellschaft Nr. 134. Abteilung Wirtschaftswissenschaften und Statistik. Wien: Arbeiterkammer.

Boudon, Raymond (1974): Education, Opportunity, and Social Inequality. New York: Jon Wiley & Sons.

Bruneforth, Michael/Weber, Christoph/Bacher, Johann (2012): Chancengleichheit und garantiertes Bildungsminimum in Österreich. In: Herzog-Punzenberger, Barbara (Hrsg.): Nationaler Bildungsbericht Österreich 2012 – Band 2. Fokussierte Analysen bildungspolitischer Schwerpunktthemen. Graz: Leykam, S. 189–227.

Coneus, Katja/Sprietsma, Maresa (2009): Intergenerational Transmission of Human Capital in Early Childhood. Diskussionspapier 09-038. Mannheim: Zentrum für Europäische Wirtschaftsforschung.

Cunha, Flavio/Heckman, James (2007): The Technology of Skill Formation. American Economic Review 97(2), pp. 31–47.

Eckl, Martha (2014, online): Neu an der Uni: Arbeiterkinder und andere First Generation Students. BLOG-Beitrag bei „Arbeit & Wirtschaft". [online] https://www.awblog.at/zur-situation-von-arbeiterkindern-und-anderen-first-genera tion-students/ [31.01.2018].

Eckl, Martha/Kastner, Andreas (2015, online): Berufstätige Studierende stehen besonders unter Druck. BLOG-Beitrag bei „Arbeit & Wirtschaft". [online] https://www.awblog.at/ berufstaetige-studierende-unter-druck [31.01.2018].

Eurostat-Datenbank (2018, online): [online] http://epp.eurostat.ec.europa.eu/por tal/page/portal/eurostat/home. [20.03.2018].

Foellmi, Reto/Zweimüller, Josef (2008): Structural change, Engel's consumption cycles and Kaldor's facts of economic growth. Journal of Monetary Economics 55/7, pp. 1317–1328.

Ganzeboom, Harry B.G./Graaf, Paul M. de/Treiman, Donald J. (1992): A Standard International Socio-Economic Index of Occupational Status. Social Science Research 21, pp. 1–56.

Hafner, Robert (2000): Statistik für Sozial- und Wirtschaftswissenschafter – Band I. Zweite verbesserte Auflage. Wien: Springer.

Hillmert, Steffen (2011): Soziale Ungleichheit und Familie: Von der Diagnose herkunftsbedingter Lebenschancen zur Analyse sozialer Reproduktion. In: Berger, Berger A./Hank, Karsten/Tölke, Angelika (Hrsg.): Reproduktion von Ungleichheit durch Arbeit und Familie. Wiesbaden: VS Verlag für Sozialwissenschaften, S. 279–300.

Klinglmair, Robert (2013a): Determinanten von Bildungsarmut bei Jugendlichen – Eine empirische Analyse für Kärnten. Saarbrücken: Südwestdeutscher Verlag für Hochschulschriften.

Klinglmair, Robert (2013b): Bildungsarmut – Gefahr für Kärnten? In: Anderwald, Karl/Filzmaier, Peter/Hren, Karl (Hrsg.): Kärntner Jahrbuch für Politik 2013. Klagenfurt: Hermagoras/Mohorjeva, S. 327–356.

Klinglmair, Robert/Schoahs, Stephanie (2015): Jugendarbeitslosigkeit in Kärnten – Eine empirische Analyse von Entstehungsbedingungen und Auswirkungen. In: Anderwald, Karl/Filzmaier, Peter/Hren, Karl (Hrsg.): Kärntner Jahrbuch für Politik 2015. Klagenfurt: Hermagoras/Mohorjeva, S. 308–348.

Klinglmair, Robert (2017): Ausbildungspläne von Kärntner Jugendlichen sowie Bedarfs- und Potentialerhebung möglicher neuer Studienrichtungen an der AAU Klagenfurt. Forschungsprojekt des Instituts für Volkswirtschaftslehre im Auftrag der Fakultät für Wirtschaftswissenschaften. Klagenfurt: Alpen-Adria-Universität.

Klinglmair, Robert/Kandutsch, Florian (2017): Arbeits- und Lebensbedingungen von Beschäftigten in der Erwachsenenbildung in Kärnten: Empirische

Ergebnisse. Schriftenreihe Arbeit & Bildung 09/2017. Klagenfurt: Kammer für Arbeiter und Angestellte Kärnten.

Knapp, Gerald (2012): Jugend und Schule. In: Knapp, Gerald, Lauermann, Karin (Hrsg.): Jugend, Gesellschaft und Soziale Arbeit. Klagenfurt: Hermagoras/ Mohorjeva, S. 393–423.

Knittler, Käthe (2011): Intergenerationale Bildungsmobilität. Statistische Nachrichten 4/2011, S. 252–266.

Lachmayr, Norbert/Rothmüller, Barbara (2009): Bundesweite Erhebung zur sozialen Situation von Bildungswegentscheidungen – Follow-Up-Erhebung 2008. Studie des ÖIBF im Auftrag der Arbeiterkammer: Wien.

Matk, Isabel/Mohrenweiser, Jens/Niedlich, Florian/Pfeiffer, Friedhelm/Reuß, Karsten/Ziemendorf, Johannes/Ziesmann, Lena (2012): Endbericht Forschungsprojekt Duales Orientierungspraktikum. Mannheim: Zentrum für Europäische Wirtschaftsforschung.

Mills, Melinda/Blossfeld, Hans-Peter (2005): Globalization, uncertainity and the early life course: A theoretical framework. In: Blossfeld, Hans-Peter/Klijzing, Erik/Mills, Melinda/Kurz, Karin (eds.): Globalization, Uncertainty and Youth Society. London/New York: Taylor & Francis, pp. 1–24.

Mögling, Tatjana/Tillmann, Frank/Reißig, Birgit (2015): Entkoppelt vom System – Jugendliche am Übergang ins junge Erwachsenenalter und Herausforderungen für Jugendhilfestrukturen. Studie des Deutschen Jugendinstituts im Auftrag der Vodafone Stiftung Deutschland: Düsseldorf.

Nagl, Wolfgang/Titelbach, Gerlinde/Valkova, Katarina (2017): Digitalisierung der Arbeit: Substituierbarkeit von Berufen im Zuge der Automatisierung durch Industrie 4.0. Studie im Auftrag des Sozialministeriums. Wien: Institut für Höhere Studien.

Oberwimmer, Konrad/Bruneforth, Michael/Siegle, Thilo/Vogtenhuber, Stefan/ Lassnig, Lorenz/Schmich, Juliane/Gumpoldsberger, Harald/Salchegger, Silvia/ Wallner-Paschon, Christina/Thaler, Bianca/Trenkwalder, Klaus (2016): Output – Ergebnisse des Schulsystems. In: Bruneforth, Michael/Lassnig, Lorenz/ Vogtenhuber, Stefan/Schreiner, Claudia/Breit, Simone (Hrsg.): Nationaler Bildungsbericht Österreich 2015 – Band 1. Das Schulsystem im Spiegel von Daten und Indikatoren. Graz: Leykam, S. 129–194.

OECD (2015): Bildung auf einen Blick 2015: OECD-Indikatoren. Bielefeld: W. Bertelsmann Verlag.

OECD (2017): Bildung auf einen Blick 2017: OECD-Indikatoren. Bielefeld: W. Bertelsmann Verlag.

Peter, Frauke/Rusconi, Alessandra/Solga, Heike/Spieß, Katharina/Zambre, Vaishali (2016): Informationen zum Studium verringern soziale Unterschiede bei der Studienabsicht von AbiturientInnen. DIW Wochenbericht 26/2016. Berlin: Deutsches Institut für Wirtschaftsforschung, S. 555–565.

Pfeiffer, Friedhelm/Reuß, Karsten (2008): Ungleichheit und die differentiellen Erträge frühkindlicher Bildungsinvestitionen im Lebenszyklus. Diskussionspapier 08-001. Mannheim: Zentrum für Europäische Wirtschaftsforschung.

Pfeiffer, Friedhelm (2009): Entwicklung und Ungleichheit von Fähigkeiten: Anmerkungen aus ökonomischer Sicht. Diskussionspapier 09-025. Mannheim: Zentrum für Europäische Wirtschaftsforschung.

Quatember, Andreas (2014): Statistik ohne« Angst vor Formeln. 4. aktualisierte Auflage. München: Pearson Studium.

Salfinger, Brigitte/Sommer-Binder, Guido (2009): Erwachsenenbildung – Hauptergebnisse der Erhebung über Erwachsenenbildung (AES) 2007. Statistische Nachrichten 1/2009, S. 35–49.

Schlögl, Peter (2011): Bildungspartizipation – Bildungswege und Bildungswahl. In: Bundesministerium für Wirtschaft, Familie und Jugend (Hrsg.): 6. Bericht zur Lage der Jugend in Österreich. Wien: Bundesministerium für Wirtschaft, Familie und Jugend, S. 97–118.

Schreiner, Claudia (Hrsg.) (2007): PISA 2006 – Internationaler Vergleich von Schülerleistungen. Graz: Leykam.

Schultz, Theodore William (1963): The Economic Value of Education. New York/London: Columbia University Press.

Schwantner, Ursula/Schreiner, Claudia (Hrsg.) (2010): PISA 2009 – Internationaler Vergleich von Schülerleistungen. Erste Ergebnisse. Lesen, Mathematik, Naturwissenschaft. Graz: Leykam.

Schwantner, Ursula/Toferer, Bettina/Schreiner, Claudia (Hrsg.) (2013): PISA 2012 – Internationaler Vergleich von Schülerleistungen. Erste Ergebnisse. Lesen, Mathematik, Naturwissenschaft. Graz: Leykam.

Statistik Austria (2012): Bildung in Zahlen 2010/11 – Schlüsselindikatoren und Analysen. Wien: Statistik Austria.

Statistik Austria (2013): Schlüsselkompetenzen von Erwachsenen. Erste Ergebnisse der PIAAC-Erhebung 2011/12. Wien: Statistik Austria.

Statistik Austria (2014): Schlüsselkompetenzen von Erwachsenen. Vertiefende Analysen der PIAAC-Erhebung 2011/12. Wien: Statistik Austria.

Statistik Austria (2017a): Bildung in Zahlen 2015/16 – Schlüsselindikatoren und Analysen. Wien. Statistik Austria.

Statistik Austria (2017b): Bildung in Zahlen 2015/16 – Tabellenband. Wien: Verlag Österreich.

Steiner, Mario (2009): Early School Leaving und Schulversagen im österreichischen Bildungssystem. In: Specht, Werner (Hrsg.). Nationaler Bildungsbericht Österreich 2009 – Band 2. Fokussierte Analysen bildungspolitischer Schwerpunktthemen. Graz: Leykam, S. 141–161.

Steiner, M. (2011): Zusammenhänge zwischen Bildungsarmut und Beschäftigungschancen. WISO 34/2, S. 66–76.

Steiner, Mario (2013): »…und raus bist Du!« Ausbildungsarmut Jugendlicher und ihre soziale Ungleichverteilung im österreichischen Bildungssystem. AMSinfo 250/251. Wien: Verlag Communicatio.

Steiner, Mario (2014): Abbruch und Schulversagen im österreichischen Schulsystem. Studie im Auftrag der Kammer für Arbeiter und Angestellte. Wien: Institut für Höhere Studien.

Steiner, Mario/Pessl, Gabriele/Wagner, Elfriede/Karaszek, Johannes (2013): Evaluierung „Jugendcoaching" – Endbericht. Studie im Auftrag des BMASK. Wien: Institut für Höhere Studien.

Suchań, Birgit/Breit, Simone (Hrsg.) (2016): PISA 2015 – Grundkompetenzen am Ende der Pflichtschulzeit im internationalen Vergleich. Graz: Leykam.

UNESCO (2012): ISCED 2011 – International Standard Classification of Education. Montreal: UNESCO Institute for Statistics.

Vogtenhuber, Stefan/Lassnig, Lorenz/Radinger, Regina/Gurtner-Reinthaler, Saya Maria (2013a): Outcome – Wirkungen des Schulsystems. In: Bruneforth, Michael/Lassnig, Lorenz (Hrsg.): Nationaler Bildungsbericht Österreich 2012 – Band 1. Das Schulsystem im Spiegel von Daten und Indikatoren. Graz: Leykam, S. 177–194.

Vogtenhuber, Stefan/Lassnig, Lorenz/Knittler, Käthe/Bruneforth, Michael (2013b): Übergang aus dem Schulsystem in die Arbeitswelt. In: Bruneforth, Michael/ Lassnig, Lorenz (Hrsg.): Nationaler Bildungsbericht Österreich 2012 – Band 1. Das Schulsystem im Spiegel von Daten und Indikatoren. Graz: Leykam, S. 165–176.

Vogtenhuber, Stefan/Lassnig, Lorenz/Stöger, Eduard/Bönisch, Markus/Trenkwalder, Klaus/Bruneforth, Michael (2016): Outcome – Wirkungen des Schulsystems. In: Bruneforth, Michael/Lassnig, Lorenz/Vogtenhuber, Stefan/Schreiner, Claudia/Breit, S. (Hrsg.): Nationaler Bildungsbericht Österreich 2015 – Band 1. Das Schulsystem im Spiegel von Daten und Indikatoren. Graz: Leykam, S. 207–238.

Weber, Brigitte/Weber, Enzo (2013): Bildung ist der beste Schutz vor Arbeitslosigkeit. IAB-Kurzbericht 4/2013, S. 2–8.

Robert Klinglmair, Elisabeth Niederer

Gedanken zum Methodenpluralismus der empirischen Sozial- und Bildungsforschung

Der wissenschaftliche Diskurs über die strikte Orientierung an qualitativen *oder* quantitativen Methoden in den Sozialwissenschaften des 20. und 21. Jahrhunderts sowie deren Unterschiede sind in der Literatur hinlänglich bekannt. Ein oftmals thematisiertes und kategorisches „besser" oder „schlechter", was Qualität oder Aussagekraft der jeweiligen Methodik betrifft, soll nachfolgend jedoch nicht zur Diskussion stehen. Vielmehr geht es in diesem Dialog darum, den jeweils spezifischen Zugang zum Forschungsfeld, die fruchtbaren Perspektiven beider Ansätze, aber auch Möglichkeiten einer Integration zu diskutieren und nicht nach Trennendem zu suchen. Während die quantitative Forschung – dem Vorbild der Naturwissenschaften folgend – nach Erklärungen und Ursache-Wirkungs-Zusammenhängen sucht, findet die qualitative Forschung, ausgehend von der Textinterpretation und dem Dialog, ihre Antworten im Verstehen sozialer und individueller Leben(swelten).

Im Wesentlichen geht es in jeder Konzeption eines empirischen Forschungsprojektes – neben der ex-ante Festlegung von forschungsleitenden Fragestellungen und Hypothesen – zunächst um die Frage, welche Methoden sich zur Beantwortung des zu erforschenden (sozialen) Phänomens am besten eignen und herangezogen werden sollen. Robert Klinglmair und Elisabeth Niederer beschreiben in einer kurzen Positionierung einige Eigenschaften und vor allem Unterschiede von quantitativer und qualitativer Sozialforschung und erklären zudem, wie man mit dem Ansatz der „Mixed Methods" die Stärken beider Forschungsparadigmen sinnvoll nutzen bzw. kombinieren kann.

So gehe es laut Klinglmair bei der **quantitativen Forschung** primär darum, das zu untersuchende – oftmals multikausale – soziale Phänomen bzw. Forschungsthema in Form von ökonometrischen Modellen, statistischen Zusammenhängen sowie zahlenmäßigen Ausprägungen möglichst exakt zu beschreiben und damit auch vorhersagbar zu machen. Dabei werden im Allgemeinen im Rahmen der Befragung einer möglichst umfassenden und vor allem repräsentativen Zufallsstichprobe – etwa mittels einer schriftlichen Befragung auf Basis eines (modular) aufgebauten Fragebogens – die Ausprägungen eines oder mehrerer bestimmter Merkmale erhoben. Diese Ergebnisse können in weiterer Folge miteinander oder mit anderen Variablen in Beziehung gesetzt werden und ermöglichen damit auch Generalisierungen und Rückschlüsse auf die Grundgesamtheit der interessierenden Zielpopulation wie beispielsweise bildungsferne oder arbeitslose Jugendliche. Aus der objektiven Messung und Quantifizierung von Sachverhalten können nachfolgend Veränderungs- und Verbesserungsmöglichkeiten identifiziert und herausgearbeitet werden, die in (politische) Strategien und Maßnahmen einfließen sollen, die notwendig und sinnvoll erscheinen, der jeweiligen Problematik – wie etwa einem frühzeitigen Schulabbruch – proaktiv entgegnen zu können. Wenngleich Klinglmair in seinen Untersuchungen überwiegend quantitative Forschungsmethoden angewendet hat, hält er diesbezüglich jedoch unmissverständlich fest, dass es ihm zentral erscheint, zusätzlich auch Methoden der qualitativen Forschung zu verwenden, um den Befragten „eine Stimme zu geben" und sie ein Stück aus der Anonymität der Daten bzw. der amtlichen Statistik zu holen und damit die Aussagekraft wesentlich zu erhöhen.

Diesbezüglich hat sich die **qualitative Forschung** als Forschungsparadigma etabliert, erfreut sich wachsender Beliebtheit bei WissenschaftlerInnen und StudentInnen und differenziert sich in unterschiedliche Methodologien, forschungstheoretische Ansätze sowie Methoden (vgl. Flick 2007). Soziale Wirklichkeiten sind vielfältig; die qualitative Forschung beschreibt soziale und kulturelle Phänomene und Probleme aus unterschiedlichsten Perspektiven. Interpretation, Verstehen und die Analyse sozialer Phänomene sind die Ziele qualitativ-empirischer Forschungsprojekte, so Niederer.

Auch spezifische Kontexte und in diesem Zusammenhang auftretende Praktiken gilt es miteinzubeziehen, zu beschreiben und zu analysieren. Der Forschungsprozess thematisiert Lebenswelten, welche aus einer sinnverstehenden Perspektive betrachtet werden. Dabei kommen auch Formen sozialer und kultureller Ungleichheit in den Blick. In der neueren US-amerikanischen Forschung (vgl. Denzin/Lincoln 2017) wird in kritischen, partizipatorischen und sensitiven Forschungsprojekten jenen Menschen, die marginalisiert und ausgegrenzt sind, eine Stimme verliehen. Deutungsmuster und Handlungsmöglichkeiten werden im Detail beschrieben und in einem dialogischen Forschungsprozess aufgezeigt. Im Mittelpunkt qualitativ-empirischer Forschung stehen gerade sozial geprägte individuelle Erfahrungen, die Menschen in Bezug auf ein bestimmtes Thema oder eine bestimmte Problematik, z.B. Bildung oder Rassismus, teilen, sowie die (Re-)Konstruktion sozialer Milieus, in welche diese Erfahrungen eingebettet sind. So werden etwa im interpretativen Interaktionismus, der vom US-amerikanischen Sozialwissenschaftler Norman Denzin begründet wurde, die Geschichten, die Menschen in

Forschungsprojekten erzählen, als universale Singularitäten betrachtet (Denzin 1989, S. 139). In den individuellen Lebensgeschichten drücken sich soziale und kulturelle Problemlagen aus, die beschrieben und analysiert werden, hält Niederer fest.

Die Methodenpluralität, die Forschenden heutzutage zur Verfügung steht, ist umfassend und bietet für jedes Forschungsprojekt die geeigneten Werkzeuge. So können z.B. im Rahmen von reflexiven und biographischen Interviews und Einzelfallanalysen nicht nur die Bildungskarrieren von arbeitsuchenden Jugendlichen (re-)konstruiert und dargestellt werden, sondern auch die verschiedenen Kontexte, welche zur Arbeitslosigkeit und Bildungsbenachteiligung führen. Darüber hinaus kann man etwa im Rahmen von Gruppendiskussionen erfahren, welche gemeinsamen Erfahrungen Jugendliche in dieser Situation teilen und wie sie ihre eigene Zukunft einschätzen, die über die Erkenntnisse der objektiven Messung mittels zahlenmäßiger Befunde hinausgeht. Alltagssituationen können beschrieben und vertiefend in die interpretative Auswertung der Daten sowie deren Analyse miteinbezogen werden. Die Methoden der qualitativen Sozialforschung sind dementsprechend explorativ und hypothesengenerierend; Handlungsvorschläge zur Verbesserung und Transformation gesellschaftlicher Rahmenbedingungen können und sollen auf dieser Basis präsentiert werden (Winter 2000).

Einig sind sich beide, dass in innovativen Forschungsprojekten die strikte Trennung im Sinne eines engstirnigen Methodenpluralismus unbedingt vermieden werden soll. Vielmehr wird die Wahl der Methoden vom Forschungsgegenstand zu bestimmen sein. So kombiniert das dritte empirische Forschungsparadigma der „Mixed Methods" die Vorteile quantitativer und qualitativer Forschungsmethoden, -theorien und -konzepte, um gesellschaftlich relevante Fragestellungen umsichtig zu bearbeiten und ganzheitlich zu beantworten. Durch kreative Methodenkombinationen sollen die Schwächen quantitativer und qualitativer Ansätze ausgeglichen und ihre jeweiligen Stärken genutzt werden. Der qualitative Teil versteht sich dabei allerdings nicht nur als Werkzeug der quantitativen Methodik, sondern vielmehr als eigenständiger Teil eines Forschungsprojektes. Der andauernde Diskurs zwischen qualitativen und quantitativen Forschungsmethoden in der Sozialforschung hat nach Denzin und Lincoln (1994) eine sogenannte Krise qualitativer Sozialforschung entstehen lassen, die solange nicht überwunden sein wird, bis qualitative Ergebnisse nicht mehr als schmückendes Beiwerk der quantitativen Sozialforschung verstanden werden, sondern als eigenständige Forschungsergebnisse in der wissenschaftlichen Welt bestehen können. Zum einen soll die Kombination der Zugänge zu umfassenderen Erkenntnissen führen, als die alleinige Anwendung der jeweiligen Methodik. Zum anderen sollen die Ergebnisse sich wechselseitig validieren und sich gegenseitig ergänzen, da sie unterschiedliche Aspekte des Forschungsgegenstandes fokussieren (vgl. Flick 2009, S. 49) und damit zu einem noch umfassenderen Erkenntnisgewinn beitragen, als dies jede Methodik für sich alleine könnte.

Literatur

Denzin, Norman K. (1989): Interpretive Interactionism. London: Sage.

Denzin, Norman K./Lincoln, Yvonna S. (1994): The Fifth Moment. In: Denzin, Norman/Lincoln, Yvonna S. (Hrsg.): The Sage Handbook of Qualitative Research. Thousand Oaks: Sage, S. 575–585.

Denzin, Norman K./Lincoln, Yvonna S. (Hrsg.) (2017): The Sage Handbook of Qualitative Research 5th Edition. London u.a.: Sage.

Flick, Uwe (2007): Qualitative Sozialforschung. Eine Einführung. Reinbek: Rowohlt Taschenbuch Verlag.

Flick, Uwe/Kardorff Ernst von/Steinke, Ines (Hrsg.) (2000): Qualitative Forschung. Ein Handbuch. Reinbek: Rowohlt Taschenbuch Verlag.

Flick, Uwe (2009): Qualitative Sozialforschung. Eine Einführung. 2. Auflage aus der Reihe König, B. (Hrsg.): Rowohlts Enzyklopädie. Reinbek: Rowohlt Taschenbuch Verlag.

Winter, Rainer (2000): Cultural Studies. In: Flick, Uwe/Kardorff, Ernst von/Steinke, Ines (Hrsg.): Qualitative Forschung. Ein Handbuch. Reinbek: Rowohlt Taschenbuch Verlag, S. 204–213.

Isolde Kreis, Dagmar Unterköfler-Klatzer (Hrsg.)

Fortbildung Kompakt

Wissenschaftstheoretische und praktische Modelle zur wirksamen Lehrer/innenfortbildung

Klagenfurter Beiträge zur Bildungsforschung und Entwicklung, Band 1
292 Seiten, broschiert
ISBN: 978-3-7065-5489-3
€ 29,90

Unter welchen Bedingungen ist Fortbildung wirksam und nachhaltig? Wie kann sie Professionalitätsentwicklung von Lehrer/innen unterstützen? Diesen Fragen widmete sich eine Projektgruppe an der Pädagogischen Hochschule Kärnten – Viktor Frankl Hochschule.

Entstanden ist dabei ein praktisches Modell – das Modell Fortbildung Kompakt –, basierend auf Erfahrungen, Reflexionen und Ergebnissen aus vier Jahren Entwicklungs- und Forschungsarbeit, das den Anspruch einer innovativen, wirksamen und nachhaltigen Fortbildung hat.

Die Herausgeber/innen und Beiträger/innen richten sich mit diesem Band im Besonderen an Anbieter/innen von Fortbildungsveranstaltungen, Schulleiter/innen und an in Unterrichts- und Schulentwicklung sowie Bildungspolitik tätige Personen, konzipiert für alle Schultypen.

www.**studienverlag**.at